A Rebel's Guide

Wer war Alexandra Kollontai?

Florian Fahndrich
Klaus Henning
Katrin Schierbach
Regina Sternal
Vincent Streichhahn
Irmgard Wurdack

Über die Autoren und Autorinnen:

Florian Fandrich ist Heilerziehungspfleger in einem Kinderheim und stellvertretender Ortsverbandsvorsitzender der Partei Die Linke in Querfurt.
Klaus Henning ist Politikwissenschaftler und lebt in Berlin.
Katrin Schierbach ist Pädagogin, lebt in Berlin und aktiv in der Partei Die Linke.
Regina Sternal ist Psychologin, lebt in Berlin und ist aktiv in der Partei Die Linke.
Vincent Streichhahn ist Politikwissenschaftler und lebt in Halle (Saale).
Irmgard Wurdack ist bei Die Linke in Berlin-Neukölln und bundesweit bei antirassistischen und antifaschistischen Bündnissen aktiv

Die Deutsche Bibliothek – CIP-Einheitsaufnahme – A Rebel's Guide. Wer war Alexandra Kollontai? / Florian Fandrich / Klaus Henning / Katrin Schierbach / Regina Sternal / Vincent Streichhahn / Irmgard Wurdack – 1. Auflage – Berlin 2019, ISBN 978-3-947240-26-5

Impressum:
1. Auflage Berlin 2019

Berlin – edition aurora –

Umschlaggestaltung: Yaak Pabst
Typografie und Satz: Klaus Henning
Korrektur und Redigierung: Rosemarie Nünning, Klaus Henning
Übersetzungen: Rosemarie Nünning, Klaus Henning

Vertrieb: M21-Edition Aurora, PF 440346, 12003 Berlin
bestellungen@editionaurora.de, www.editionaurora.de

ISBN 978-3-947240-26-5

A Rebel's Guide

Im Zuge der Massenmobilisierungen gegen Faschismus, Rassismus und Sexismus, der antikapitalistischen Bewegung und Proteste von Jugendlichen und Studierenden ist in den letzten Jahren – vor allem unter jungen Menschen – das Interesse an linker Theorie und Geschichte gestiegen. In diesem Kontext werden von einer neuen Generation die historischen Vordenkerinnen und Vordenker der sozialistischen Bewegung neu entdeckt.

Um diesem Interesse gerecht zu werden, haben wir vom Verlag Edition Aurora eine neue Reihe gestartet. Sie trägt den Titel A Rebel's Guide. Die Bücher dieser Reihe beginnen immer zunächst mit einem Teil, in dem das Leben, die Ideen und das politische Wirken berühmter Rebellinnen und Rebellen dargestellt wird. Im Anschluss drucken wir Originaltexte, um die Leserinnen und Leser in die Schriften der Klassiker einzuführen und sie zum weiteren Lesen zu motivieren. Viel Spaß beim Lesen!

In dieser Reihe ist außerdem erschienen:

»A Rebel's Guide. Wer war Lenin?« von Ian Birchall,
ISBN 978-3-94-7240-15-9 (Berlin, 2018)

»A Rebel's Guide. Wer war Clara Zetkin?« von Autorenkollektiv,
ISBN 978-3-947240-18-0 (Berlin, 2018)

»A Rebel's Guide. Wer war Rosa Luxemburg?« von Sally Campbell,
ISBN 978-3-947240-22-7 (Berlin, 2019)

Inhaltsverzeichnis

Einleitung

Alexandra Kollontai war vor und nach der Oktoberrevolution in Russland eine weltweit bekannte Revolutionärin zunächst in der russischen Sozialdemokratie, später bei den Bolschewiki. Vor der Revolution griff sie in den internationalen Streit um die Ausrichtung der sozialistische Bewegung ein und verteidigte die revolutionäre Tradition des Sozialismus von unten. Während der Revolution setzte sie sich in ihrer Funktion als Volkskommissarin für Soziale Fürsorge und als Leiterin der Frauenabteilung der Bolschewiki für die praktische Befreiung der Frau in der russischen Gesellschaft ein. Mit ihren Schriften zur Frauenunterdrückung und zu Moral, Liebe und Sexualität war sie zu ihrer Zeit berühmt. Schließlich kritisierte sie die Entartungen des politischen Systems und wurde zu einer Wortführerin der linken Opposition Sowjetrusslands der frühen 1920er Jahre. Durch eine Weglobung auf diplomatische Posten außerhalb der Sowjetunion gelang es ihr, den später von Stalin initiierten Großen Terror zu überleben.

Lange Zeit wurden Kollontais Ideen und ihr Wirken bewusst von der stalinistischen Parteibürokratie zurückgehalten. Auch im Westen wurden sie ignoriert. In den 1970er Jahren wurden in der Sowjetunion erstmals einige Schriften von ihr auf russisch veröffentlicht. Im Westen stieg im Zuge der neuen Frauenbewegung das Interesse an ihr. Es entstanden die ersten Biographien, die Kollontais Opposition gegen den Stalinismus, sowie ihr Wirken auf dem Gebiet der Frauenbefreiung und der Freien Liebe betonten. Ihre antikapitalistischen Perspektiven, ihr Wirken als revolutionäre Sozialistin und ihre Kritik an der bürgerlichen Frauenbewegung wurden weniger herausgestellt. Im Osten wurden diese Aspekte zwar erwähnt, gleichzeitig wurde versucht, sie als loyale Anhängerin der staatskapitalistischen Systeme zu präsentieren. Ihre Kritik an der Entdemokratisierung nach der Revolution wurde ebenso heruntergespielt wie ihre Positionen zu Frauenunterdrückung, Familie, Moral und Sexualität, die im Widerspruch zum Stalinismus standen. Dagegen wurde über ihre eher unwichtige Zeit als Diplomatin im Ausland über Gebühr geschrieben.

Dieses Buch stellt einen kompakten Überblick über das spannende Leben und politische Wirken dieser großartigen Rebellin bereit und zeigt dabei auf, dass sie für eine revolutionäre sozialistische Perspektive eintrat. Zu Beginn werden einige Aspekte aus Kollontais früher Biografie vorgestellt und danach ihr Wirken in der russischen und internationalen Sozialdemokratie beschrieben. Hierbei wird ihr Beitrag für die Weiterentwicklung eines Sozialismus in der Tradition der Selbstemanzipation herausgestellt. Anschließend werden ihre Aktivitäten und Interventionen um die »Frauenfrage« in Russland vorgestellt und ihr Engagement während und nach der Revolution, u.a. als erste weibliche Ministerin der Welt gezeigt. In den darauffolgenden Kapiteln werden ihre Ideen zur Frage der sexuellen Unterdrückung und Befreiung dargestellt und ihr Wirken in der Opposition gegen die Bürokratisierung beschrieben. Am Schluss beleuchtet das Buch kurz die Entstellungen ihrer Ideen durch den Stalinismus.

Angesichts einer wachsenden Frauenbewegung in Deutschland mit einer Bewegung gegen die Paragraphen 218 und 219a, dem Frauenkampftag und dem Frauenstreik am 8. März, Streiks in Betrieben und im öffentlichen Dienst, wo auch viele Frauen beschäftigt sind, und einer ideologischen Debatte um Frauenunterdrückung, hält dieses Büchlein Inspirierendes aus der Geschichte für heutige Aktivistinnen und Aktivisten bereit.

Denn auch die heutige Gesellschaft ist nach wie vor von Armut, Ausbeutung und Unterdrückung gekennzeichnet. Angesichts des Aufstiegs der radikalen Rechten und dem damit einhergehenden Anstieg von Rassismus und Sexismus ist das Werk Kollontais hochaktuell und hilfreich für die Praxis linker Politik heute. Mit diesem Buch sollen die Leserinnen und Leser dazu animiert werden, sich tiefergehend mit Kollontais Leben und ihren Schriften zu beschäftigen und letztere auch im Original zu lesen. Aus diesem Grund sind im Anhang zwei Texte von ihr erstmals in deutscher Übersetzung abgedruckt. Zudem soll an dieser Stelle auch auf zwei Internetarchive verwiesen werden, in denen weitere Texte von Kollontai zu finden sind.[1]

---

1 https://www.marxists.org/archive/kollonta/index.htm und https://sites.google.com/site/sozialistischeklassiker2punkt0/alexandra-kollontai

Wer war Alexandra Kollontai?

Alexandra Kollontai wurde am 31. März 1872 (greg. Kal.) als Alexandra Michailowna Domontowitsch in St. Petersburg geboren. Ihr Vater war ein wohlhabender russischer General ukrainischer Herkunft und ihre Mutter stammte aus Finnland. Sie erhielt eine umfangreiche Schulbildung durch Hauslehrerinnen.[1] Kollontai schrieb selbst: »Meine Kindheit war nach äußeren Verhältnissen nach zu urteilen sehr glücklich. Meine Eltern gehörten zu dem alten russischen Adel.«[2] Die Familie lebte meist auf dem Gut des finnischen Großvaters.

Kollontai selbst wurde nur zuhause unterrichtet, sie vermutete darin eine Angst der Mutter, vor allem vor den freieren Einflüssen, die sie hätte sammeln können. Die Mutter fand da bereits, dass sie »schon kritisch genug sei«, deshalb musste dies nicht noch gefördert werden. Aus diesen Gründen bekam Alexandra Heimunterricht von Maria Strachowa, einer »tüchtigen, klugen Lehrerin, die mit den revolutionären Schichten Russlands verbunden war.« Sie selbst schrieb, dass sie ihr sehr viel zu verdanken habe. Denn Maria Strachowa brachte Alexandra auch moderne, linke Literatur nahe. Wahrscheinlich kam sie so auch mit den ersten sozialdemokratischen Schriften in Berührung. Die Ermordung des Zaren Alexander dem II. im Jahr 1881 und das öffentliche Hängen der sechs beteiligten Terroristinnen und Terroristen üben einen großen Eindruck auf die junge Alexandra aus. Das Abitur legte sie, mit 16 Jahren, an einem Gymnasium in St. Petersburg ab. Kurz darauf erhält Alexandra ihren Abschluss als Lehrerin und besucht Literatur- und Geschichtskurse.

1 Steiner, 2004, S. 86

2 Kollontai, 1977j [1926], Die folgenden Zitate beziehen sich auf die gleiche Quelle

Nun sollte sie »das Leben einer jungen Dame aus der Gesellschaft führen«. Sie beschrieb ihre Eltern aber keinesfalls als reaktionär, ganz im Gegenteil, sie waren für die damaligen Verhältnisse fortschrittlich, »aber dem Kinde, dem Jugendlichen gegenüber hatten sie ihre festen Traditionen.«
Sie selbst sah hier ihren ersten richtigen Kampf gegen diese Traditionen, da sie eine »gute Partie« machen sollte. Ihre Mutter wollte sie bereits früh verheiraten. Ihre Schwester hatte mit bereits 19 Jahren einen reichen fast 70 jährigen Mann geheiratet. Alexandra aber rebellierte gegen »diese Vernunfts- und Verkaufsehe«, wie sie es später in ihren Memoiren schreibt.. Für Alexandra sollte eine Ehe, wie für viele junge Mädchen ihrer Schicht, nur aus großer Liebe und Leidenschaft zustande kommen. So wählte sie, gegen den ausdrücklichen Willen ihrer Eltern, ihren Cousin, den Ingenieurstudenten, Wladimir Kollontai.

Ihre Eltern hofften, Alexandra durch eine Reise nach Berlin und Paris von ihren Plänen, Wladimir Kollontai zu heiraten, abzubringen. In Berlin kauft und liest Alexandra gleich nach ihrer Ankunft das Kommunistische Manifest von Karl Marx und Friedrich Engels. Sie besucht auch Veranstaltungen der SPD. In Paris kauft und liest sie dann Engels Ursprung der Familie, des Privateigentums und des Staates und einige Werke der frühen französischen Sozialisten Fourier, Cabet und Saint Simon.

Nach ihrer Rückkehr heiratete sie ihren Cousin Wladimir 1893 und nahm seinen Familiennamen Kollontai an. Als Lehrerin unterrichtet sie Arbeiter in Abendklassen. Bebels Frau und der Sozialismus erscheint 1895 in einer gekürzten russischen Ausgabe. Auch Kollontai las es. Sie arbeitete gemeinsam mit ihrer ehemaligen Lehrerin Maria Strachowa weiter als Lehrerin in Abend- und Sonntagsklassen in den Arbeiterbezirken. Hier kommt sie auch erstmals mit Elena Stasova und weiteren Revolutionärinnen der späteren Bolschewiki in Kontakt.

Ihre Interessen verlagerten sich immer mehr in Richtung revolutionäre russische Arbeiterklasse. Sie las immer mehr, befasste sich mit »allen sozialen Fragen, besuchte Vorträge und arbeitete in halblegalen Gesellschaften zur Volksaufklärung«. Nachdem sie mit ihrem Mann 1896 eine Fabrik in Narva besucht hatte und die elenden Arbeits- und Lebensbedingungen dort hautnah miterlebt hatte, fing sie an, sich auch praktisch für den Aufbau der Arbeiterbewegung der Arbeiterbewegung einzusetzen. Sie selbst sagte das ein Besuch in einer Textilfabrik ihr Leben änderte. »Ich konnte nicht ein glückliches, ruhiges Leben führen, wenn das Arbeitervolk so furchtbar versklavt war.« Während der Streikwelle in den Textilfabriken von Mai bis Juni desselben Jahres verteilt Alexandra Kollontai Flugblätter und sammelt Geld zur Unterstützung der Streikenden.

Das Glück ihrer Ehe hielt 3 Jahre an. Ihr Sohn Mischa wurde 1894 geboren. Kollontai betonte aber, dass die »Mutterschaft nie ein Kernpunkt« ihrer »Existenz« wurde. Obwohl sie schrieb, dass sie ihren Mann liebte, wurde ihr die Existenz als bloße Haus- und Ehefrau zum »Käfig«.

In den Jahren von 1893 bis 1896 blühte auch der Marxismus in Russland auf. So schrieb Kollontai »Lenin war damals nur ein Anfänger auf literarischem und revolutionärem Gebiet. Georg Plechanow war der führende Geist der Zeit.«

Nach eigenen Angaben sah sie sich selbst seit ihrer Jugend der materialistischem Weltanschauung nahestehend und befasste sich mit Darwin und Boelsches. In wieweit Behauptungen wie diese, die Kollontai in ihren autobiographischen Schriften selbst aufstellt, tatsächlich zutreffen, oder eher eine Übertreibung darstellen, lässt sich nicht einwandfrei feststellen. Sie selbst schrieb jedenfalls, das ein Besuch in einer Textilfabrik Ihr Leben änderte. »Ich konnte nicht ein glückliches, ruhiges Leben führen, wenn das Arbeitervolk so furchtbar versklavt war.«

In der russischen und internationalen Sozialdemokratie

Die Krengholm-Textilfabrik, die Kollontai im März 1896 mit einer Freundin und ihrem Mann besuchte, befand sich in Narva, einer kleinen Stadt, 150 km südlich von St. Petersburg. Als Ingenieure planten ihr Mann und andere ein Belüftungssystem für die Fabrik, die damals als fortschrittlich galt. Das Elend war dennoch unbeschreiblich.

> Ein Blick auf den gewaltigen Bau reichte aus, um die Stimmung zu dämpfen, und als sie ins Büro des Verwalters gingen, um die Besuchserlaubnis einzuholen, waren sie von der leblosen Stille des Ortes erschüttert. Ein älterer pensionierter Arbeiter im angrenzenden »Erste-Hilfe-Raum« erzählte ihnen, dass er genügend Arbeitsunfälle gesehen habe, um alle notwendigen Operationen durchzuführen.[1]

Durch dieses Erlebnis, gemeinsam mit ihrem Gerechtigkeitssinn, den politischen Diskussionen mit ihrer Hauslehrerin Maria Strachowa, ihrer Lektüre des Kommunistischen Manifests von Marx und Engels und anderer marxistischer Literatur, sowie Besuchen von sozialdemokratischen Veranstaltungen während ihrer Reisen mit den Eltern nach Berlin und Paris näherte Kollontai sich immer mehr dem Marxismus an. Sie las Bebels »Die Frau und der Sozialismus«, das 1895 in einer gekürzten Ausgabe auf Russisch erschien. Ohne, dass Kollontai es zu dieser Zeit systematisch formuliert hätte, wurde ihr vermutlich bewusst, »dass Frauen, die für ihre politischen Rechte und ihre sexuelle Freiheit kämpfen, ihre natürlichen Verbündeten in der Arbeiterbewegung finden könnten.«[2]

1 Porter, 1980, S. 47 (Übersetzung durch Verf.).

2 Porter, 1980, S. 34 (Übersetzung durch Verf.).

Um ihr Wissen zu vergrößern, besorgte sich Kollontai illegale marxistische Schriften und besuchte in Petersburg Vorlesungen zu sozioökonomischen Themen. »Ich schrieb keine Erzählungen mehr, sondern studierte fleißig die Mehrwerttheorie von Marx«[3], schrieb Kollontai. Das Verfassen von Erzählungen mit einem politischen Anspruch, wie die »Wege der Liebe«[4], wird sie einige Jahre später wieder aufnehmen.

Den unbekümmerten Familienalltag einer Frau aus gutem Hause konnte Kollontai nicht länger ertragen. »Ohne Familie, ohne Haushaltssorgen, ohne Auseinandersetzungen mit meinem Mann und ohne die Kontrolle durch meine Eltern würde ich allein, ganz für mich, als Studentin leben und mein Wissen erweitern. Im Ausland könnte ich die gesamte in Russland verbotene Literatur lesen und Menschen aus Fleisch und Blut begegnen, die in der Arbeiterbewegung tätig waren.«[5] So entschloss Kollontai sich dazu, ihre Familie zu verlassen und 1898 ein Studium der Ökonomie in Zürich zu beginnen.

Studium in Zürich

Die Schweiz war zu der damaligen Zeit ein Zufluchtsort für russische Exilanten. Darüber hinaus war es Frauen in der Schweiz erlaubt, zu studieren[6], was auch Rosa Luxemburg getan hatte. Die US-amerikanische Historikerin Barbara Evans Clements schreibt: »Kollontais Reise nach Westeuropa zum Studium des Marxismus war eine Pilgerreise vieler russischer Radikaler, denn im Ausland konnten sie frei lesen und sprechen.«[7] So stieß Kollontai nach ihrer Ankunft in der Schweiz auf eine Gruppe russischer Exilanten, die sich um Georgi W. Plechanow gebildet hatte, dem theoretischen Begründer des russischen Marxismus. Sie lernte auch andere Vertreter und Vertreterinnen der revolutionären Arbeiterbewegung kennen.

Die späten 1890er Jahre waren durch scharfe Auseinandersetzungen in der europäischen Arbeiterbewegung geprägt, die Kollontai in der Schweiz erlebte. Was sich immer klarer abzuzeichnen begann, war die Auseinandersetzung um den Revisionismus. Der Zustand der Sozialdemokratie war

3 Kollontai, 1980, S. 97.

4 Kollontai, 1982

5 Kollontai, 1980, S. 109f.

6 Siehe Rogger, Bankowski, 2010

7 Clements, 1979, S. 23 (Übersetzung durch Ver.).

bereits in der Periode der II. Internationalen (1889-1914) von Widersprüchen geprägt, die zu Beginn des Ersten Weltkrieges kulminierten. Dabei handelte es sich um den Widerspruch zwischen Theorie und Praxis. Ende der 1890er Jahre, nach dem Ende des Verbots der SPD durch das »Sozialistengesetz« unter Bismarck, wurde der Gegensatz immer deutlicher: »Während sich also die sozialistische Bewegung in der Theorie radikalisierte, gab es gleichzeitig Gegentendenzen in der politischen Praxis, die eine reformistische und parlamentarische Ausrichtung begünstigten.«[8]

Der Revisionismus war der Versuch, die marxistische Theorie nach dem Tod von Karl Marx (1883) und Friedrich Engels (1895) ihrem revolutionären Gehalt zu berauben. Es ging um die Frage, nach dem »richtigen« Weg zum Sozialismus und der verlief dem Revisionismus zufolge auf dem parlamentarischen Wege. Verbunden wird der Revisionismus in Deutschland vor allem mit Eduard Bernstein, der die Debatte mit seiner Artikelserie »Probleme des Sozialismus«, die vom Oktober 1896 bis April 1897 in der »Neuen Zeit« erschien und vor allem mit dem Buch »Die Voraussetzungen des Sozialismus und die Aufgaben der Sozialdemokratie«[9] (1899), auslöste. Bernstein zufolge habe sich der Kapitalismus als so krisenfest und anpassungsfähig erwiesen, dass es möglich sei, allein durch Reformen zum Sozialismus zu gelangen. Bernsteins Schriften lösten bei vielen Theoretikern und Theoretikerinnen der Arbeiterbewegung einen starken Widerspruch hervor. Die bis heute wohl bekannteste Kritik ist Rosa Luxemburgs Schrift »Sozialreform oder Revolution?«[10], worin Luxemburg an der Notwendigkeit einer sozialen Revolution festhält.

Die Veröffentlichungen Bernsteins wurden auch in der Schweiz lebhaft diskutiert. Kollontai war mit den Argumenten der Debatte bestens vertraut. Zu dieser Zeit kritisierten auch die Führer der russischen sozialdemokratischen Partei nahezu einhellig die Ideen Bernsteins. »Plechanow warnte, dass dies ein Wiederaufleben der alten populistischen Vorstellung sei, dass die Masse eine Revolution ohne politischen Kampf durchführen könne; Lenin erklärte, dass der Marxismus seine revolutionäre Dimension bewahren müsse, sonst würde er in Russland scheitern.«[11] Die Auseinandersetzung zwischen Reform und Revolution beschäftigte die europäische Arbeiterbewegung vor allem in revolutionären Zeiten immer wieder.

8 Hoffrogge, 2017, S. 96.

9 Bernstein, 1991

10 Luxemburg, 1970, S. 5-99.

11 Clements, 1979, S. 24 (Übersetzung durch Verf.)

In Zürich studierte Kollontai bei Heinrich Herkner, dessen Buch über die Arbeiterfrage ihr Interesse bereits in Russland geweckt hatte. Doch sie entfernte sich immer weiter von den Ansichten ihres Professors, der die revisionistischen Ideen in seinem Denken zunehmend aufnahm und sein Buch in späteren Auflagen dementsprechend anpasste.[12] In ihrer Autobiographie schrieb Kollontai: »Bezeichnend war, dass ich, je intensiver ich mich mit dem Studium der Gesetze der Ökonomie befasste, immer stärker zur »orthodoxen« Marxistin wurde, während mein Professor und Lehrmeister indessen immer mehr nach rechts geriet und von der revolutionären Theorie von Marx abrückte.«[13] Hier zeigte sich, dass Bernsteins Theorie durchaus Einfluss auf gewisse intellektuelle Kreise ausübte, da »Bernsteins Kritik keine zufällige Laune, sondern die Artikulation einer tatsächlich in der sozialistischen Bewegung vorhandenen Tendenz war«[14], wie der polnische Historiker Lesczek Kolakowski schrieb.

Kollontai behauptete, sie habe den Revisionismus von Anfang an abgelehnt. Beeindruckt war sie hingegen von den Antirevisionisten wie Rosa Luxemburg, Karl Kautsky und Georgi W. Plechanow. Die Idee einer evolutionären Entwicklung hin zum Sozialismus schien ihr für Russland nicht realistisch. Ganz im Gegenteil: Sie hielt, ganz in der Diktion Luxemburgs, an der Idee einer notwendigen und unvermeidlichen Revolution fest, wenn man den Kapitalismus überwinden will. Theoretisch gefestigt und um einige Kontakte reicher, kehrte Kollontai bereits im Herbst 1899 nach Russland zurück. Überzeugter denn je, den Kampf für die Befreiung aufzunehmen, schloss sie sich der russischen Sozialdemokratie an.

Rückkehr nach Russland

Nach ihrer Rückkehr aus der Schweiz war Russland schon nicht mehr dasselbe. Revisionistische Ideen begannen an Einfluss zu gewinnen. »Bei der Studentenschaft und der Intelligenz hatte die Begeisterung für Marx einer nicht minder leidenschaftlichen Begeisterung für Bernsteinianertum und Revisionismus Platz gemacht«[15], so Kollontai. Die nächsten Jahre setzte sie sich daher unermüdlich gegen den Revisionismus ein, wie bereits 1899 bei

[12] Holt, 1977, S. 15.

[13] Kollontai, 1980, S. 116.

[14] Kolakowski, 1988, S. 130.

[15] Kollontai, 1980, S. 118.

einer Veranstaltung des »Roten Kreuzes«, wo sie sich nach dem Referat zu Wort meldete. Öffentliche Reden hatte sie bis dahin nicht gehalten. Doch das sollte sich bald ändern und Kollontai zu einer der gefragtesten Agitatorinnen der Arbeiterbewegung aufsteigen, die im Stande war, ihre Reden in mehreren Sprachen zu halten und die Massen zu begeistern.

Während die politische Konfliktlinie in Russland bisher zwischen Volkstümlern und Volkstümlerinnen[16] und Marxisten und Marxistinnen verlief, änderte sich das Anfang des 20. Jahrhunderts. Bei dem zweiten Parteitag der russischen Sozialdemokratie, der 1903 zunächst in Brüssel stattfand und nach der Ausweisung der Delegierten in London fortgesetzt werden musste, kam es zu einer scharfen innerparteilichen Auseinandersetzung über organisatorische und strategische Fragen. Unter anderem ging es um die Frage, ob Parteimitglieder sich aktiv in die Arbeit einbringen müssen oder auch passiv in der Partei sein dürfen. Lenin und seine Anhänger und Anhängerinnen setzten sich schließlich mit dem Konzept einer Kaderpartei von Berufsrevolutionären durch, wie Lenin es bereits ein Jahr zuvor in der Schrift »Was tun?«[17] darlegte. Die Gruppe um Lenin wurde daraufhin Bolschewiki (deutsch: Mehrheit) genannt, während die unterlegene Gruppe Menschewiki, also Minderheit, hieß. Kollontai selbst war auf dem Parteitag nicht anwesend, aber hatte natürlich von der Spaltung gehört und war mit dem ideologischen Kampf vertraut, der ihr vorausgegangen war.[18]

Es wäre falsch, die Schablone der deutschen Auseinandersetzung um das Verhältnis von Reform und Revolution einfach auf die russische Parteiauseinandersetzung zu übertragen. Der Unterschied zwischen Bolschewiki und Menschewiki war zunächst nicht sehr groß. Viele Revolutionäre und Revolutionärinnen gingen davon aus, dass es sich bei der Auseinandersetzung um Lenins Konzept der Kaderpartei auf dem Parteitag lediglich um eine organisatorische Frage handelte. Sie waren auch gegen eine Spaltung wegen solch einer »Lappalie« und arbeiteten noch längere Zeit in der russischen Sozialdemokratie zusammen.

Lenins Konzept einer Kaderpartei war nicht die Idee eines machtsüchtigen Herrschers, sondern eine konkrete Reaktion auf die repressiven Verhältnisse

---

16 Die Volkstümler, auf russisch Narodniki genannt, waren eine sozialrevolutionare Bewegung, die vor allem in der zweiten Hälfte des 19. Jahrhunderts im zaristischen Russland aktiv war. Revolutionäre Intellektuelle gingen vor allem aufs Land, um das »einfach« Volk über die sozialen Missstände aufzuklären. Das Sozialismusbild der Volkstümler setzte auf eine Bauernbewegung als revolutionäres Subjekt und stellte die Dorfkommune in den Mittelpunkt ihrer Version einer sozialistischen Gesellschaft. Mit diesen Vorstellungen standen sie in einem starken Konflikt mit dem klassischen Marxismus.

17 Lenin, 1976 [1902], S. 355–549.

18 Clements, 1979, S. 28.

im zaristischen Russland, in dem die Sozialdemokratie verboten war und sich die führenden Kräfte im ausländischen Exil befanden. Eine straffe Organisation von aktiven Berufsrevolutionären und Berufsrevolutionärinnen sollte es ermöglichen, unter diesen Bedingung revolutionäre Politik zu betreiben. Die Menschewiki vertraten hingegen die Position, dass es weiterhin notwendig sei, die Partei auf eine demokratisch-parlamentarische Grundlage zu stellen. Erst mit der Zeit wurde der Unterschied beider Auffassung vollständig ersichtlich. Es zeigte sich, dass das menschewistische Organisationsprinzip den Parlamentarismus begünstigte, das bolschewistische Organisationsprinzip dagegen das Abgleiten in den Reformismus verhinderte. So entwickelte sich diese zunächst rein organisatorische Auseinandersetzung mit der Zeit zum Grundkonflikt der europäischen Arbeiterbewegung vor dem Ersten Weltkrieg: Reform oder Revolution.

Kollontai schloss sich zunächst keiner der beiden Parteigruppen an. Sie schrieb dazu: »Ich hatte in beiden Lagern Freunde. Zwar gehörte mein Herz mehr dem Bolschewismus mit seiner Kompromisslosigkeit und seinem revolutionären Geist, doch der Charme, der von der Persönlichkeit Plechanows ausging, hielt mich davon ab, mit den Menschewiki zu brechen.«[19] Die Kompromisslosigkeit der Bolschewiki hat sicherlich eine Faszination auf Kollontai ausgeübt, die ja ähnlich kompromisslos mit ihrer sozialen Herkunft gebrochen hatte, indem sie ihre bürgerliche Familie verließ und sich dem Kampf für den Sozialismus widmete.

Dass sie zu dieser Zeit nur aufgrund ihrer Verehrung Plechanows, mit dem sie eine Freundschaft verband, nicht mit den Menschewiki gebrochen hat, ist eher unwahrscheinlich. Man muss sich bewusst sein, dass die Autobiographie Kollontais durch die sowjetische Zensur musste und Kollontai eventuell deshalb ihre Position zu den Bolschewiki und Menschewiki retrospektiv eindeutiger darstellte, als sie in Wirklichkeit war. In den folgenden Jahren gab es verschiedene strategische Konflikte, die sie zeitweise von den Bolschewiki entfernten und den Menschewiki annäherten, wie noch zu zeigen sein wird. Überzeugte Revolutionärin war Kollontai jedoch ihr Leben lang.

[19] Kollontai, 1980, S. 120.

Kollontai und die Revolution

Kurz vor und nach der Russischen Revolution von 1905 schrieb Alexandra Kollontai zwei Aufsätze, die ihren Standpunkt als revolutionäre Sozialistin deutlich zeigen. Sowohl der Aufsatz »Zur Frage des Klassenkampfs« (1904), sowie »Wer sind die Sozialdemokraten und was wollen sie« (1906) lagen bislang nur in russischer Sprache vor.[20] Bei dem Aufsatz »Zur Frage des Klassenkampfs«[21] handelt es sich um eine von Kollontai 1904 verfasste Verteidigung des Marxismus, die jedoch erst ein Jahr später erschien und sofort von den Behörden beschlagnahmt und verboten wurde. In dieser Schrift erteilt sie dem Reformismus eine deutliche Absage und hält an der Notwendigkeit des Klassenkampfes fest:

> In diesem ununterbrochenen Krieg wird der Sieg bei jenen bleiben, die solidarischer sind, besser organisiert, weiterblickend, die zeitweilige Vorteile dem Endziel zum Opfer zu bringen vermögen und die schließlich die Konsequenzen ihrer eigenen Schritte nicht fürchten und vorwärts streben, ohne sich ängstlich und mitleidsvoll nach der hinter ihnen zurückbleibenden »Kulturwelt«, einer Schöpfung der bürgerlich-kapitalistischen Ordnung, umzusehen. In dieser offensiven Bewegung ist kein Platz für die Vorstellung von einem sozialen Frieden, kein Platz für süße Seufzer vom Allgemeinwohl, vom Eigenwert der Kultur; jegliche Verzögerung, jegliches Zurückschauen schiebt die Realisierung des Endziels nur auf, rückt es in die Ferne. Jeder neue Schritt, der uns diesem Ziel näherbringt, ist das Ergebnis der aktiven Mitwirkung des Proletariats; je gefügiger das Proletariat ist, desto leichter lässt es sich mit schönen Phrasen vom Wachsen des sozialen Friedens und des allgemeinen Wohlstands überschütten, desto schwerer wird der Augenblick des notwendigen Erwachens sein. Die orthodoxen Marxisten in Deutschland und Frankreich wissen, dass trotz der ständigen Proklamation der »Kritizisten« vom »Hineinwachsen« des Kapitalismus in den Sozialismus, von der Abschwächung des Klassenzwistes, von der Notwendigkeit einer »über den Klassen stehenden« Ideologie dem Proletariat nur eine reale Waffe bleibt, die die Schaffung einer neuen Welt verspricht – nämlich der Klassenkampf als ein Lebensfakt und die Klassenpolitik als taktisches Prinzip.[22]

Als die Arbeit kurz nach ihrem Erscheinen von den Behörden verboten wurde, war Kollontai klar, dass sie sich andere Wege überlegen musste, wenn

---

20 Zumindest »Wer sind die Sozialdemokraten und was wollen sie« ist in einer neuen Textsammlung, herausgegeben von Cathy Porter, in Englisch abgedruckt (Porter, Cathy (ed.): 2019. Alexandra Kollontai. Writings from the struggle, Chicago) und glücklicherweise erstmalig in deutscher Übersetzung im Anhang dieser Broschüre zu finden.

21 Kollontai, 1972 [1905]: K Woprosu o Klassowoj Borbe (Zur Frage über den Klassenkampf), in: Коллонтай, Александра, 1972: Избранные статьи и речи, Москва

22 Zitiert nach Schejnis, 1984, S. 57

sie unter dem russischen Zaren Nikolaus II., Artikel und Bücher veröffentlichen und nicht nur für die Illegalität schreiben wollte. »Da nun fasste ich den Entschluss«, so Kollontai, »wissenschaftlich auf dem Gebiet der Ökonomie zu arbeiten.«[23] Ihrer Arbeit für Finnland gab sie einen unscheinbaren Titel, um der Zensur nicht aufzufallen. Ihre revolutionäre Tätigkeit verfolgte Kollontai auch praktisch konsequent weiter.

Als 1905 die erste Russische Revolution ausbrach, war Kollontai mittendrin. Russland war durch eine wirtschaftliche und technologische Rückständigkeit geprägt, die die sozialen Probleme im Zuge der Industrialisierung noch verschärften. Gewerkschaften waren verboten und soziales Elend weit verbreitet. Die verheerenden Niederlagen im Krieg gegen Japan, spitzten die Situation weiter zu. Die Arbeitslosigkeit in den Industriezentren stieg stark und soziale Missstände führten in großen Teilen der Bevölkerung zu Unmut und schließlich zu Protest. »Das revolutionäre Jahr 1905 hatte einen tiefgreifenden Einfluss auf die arbeitenden Massen. Zum ersten Mal spürte der russische Arbeiter seine Stärke und verstand, dass das Wohl der Nation auf seinen Schultern lag,«[24] schrieb Kollontai. Während der Revisionismus sich von der Idee einer Revolution verabschiedete und sie nur noch in der Phrase am Leben erhielt, war es keineswegs so, dass Kollontai Reformen im Kapitalismus abgelehnt hatte. In »Wer sind die Sozialdemokraten und was wollen sie« schrieb Kollontai:

> Aber auf dem Weg zu diesem großen und hellen Ziel [der Sozialismus, Anm. VS] vergessen die Sozialdemokraten nicht die unmittelbaren Anforderungen und Bedürfnisse der Arbeitnehmer. Damit die Arbeitnehmer mehr Energie und Energie für den Kampf für den Sozialismus aufwenden können, ist es in erster Linie notwendig, ihre Arbeit zu erleichtern und die Bedingungen zu schaffen, unter denen der Kampf für eine neue, bessere Welt möglich ist. Deshalb fordern die Sozialdemokraten vor allem eine demokratische Republik, in der alle Bürger gleich sind und in der die Staatsmacht vollständig in den Händen des Volkes liegt. Die Verwaltung der Stadt und der Provinzen sollte auch in den Händen der Werktätigen und Kleinbauern liegen. Sozialdemokraten fordern das Recht auf Selbstbestimmung aller Völker, volle Presse-, Rede-, Versammlungs-, Gewerkschafts-, Streik- und Religionsfreiheit.[25]

Die Forderung nach einer demokratischen Republik war in der europäischen Arbeiterbewegung vor dem Ersten Weltkrieg weit verbreitet. Die Forderung einer proletarischen Rätedemokratie erlangte erst im Kontext von Lenins Aprilthesen 1917 eine programmatische Bedeutung. Es handelte sich

[23] Kollontai, 1980, S. 118

[24] Kollontai, 1977e [1919], S. 45 (Übersetzung durch Verf.).

[25] Kollontai, Alexandra, 2019a [1906], Siehe Anhang in diesem Buch

darüber hinaus bei dem Verhältnis von Reform und Revolution nicht um ein sich gegenseitig ausschließendes. Das hatte Rosa Luxemburg bereits in ihrer im Jahr 1899 veröffentlichten Schrift »Sozialreform oder Revolution?« eindrücklich gezeigt: »Die gesetzliche Reform und die Revolution sind also nicht verschiedene Methoden des geschichtlichen Fortschritts, die man in dem Geschichtsbüfett nach Belieben wie heiße oder kalte Würstchen auswählen kann, sondern verschiedene Momente in der Entwicklung der Klassengesellschaft.«[26] Diesem Denken Luxemburgs fühlte sich Kollontai verpflichtet.

Die Rufe nach politischen und sozialen Veränderungen seitens der Bevölkerung führten in den Januartages des Jahres 1905 zu einem Generalstreik. Am 9. Januar marschierten bis zu 150.000 Arbeiter und Arbeiterinnen, darunter auch Kollontai, friedlich zum Winterpalais, um dem Zaren ihre Forderungen zu übergeben. »Die Petition, die sie überreichen wollten, bat den Herrscher um »Gerechtigkeit und Schutz« vor wachsender Not und Armut. Aber sie beschränkte sich nicht auf wirtschaftliche Forderungen nach Lohnerhöhungen, Einführung des Achtstundentages, Steuererleichterung und anderem mehr. Darüber hinaus schloss sie die grundlegenden, von der gesamten radikalen Opposition erhobenen politischen Forderungen ein: Unverletzlichkeit der Person, Presse-, Rede-, Versammlungs-, Streik-, Koalitions- und Glaubensfreiheit, Gleichheit aller vor dem Gesetz (…), sowie die Einberufung einer nach dem allgemeinen, geheimen und gleichen Wahlrecht gebildeten Konstituierenden Versammlung.«[27]

Doch ganz überraschend und ohne Ankündigung wurden die Massen vor dem Palais durch die zaristischen Soldaten niedergeschossen. Es gab mindestens 130 Todesopfer und rund 1000 Verletzte an diesem als »Blutsonntag« bekannten Tag.[28] Den »Blutsonntag« von 1905 erlebte Kollontai auf der Straße und entkam gerade so dem tödlichen Kugelhagel der zaristischen Soldaten vor dem Winterpalais. »Das Bild des grausamen Blutbades, das unter den wehrlosen Arbeitern angerichtet wurde, hat sich mir für immer ins Gedächtnis geprägt.«[29]

Dieser Angriff auf eine friedliche Arbeiterdemonstration führte zu einer Radikalisierung innerhalb der Bevölkerung. Es gründeten sich spontan die ersten Sowjets bzw. Arbeiterkomitees in russischen Betrieben und Stadtteilen, die Funktionen der politischen und militärischen Macht übernahmen.

---

[26] Luxemburg, 1970 [1899], S. 78

[27] Hildermeier, 2009, S. 52.

[28] Ebd., S. 51.

[29] Kollontai, 1980, S. 122.

Die Auseinandersetzungen sollten sich noch bis 1907 hinziehen. Da die Proteste nicht abnahmen, machte der Zar mit dem »Oktobermanifest« von 1905 einige (vor allem rhetorische) Zugeständnisse, indem er erklärte, »der Bevölkerung die unerschütterlichen Fundamente der bürgerlichen Freiheit auf der Grundlage tatsächlicher Unverletzlichkeit der Person, der Freiheit des Gewissens, der Rede, der Versammlung und des Zusammenschlusses zu gewähren.«[30]

Durch das Manifest wurde ein Zweikammerparlament eingeführt, das aus dem Staatsrat und der noch zu wählenden Duma bestand, ohne deren Zustimmung kein Gesetz mehr umgesetzt werden sollte. Der Bevölkerung wurde außerdem das allgemeine Wahlrecht für männliche Bürger in Aussicht gestellt. Doch der Zar hatte nicht nur weiterhin große Macht über die Duma, deren Arbeit er wiederholt durch sein Veto blockierte. Er löste sie außerdem mehrfach auf und die Stimme eines Großgrundbesitzers wog so viel wie 45 Arbeiterstimmen.[31] Max Weber prägte für diese völlig unzureichenden Reformen bereits 1906 den Begriff des »Scheinkonstitutionalismus«.[32]

Die Frage der Duma wurde in der sozialdemokratischen Partei Russlands unterschiedlich beantwortet. Die Bolschewiki lehnten die Duma zunächst als »Volksbetrug« ab. Zusammen mit den Sozialrevolutionären boykottierten sie die Wahl.[33] Die Menschewiki hingegen sprachen sich für eine Beteiligung an dem neuen Parlament aus. Der Zar löste die erste Duma nach politischen Konflikten mit parlamentarischen Opposition auf. Diese Entwicklung führte zu dem sogenannten Einigungsparteitag der russischen Sozialdemokratie im April 1906, auf dem die Menschewiki sich mit ihrer Kritik am Wahlboykott gegen die Bolschewiki durchsetzten. An der Wahl der zweiten Duma nahmen die Bolschewiki schließlich teil. Im August desselben Jahres gab Lenin die Parole aus, die Duma als Tribüne der revolutionären Agitation zu nutzen.

Die Revolution von 1905, einschließlich der Erfahrung des »Blutsonntags«, brachte Kollontai zunächst näher mit den Bolschewiki zusammen. Noch im Januar 1905 beauftragte Lenin den Bolschewik A. A. Bogdanov, um Kollontai für die Mitarbeit an einer bolschewistischen Zeitung zu gewinnen. Das Jahr der ersten Russischen Revolution über arbeitete sie eng mit den Bolschewiki zusammen. Aber Clements betont in diesem Zusammenhang, dass Kollontai deshalb nicht die bolschewistische Positionen zur Parteiorganisation und deren Verhältnis zur Masse übernahm. »Kollontai (…) vermied

[30] Zitiert nach Hildermeier, 2009, S. 74.

[31] Ebd., S. 91.

[32] Weber, 1906

[33] Hildermeier, 2009, S. 94.

Fraktionskämpfe. Sie schrieb über die strittigen Fragen zwischen den beiden Gruppen, aber ohne bittere Parteinahme. Sie griff nie andere Sozialdemokraten namentlich an, im Gegensatz zu den führenden Bolschewiki und Menschewiki.«[34]

Doch die gemeinsame Zusammenarbeit mit den Bolschewiki fand ein baldiges Ende. Kollontai war während der ersten Russischen Revolution als Agitatorin beim Petersburger Komitee der SDAPR aktiv. »Was die Einstellung zu den Sowjets anbelangt, so gab es da Meinungsverschiedenheiten zwischen mir und dem Petersburger Komitee. (…) Bei den Differenzen mit dem Petersburger Komitee ging es um den Einsatz der Sowjets und ihre Unterordnung unter die Direktiven der Partei. Ich war für die »Eigeninitiative«.«[35] Auch bezüglich der Reichsduma vertrat Kollontai eine andere Position als die Bolschewiki, da sie »ganz entschieden dafür [war], »die Duma zu nutzen«, was mich in die Nähe der Menschewiki brachte. Ich vertrat die Auffassung, durch Mitarbeit in der Duma könnten die Aktivität, die Initiative der Massen, ihre politische Erziehung gefördert werden, während ein Boykott Passivität bewirken und die Entfaltung dieser Initiative behindern würden.«[36]

Es gab also in dieser Zeit strategische Differenzen zwischen Kollontai und den Bolschewiki. Bezüglich der Duma vertrat Kollontai direkt zu Beginn die Position der Menschewiki, die für eine Teilnahme an den Duma-Wahlen plädierten. Erst auf dem besagten Parteitag im April 1906 schwenkten die Bolschewiki auf die Position Kollontais um. Auch das Verhältnis zu den Räten wurde von Kollontai und den Bolschewiki in der Revolution unterschiedlich bewertet. Die Sowjets sollten unabhängig von den Direktiven einer Partei agieren, fand Kollontai. Sie wollte die Revolution deshalb nicht weniger als Lenin, aber diese sollte durch einen großen, demokratischen Umbruch, der von den Massen organisiert und geführt wurde, erreicht werden. Die Idee einer »zentralistischen« Steuerung schien dem zu widersprechen.

In den grundlegenden Forderungen hatte Kollontai jedoch keine Differenzen mit den Bolschewiki. So formuliert sie in dem Aufsatz »Wer sind die Sozialdemokraten und was wollen sie«: »Um also alle modernen Ungerechtigkeiten und Katastrophen zu stoppen, wurde vorgeschlagen: 1) Privateigentum durch öffentliches Eigentum oder kommunistisches Eigentum zu ersetzen, 2) gemeinsame kommunistische Arbeit einzuführen und 3) anstelle von Produktion zum Verkauf Produkte für den öffentlichen und privaten Kon-

34 Clements, 1979, S. 31f. (Übersetzung durch Verf.).

35 Kollontai, 1980, S. 129f.

36 Ebd., S. 132.

sum herzustellen.«[37] Die Russische Revolution von 1905 hat diese Ziele freilich nicht erreicht. Das hat Kollontai jedoch keineswegs dazu verleitet, reformerischen »Scheinlösungen« anheim zu fallen. »Es hängt von der Stärke und Organisation der Arbeiter ab, diese unmittelbaren Forderungen der Partei zu verteidigen, den Sozialismus zu gewinnen. Deshalb sollte der Schrei der bewussten Arbeiter ein Aufruf unter dem Banner der revolutionären Sozialdemokratie sein, ein Aufruf zur Organisation aller Arbeiter und proletarischen Kräfte.«[38]

Kollontai ist heutzutage hauptsächlich für ihre Schriften zur Frauenbefreiung und Sexualität bekannt. Bis zum Jahr 1905, das soll an dieser Stelle betont werden, finden sich in ihren Schriften keine Ausführungen über Frauen- und Geschlechterfragen. Auch die Organisationsarbeit unter Frauen begann Kollontai erst im Winter 1905. Das heißt nicht, dass das für ihr Denken bis dahin keine Rolle gespielt hätte. Es war gerade Kollontai, die gegen traditionelle weibliche Rollenbilder rebellierte und als geschiedene Frau mit verschiedenen Männern lebte. In den folgenden Jahren begann Kollontai dann die proletarische Frauenbewegung in Russland systematisch aufzubauen (siehe folgendes Kapitel). Diese Tätigkeit sollte 1908 vorerst unterbrochen werden, als die Behörden versuchten, sie zu verhaften und sie ins Exil nach Deutschland floh.

Exil in Deutschland

Kollontai hatte bereits vor ihrem Exil in Deutschland Kontakte mit deutschen Sozialdemokraten und Sozialdemokratinnen geknüpft. So stritt sie bereits 1907 auf dem Treffen der zweiten Internationale und der Fraueninternationale in Stuttgart an der Seite Clara Zetkins. Auf Rosa Luxemburgs »Rat hin [im Februar 1906 in Finnland, Anm. Verf.] entschloss ich mich, zum Mannheimer Parteitag der deutschen Partei zu fahren, denn parallel dazu war auch eine Konferenz sozialdemokratischer Frauen anberaumt worden.«[39] Kollontai erhoffte sich von ihrer Teilnahme an dem Treffen, Erkenntnisse für den weiteren Aufbau der proletarischen Frauenbewegung in Russland zu gewinnen (siehe folgendes Kapitel). Sie war also schon vor ihrer Ankunft in

[37] Kollontai, 2019a [1906], siehe Anhang in diesem Buch

[38] Ebd.

[39] Kollontai, 1980, S. 133f.

Deutschland bestens vernetzt und wurde rasch Parteimitglied in der deutschen Sozialdemokratie, was Frauen nach der Änderung des preußischen Vereinsgesetzes 1908 endlich offiziell möglich war.

Kollontai war zwar im Exil in Deutschland, dass sie erst kurz nach Beginn des Ersten Weltkrieges verließ, aber auch während dieser Jahre, war sie als Agitatorin in vielen europäischen Ländern, aber auch in den USA als gefragte Rednerin und Agitatorin unterwegs. »Einige Beispiele zeugen von den unzähligen Aktivitäten Alexandra Kollontais in diesen Jahren vor dem Ersten Weltkrieg. Auf Einladung der nationalen sozialistischen Parteien bereiste sie Dänemark, Schweden, die Schweiz, Belgien und hielt dort Vorträge; für einige Monate arbeitete und agitierte sie in Frankreich und hielt an der Parteischule der Menschewiki in Bologna Vorlesungen zu diversen Themen; in Frankfurt am Main organisierte sie am 8. März 1911 den ersten internationalen Frauentag; sie beteiligte sich aktiv am Kongress der englischen Trade-Unions und arbeitete nebenher ständig an eigenen Publikationen.«[40]

Als Kollontai 1912 von einer Reise aus Schweden nach Deutschland zurückkehrte, fand sie sich ganz plötzlich in einem Konflikt mit der deutschen Sozialdemokratie wieder. In Russland war nämlich in der Zwischenzeit ihr Buch »Durch das Europa der Arbeiter«[41] publiziert worden. »Darin hatte ich auf die Neigung des Parteiapparats der deutschen Sozialdemokratie zum Opportunismus und auf seine zunehmende Bürokratisierung hingewiesen. Verschiedentlich hatte ich das »Generalsgehabe«, die Blasiertheit und die Arroganz führender Leute verspottet und dem bürokratischen Dünkel und Konservatismus der Parteiführung das gesunde Klassenempfinden der einfachen Parteimitglieder gegenübergestellt.«[42] Die meisten deutschen Genossen und Genossinnen konnten das Buch nicht lesen, da es nur auf Russisch erschienen war und eine deutsche Übersetzung nicht vorlag. Die Parteiführung der SPD war aufgebracht, da der Autor einer anonymen Rezension - später stellte sich heraus, dass es ein ihr nicht wohlgesonnener Russe war - im »Korrespondenzblatt der Generalkommission der Gewerkschaften Deutschlands« schwere Vorwürfe gegen Kollontai erhob:

> Der Leser wird daraus nichts von der Bedeutung und Leistung der modernen Arbeiterbewegung in Deutschland erfahren, dagegen aber in dichten Farben gemachte Schilderungen zu Gesicht bekommen, aus denen hervorgeht, daß die deutschen Arbeiter viel trinken, Karten spielen, Reaktionäre Ansichten über

---

[40] Raether, 1986, S. 28.

[41] Kollontai, 19771 [1912], S. 88-98.

[42] Kollontai, 1980, S. 157.

> Frauen usw. haben und sogar in der Organisationstätigkeit nur finanzielle Momente berücksichtigen. Sie seien in ihren Meinungen unselbständig und folgen blindlings den Führern.[43]

Nun stand der Vorwurf im Raum, Kollontai würde sich über die deutsche Arbeiterbewegung lustig machen, dem Klassenfeind dadurch in die Hände spielen und das Vertrauen missbrauchen, dass man ihr in den letzten Jahren entgegen gebracht hatte. »Die deutschen Genossen wandten sich von mir ab, sie fühlten sich gekränkt.«[44] Viele der Freundschaften Kollontais sind in dieser Zeit zu Bruch gegangen. Karl Liebknecht war einer der Wenigen in Deutschland, der das Buch kannte. Er wollte beim Parteivorstand intervenieren, allerdings hatte dieser keine konkreten Maßnahmen gegen Kollontai beschlossen und gegen die soziale Ausgrenzung konnte auch Liebknecht nichts ausrichten. Der Gewerkschaftsfunktionär Carl Legien und der SPD-Politiker Philipp Scheidemann sollen laut Kollontai sogar erwogen haben, sie aufgrund von Opportunismus ausweisen zu lassen.[45] Der Konflikt setzte Kollontai stark zu, die die folgende Zeit ihre politische Arbeit vor allem in England fortsetzte. Ende des Jahres 1913 kursierte schließlich eine deutsche Übersetzung ihres Buches im deutschen Parteivorstand, die die Wogen glättete. Eine deutsche Ausgabe ist jedoch nie erschienen und auch Kollontais Zeit in Deutschland neigte sich dem Ende zu.

Der Erste Weltkrieg

Es war der 4. August 1914 als die SPD-Reichstagsfraktion in Deutschland den Kriegskrediten zustimmte. Kollontai wohnte der Abstimmung auf der Publikumsempore des Reichstags bei. Sie war schockiert von der Entscheidung und dem sich zeigenden Patriotismus der Sozialdemokratie, wie viele andere in der Arbeiterbewegung. Als sie kurz nach der Abstimmung dem SPD-Abgeordneten Emanuel Wurm über den Weg lief, wurde sie bereits als »Ausländerin« kritisch beäugt. Er soll sie gefragt haben: »Wie sind Sie denn hierhergekommen? Sie sind doch gar nicht berechtigt, einer solchen Sitzung des Reichstages beizuwohnen – schließlich sind Sie Russin!«[46] Spätesten jetzt wusste Kollontai, dass es sich bei einem Großteil der deutschen Sozialdemo-

[43] Anonym: 1912, S. 69.

[44] Kollontai, 1980, S. 157.

[45] Ebd., S. 159.

[46] Ebd., S. 179.

kratie nicht mehr um ihre Genossen und Genossinnen handelte. »Schmerzlich und ärgerlich waren die ersten Tage. Inzwischen fühle ich, daß es so kommen musste. Und das es besser so ist. Etwas Neues muss her.«[47] Kollontai meinte damit, dass die deutsche Sozialdemokratie mit ihrer reformistischen Praxis endgültig am Ende war.

In dem Aufsatz »Warum schwieg das deutsche Proletariat in den Julitagen?« (1915) analysierte Kollontai sehr scharf, die strukturellen Ursachen, die zur Kriegsbefürwortung der SPD geführt haben. »Allerdings sind nicht die Massen schuld. Die Ursache geht viel tiefer und liegt in der Natur, dem Geist der deutschen Arbeiterbewegung der letzten Jahre. Wenn die arbeitenden Massen in der Lage sein sollen, die politischen Ereignisse nicht nur zu verstehen, sondern auch aktiv darauf zu reagieren, ohne darauf zu warten, von ihren Führern informiert zu werden, muss das Proletariat an öffentliche Maßnahmen gewöhnt sein, muss Vertrauen in seine eigenen Kräfte haben, muss das haben, was als »revolutionäre Erfahrung« bezeichnet wird.«[48]

Doch sowohl die deutsche Arbeiterpartei, als auch die deutschen Gewerkschaften hielten die Massen in Passivität, da sie nur an einer »friedlichen« Konfliktlösung mit der herrschenden Klasse interessiert waren. Zu Groß war die Angst eines neuen Verbots der eigenen Organisation und der Glaube, durch Reformen zum Sozialismus zu gelangen. »Man hätte gedacht, dass eine Partei, die ihre Taktik auf das Prinzip der revolutionären Eroberung der politischen Macht gründet, danach streben sollte, jede Gelegenheit des politischen Kampfes zu nutzen, um die revolutionäre Energie der Massen zu entwickeln, zu testen und sie an Massenaktionen zu gewöhnen.«[49]

Stattdessen schreckte die deutsche Parteiführung vor Massenaktionen zurück. Das »Prinzip der revolutionären Eroberung« war inzwischen zur Phrase verkommen. Den Massenstreik als politisches Mittel, eine Erfahrung, die Rosa Luxemburg in der Russischen Revolution von 1905 machte und in der SPD einbrachte, wurde mehrheitlich abgelehnt. »[D]ie Massen gewöhnten sich an Passivität; der revolutionäre Wille der Massen stagnierte; die Initiative der Massen wurde nicht entwickelt, und sie entwickelten nie die Gewohnheit, aktiv auf Ereignisse zu reagieren, ohne auf den Befehl ihres Führers zu warten.«[50] Das Vertrauen Kollontais in die Eigeninitiative der

[47] Ebd., S. 197.

[48] Kollontai, 1977b [1915], S. 99-103., hier S. 100 (Übersetzung durch Verf.).

[49] Ebd., S. 101 (Übersetzung durch Verf.).

[50] Ebd., (Übersetzung durch Verf.).

Massen erinnert an das Vertrauen Luxemburgs und zeichnet beide als Vertreterinnen eines, wie Hal Draper es genannt hat, »Sozialismus von unten« aus.[51]

Die völlige Preisgabe der Sozialdemokratie im Angesicht des Krieges habe den Reformismus als »unerbittliche Zitterpartie« entlarvt. »Diese Lektion wird vom Proletariat der Welt nicht unbeachtet bleiben. Dieses blutige Zeitalter, dieses Zeitalter, das alle Übel offenbart, die in einzelnen, sozialistischen Parteien verborgen sind, zeigt deutlich, dass die Theorie der »Anpassung« der Arbeiterbewegung an das kapitalistische System ihres eigenen Landes, die Theorie des »friedlichen Kampfes« um die Klassenherrschaft, eine der größten Gefahren für die internationale, revolutionäre Befreiungsbewegung der Arbeiter ist.«[52]

Kollontai verlässt Deutschland

Nach der Zustimmung zu den Kriegskrediten verdichteten sich die Anzeichen einer bevorstehenden Ausweisung Kollontais. Es gelang ihr, Deutschland mit der Hilfe von Liebknecht zu verlassen und nach Schweden zu gelangen. Dort wurde sie verhaftet und nach Dänemark ausgewiesen. In Norwegen fand sie schließlich eine neue politische Wirkungsstätte, um fortan unerbittlich gegen den Krieg zu arbeiten. »Hatte Kollontai in Deutschland noch hauptsächlich politischen Umgang mit menschewistisch orientierten russischen Sozialdemokraten gehabt, so war sie jetzt um so entschiedener bereit, mit Lenin, der im Schweizer Exil saß, in briefliche Verbindung zu treten und seinen radikalen antiimperialistischen Kurs zu unterstützen«[53], schreibt Raether.

Bereits Ende März 1915 fand in Bern inmitten der Wirren des Ersten Weltkrieges eine internationale sozialistische Frauenkonferenz statt, die bedauerlicherweise bis heute im Schatten der Zimmerwalder-Konferenz steht. Die Konferenz wurde von Clara Zetkin gegen den Willen des SPD-Parteivorstandes organisiert. Auf dem Treffen im März beschlossen die Vertreterinnen gemeinsam den an alle Arbeiterinnen der kriegsführenden Staaten gerichteten Friedensappell »Frauen des arbeitenden Volkes!«, das außerhalb der Schweiz strafrechtlich verfolgt wurde und maßgeblich von Zetkin

---

[51] Draper, 1966, S. 57-84.

[52] Kollontai, 1977b [1915], S. 103.

[53] Raether, 1986, S. 30.

verfasst war.[54] »Kollontai, der die Durchreise durch Frankreich untersagt worden war, konnte lediglich eine Antikriegs-Resolution beisteuern, die außer von ihr nur noch von drei norwegischen Frauen unterzeichnet war.«[55]

In den nächsten Jahren war es Kollontais Aufgabe, die Mitglieder der sozialdemokratischen Parteien Skandinaviens von den Ideen Lenins zu überzeugen und eine Antikriegsopposition aufzubauen. 1915 schrieb sie im Auftrag Lenins eine Broschüre mit dem Titel »Wem nützt der Krieg?«, um mit den Mythen der herrschenden Klasse von einem vermeintlichen »Verteidigungskrieg« aufzuräumen. Die Broschüre wurde »als Propagandaschrift des bolschewistischen Zentralkomitees in viele Sprachen übersetzt und u.a. an 4.000 russische Kriegsgefangene in Deutschland und Österreich verteilt.«[56] Vor der Konferenz von Zimmerwald[57] im September 1915 schrieb Lenin an Kollontai:

> Nach unserer Ansicht müssen die Linken mit einer gemeinsamen prinzipiellen Erklärung auf den Plan treten, enthaltend 1. die bedingungslose Verurteilung der Sozialchauvinisten und Opportunisten, 2. ein revolutionäres Aktionsprogramm (ob man sagt: Bürgerkrieg oder revolutionäre Massenaktion – das ist schon nicht mehr so wichtig), 3. die Ablehnung der Losung der »Vaterlandsverteidigung« usw. Eine prinzipielle Erklärung der »Linken«, im Namen einiger Länder, wäre von gigantischer Bedeutung.[58]

Kollontai stand der Bürgerkriegsthese Lenins zunächst skeptisch gegenüber. Lenin vertrat zum Beginn des Weltkrieges die Position, dass es darauf ankäme, den Weltkrieg in einen Bürgerkrieg zu verwandeln, in dem das Proletariat gegen die herrschende Klasse kämpfen sollte und somit nicht nur den Krieg zu beenden, sondern auch den Sozialismus zu erreichen. Doch je länger der Krieg und die Zusammenarbeit mit Lenin andauerte, desto entschlossener wurde auch Kollontai darin, den Krieg mit allen Mitteln zu beenden. Am 22. Juli 1915 schrieb sie in ihr Tagebuch:

> Vor kurzem noch glaubte ich, daß die Losung vom Frieden alles erfasse. Inzwischen ist mir klar, daß auch das Opportunismus ist. Es genügt nicht, die Ursa-

---

54 Plener (Hg.), 2008, S. 80.

55 Raether, 1986, S. 33.

56 Raether, 1986, S. 33.

57 Die Konferenz von Zimmerwald fand vom 5. bis 8. März 1915 in Zimmerwald bei Bern statt. Die Konferenz hatte das Ziel, die Sozialistische Internationale neu zu organisieren, die durch die Kriegsunterstützung vieler sozialdemokratischer Parteien zerbrochen war. Am Ende wurde das Zimmerwalder Manifest verabschiedet. Lenin und seine Anhänger und Anhängerinnen, die fortan »Zimmerwalder Linke« genannt wurden, befanden sich mit der Position, den Weltkrieg in einen revolutionären Weltbürgerkrieg zu verwandeln, in der Minderheit.

58 Lenin, 1979 [1915], S. 169.

> chen des Krieges zu begreifen und Kriegsgegner zu sein, man muss auch wissen, mit welchen Mitteln der Krieg bekämpft werden kann. Das ist das Wichtigste (...). Dieser Krieg führt zwangsläufig zur sozialen Revolution, das ist klar und unausweichlich.[59]

Im August 1915 erhielt Kollontai eine Einladung der deutschen Sektion der sozialistischen Partei der USA für eine Vortragsreise. Vier Monate lang bereiste sie insgesamt 80 Städte in den Vereinigten Staaten, um Vorträge gegen den Krieg zu halten. Sie sprach teilweise zwei Mal täglich und in verschiedenen Sprachen. Allerdings war Kollontai von ihrer Reise enttäuscht, da die amerikanischen Arbeiter und Arbeiterinnen weniger radikal waren, als sie sich erhofft hatte. Ein Jahr später, im August 1916 reiste Kollontai erneut nach Amerika. Diesmal wollte sie ihren Sohn Mischa besuchen, der in den Vereinigten Staaten eine Ausbildung zum Ingenieur absolvierte.[60]

Dort traf sie auch auf Trotzki, der sich seit Dezember 1916 im Exil in den USA aufhielt. Sein Verhältnis zu Lenin war lange Zeit sehr angespannt, was vor allem an der Auseinandersetzung um Lenins Parteikonzept lag. Unter anderem Trotzkis Broschüre »Unsere politischen Aufgaben« aus dem Jahr 1904 ist eine scharfe Anklageschrift gegenüber Lenin. Isaac Deutscher schreibt dazu in seiner Trotzki-Biographie: »Kaum einer der menschewistischen Schriftsteller hat Lenin mit solch persönlicher Wut angegriffen. Entsetzlich, verkommen, demagogisch, verschlampter Anwalt, bösartig und moralisch abstoßend, das waren die schmückenden Beiworte, mit denen Trotzki den Mann überhäufte.«[61] Es ist wenig verwunderlich, dass die beiden, Lenin bezeichnete Trotzki daraufhin als »Judas«, in dieser Zeit verfeindet waren.

Ähnlich wie bei Kollontai waren es schließlich die Russischen Revolutionen von 1917, die Trotzki mit Lenin »versöhnten«. Die Begegnung mit Kollontai hielt Trotzki in seiner Autobiographie fest. Diese Zeilen hatte Trotzki 1929 geschrieben, was für deren Einordnung wichtig ist. Es war die Zeit, als Stalin seine Macht in Russland weitgehend gefestigt hatte und brachial gegen die innerparteiliche Opposition vorging. Kollontai hatte, um sich selbst zu schützen, die Verfolgung der Linken Opposition unterstützt, der sie selbst einmal angehört hatte. Trotzki, der sich bereits im Exil befand, hatte eventuell auch deshalb nicht die beste Meinung über Kollontai:

> In Amerika war damals auch Kollontai. Sie reiste viel herum, und ich habe sie verhältnismäßig wenig getroffen. Während des Krieges hat sie eine scharfe Evo-

59 Kollontai, 1980, S. 225f.

60 Raether, 1986, S. 36.

61 Deutscher, 1972, S. 99.

lution nach links durchgemacht und ist aus den Reihen der Menschewiki zu dem linkesten Flügel der Bolschewiki übergegangen. Ihre Sprachkenntnisse und ihr Temperament machten sie zu einem wertvollen Agitator. Ihre theoretischen Ansichten waren stets konfus. In der New Yorker Periode war ihr nichts revolutionär genug. Sie korrespondierte mit Lenin. Tatsachen und Ideen durch ihr damals ultralinkes Prisma brechend, versorgte Kollontai Lenin mit amerikanischen Informationen, unter anderem auch über meine Tätigkeit.[62]

Als Kollontai Ende Januar 1917 nach Norwegen zurückkehrte, war sie mit der Aufgabe konfrontiert, in Schweden eine neue sozialistische Partei aufzubauen. Doch diese Herausforderung wurde durch den Ausbruch der Russischen Februarrevolution unterbrochen. Die russischen Revolutionäre, die jahrelang im Exil verbracht und auf den Ausbruch der Revolution gewartet bzw. gehofft hatten, kehrten nach Russland zurück, um ganz praktisch für den Sozialismus zu kämpfen. In dieser Situation bat Kollontai Lenin erneut um Anweisungen, was zu tun sei. In dem letzten Brief Lenins aus dem Schweizer Exil an Kollontai heißt es:

Jetzt kommt es darauf an, (…) die Massen zu organisieren, neue Schichten zu erwecken, die rückständigen, ländlichen Schichten, die Dienstboten, (…) Zellen in der Armee zu bilden zur systematischen, umfassenden Entlarvung der neuen Regierung und um die Eroberung der Macht durch die Sowjets der Arbeiterdeputierten vorzubereiten. Nur eine solche Macht kann Brot, Frieden und Freiheit bringen (…), bewaffnetes Abwarten, bewaffnete Vorbereitung einer breiteren Basis für eine höhere Etappe. (…) Ich drücke Ihnen fest die Hand.[63]

---

62 Trotzki, 1981 [1929], S. 240.

63 Lenin, 1979 [1915], S. 275

Sozialismus und der Kampf gegen Frauenunterdrückung

Alexandra Kollontai ist am besten für ihre Schriften und ihren Einsatz zur Frauenbefreiung bekannt. Ihre Arbeit „unter den Frauen“ begann, nachdem die Frauenbewegung durch die Russische Revolution von 1905 ausgebrochen war. Um die Jahrhundertwende bildete sich in Russland eine Bewegung gegen die Unterdrückung von Frauen heraus. Diese Bewegung entwickelte sich parallel zu den Auf- und Abschwüngen der Arbeiterbewegung. In den 1880er und 1890er Jahren gab es einen Aufschwung der Kämpfe, dann eine Phase der Rückschläge - bis im Jahr 1905 in der revolutionären Massenstreikbewegung die zaristische Herrschaft herausgefordert wurde. In dieser Zeit trat die Frauenbewegung sichtbar in Erscheinung. Neben den Frauen aus der Arbeiterklasse standen auch liberale bürgerliche Frauen auf – gemeinsame Forderungen nach mehr sozialen Rechten und dem Frauenwahlrecht waren in Aktionen und Streikresolutionen genannt. Die Revolution wurde allerdings durch das Regime blutig niedergeschlagen, so dass für einige Jahre die Bewegung zurück gedrängt wurde.

Kollontai setzte sich im Rahmen der Russischen Sozialdemokratie und der Gewerkschaftsbewegung für die politische und gewerkschaftliche Organisierung von Arbeiterinnen ein. Für die Organisierung und für die Gegenwehr der Arbeiterinnen gab es viele Hindernisse, die Kollontai gemeinsam mit Mitstreitenden versuchte, zu überwinden. Neben mangelndem Selbstbewusstsein, harten Arbeitsalltagen und starker Verfolgung durch das zaristische Regime mussten die Aktivistinnen und Aktivisten auch Vorurteile in den eigenen Reihen angehen, um in ihrer Organisierung und in ihrem

Kampf unter den Arbeitern Verbündete zu gewinnen. Uns ist es in diesem Kapitel wichtig zu zeigen, dass diese Hindernisse auch überwindbar waren.

Kollontai verband den Kampf um Reformen mit dem Ziel der Revolution. Mit der bürgerlichen Frauenbewegung suchte sie die Auseinandersetzung. Sie stritt allerdings in der Russischen Sozialdemokratie nicht allein für die Befreiung der Arbeiterinnen von Ausbeutung und Unterdrückung. Neben ihr, oft noch stärker von der Geschichte vergessen, standen viele namhafte und uns heute nicht mehr mit Namen bekannte Sozialistinnen und Sozialisten.[1]

Frauenbewegung im vorrevolutionären Russland

Bis zur Revolution von 1905 gab es in Russland keine wirklich breite Frauenbewegung. Es gab unterschiedliche Gruppen von adeligen und bürgerlichen Frauenrechtlerinnen, Narodniki, Sozialrevolutionärinnen, Gewerkschafterinnen und Marxistinnen, die später die Russische Sozialdemokratische Partei gründeten.[2]

Adelige und bürgerliche Frauenrechtsorganisationen widmeten sich vor allem der Bildung und der Wohltätigkeit. Einige der ersten adeligen Frauen schlossen sich im Jahr 1859 zusammen, sie gaben eine Zeitschrift für Frauen heraus. In ihrem Fokus standen die Forderungen nach dem Zugang zu Bildung, das Recht auf Arbeit und liberalere Ehegesetze, die die Frauen aus der Verfügungsgewalt der Väter und Ehemänner befreien sollte. Diese Forderungen waren absolut berechtigt, denn nur wenige Frauen konnten Gymnasien und Hochschulen besuchen und selbstständig über ihr Leben entscheiden. Die Mehrheit der Mädchen dieser Schichten sollten sich auf das Gattin- und Muttersein vorbereiten, die Bildung hierzu erhielten sie in der Regel in ihren Elternhäusern von Hauslehrerinnen und Hauslehrern. Sie waren jedoch nur für eine Minderheit der Frauen in Russland von unmittelbarer Bedeutung: Als die Forderungen in den 1860er Jahren aufkamen, konnten nicht mehr als sechs Prozent der Bevölkerung lesen und schreiben. In den 1880er Jahren

---

1 Kollontai vermittelt in ihren autobiografischen Schriften den Eindruck, dass sie oftmals die Einzige ist, die sich um die Frauenbefreiung innerhalb der marxistischen Bewegung einsetzt. Die Erforschung der Arbeiterinnenbewegung zeigt anderes, siehe McDermid/Hillyar, 1998 und McDermid/Hillyar, 1999, sowie: Glickman, 1984 und andere.

2 Ein guter Überblick findet sich bei Stites, 1991 [1978], McDermid/Hillyar, 1998, McDermid/Hillyar, 1999 und Glickman, 1984.

waren es zehn Prozent, um die Jahrhundertwende dann etwa 20 Prozent und nur wenige Mädchen besuchten weiterführende Schulen.[3]

Andere adelige und bürgerliche Frauen gründeten Wohltätigkeitsvereine, zum Beispiel die »Gesellschaft für günstige Unterkunft und andere Hilfen für die bedürftigen Einwohner von St. Petersburg« (1861). Diese Frauen bauten eine Bekleidungswerkstatt auf, in der Arbeiterinnen für das Kriegsministerium Uniformen nähten. Gemeinschaftsküchen und eine Schule für berufstätige Mütter waren diesem Projekt angegliedert. Die »Russische Gesellschaft für gegenseitigen Philanthropie der Frauen« gründete ein Wohnheim mit 60 Betten für Frauen und einer Arbeitsvermittlung, Kinderbetreuung und Bildungsveranstaltungen. Es gab Frauengruppen, die versuchten, Prostituierten durch christliche Bildung und Schulungen eine andere Arbeit zu vermitteln. Einige andere Frauen gründeten die »Gesellschaft zur Unterstützung bedürftiger Frauen«, die »Gesellschaft zur Verbreitung nützlicher Bücher« und die »Gesellschaft zur Förderung der Liebe zur Arbeit«.

Auch in der revolutionären Bewegung der Narodniki und der Sozialrevolutionäre stieg der Anteil der beteiligten Frauen im Laufe der Zeit an: In den 1860er Jahren zeigten Listen von verhafteten Revolutionärinnen und Revolutionären einen Frauenanteil von drei Prozent, in den 1870er Jahren lag der Anteil bei etwa zwölf Prozent, wobei sich insgesamt die Anzahl der Verhafteten verdoppelt hatte. Die revolutionäre Bewegung in Russland war allerdings bis zur Jahrhundertwende bürgerlich orientiert und von volkstümlerischen Ideen dominiert. Sie sahen nicht in der Arbeiterklasse, sondern in der Bauernschaft das Potential für einen revolutionären Sturz der zaristischen Autokratie.

Auch in der Arbeiterbewegung wurden Frauen und Männer zur Frage der Gleichberechtigung von Frauen und gegen ihre Unterdrückung aktiv. In den 1860ern tauchten in den Programmen der Arbeiterbewegung erste Forderungen nach verbesserten Arbeitsbedingungen und Mutterschutz auf. Die Arbeiterinnen traten mit ihren Streiks und direkten Aktionen ab den 1870er und 1880er Jahren ebenfalls stärker in Erscheinung. Alexandra Kollontai beschrieb in ihrem Artikel »Zur Geschichte der Bewegung von Arbeiterinnen in Russland« aus dem Jahr 1919, wie die Bewegung zwischen 1870 und 1905 aussah:

> Arbeitende Frauen spielten eine aktive Rolle bei den Unruhen in der Kren-gol'mskaya-Fabrik im Jahr 1874; Frauen waren am Streik von 1878 in der Nevaya Pryadil'na-Fabrik in St. Petersburg beteiligt, und 1885 führten sie die Textilarbeiter zu dem berühmten Streik in Orekhovo-Zuyevo [...]

[3] Cliff, 1981, S. 75 (Übersetzung durch die Verfasserin)

> Die »Aprilrebellion« im Jahre 1895 in der Jaroslawischen Fabrik wurde mit Hilfe und unter dem Einfluss der Weberinnen durchgeführt. Die Arbeiterinnen von St. Petersburg ließen ihre Kameraden während der sporadischen Wirtschaftsstreiks von 1894-96 nicht im Stich, und als im Sommer 1896 der historische Streik der Textilarbeiter ausbrach, schlossen sich die Arbeiterinnen den Männern in einer einstimmigen Arbeitsniederlegung an.[4]

Diese Streikaktionen waren von großer Bedeutung, denn sie machten es möglich, dass die Arbeiterinnen Verbesserungen hinsichtlich ihrer Arbeitssituation erreichten. Und sie waren ebenso wichtig, weil die Arbeiterin lernte, ihre Schüchternheit zu überwinden und aufzustehen und so ihr Selbst- und Klassenbewusstsein stärkten:

> In einer Zeit der Unruhen und Streikaktionen wächst die proletarische Frau, unterdrückt, schüchtern und ohne Rechte, plötzlich und lernt, groß und gerade zu stehen. Die egozentrische, engstirnige und politisch rückständige »Frau« wird zur Gleichberechtigten, zur Kämpferin und zur Kameradin. Diese Transformation ist unbewusst und spontan, aber sie ist wichtig und bedeutsam, weil sie zeigt, wie die Teilnahme an der Arbeiterbewegung die Arbeiterinnen zu ihrer Befreiung führt, nicht nur als Verkäuferinnen ihrer Arbeitskraft, sondern auch als Frau, Ehefrau, Mutter und Hausfrau.[5]

Im Zuge der Revolution im Jahre 1905 veränderte sich die Situation grundlegend: »In den revolutionären Jahren 1905 und 1906 wurde die Arbeiterin auch auf die Welt um sie herum aufmerksam. Sie war überall.«[6] Und nicht nur die Arbeiterinnen in den Fabriken, die sich gemeinsam in ihren Betrieben zusammenschließen konnten, sondern auch die Dienstbotinnen, die Wäscherinnen und die Köchinnen in den Haushalten der Reichen fingen an sich zu wehren und bessere Bedingungen einzufordern:

> Wenn Sie sich die Zeitungen von 1905 ansehen, werden Sie sehen, wie viele Informationen sie über die Streiks und Straßendemonstrationen geben, mit denen Mädchen, auch in den entferntesten Ecken Russlands, ihren Protest zum Ausdruck gebracht haben. Die Köchinnen, Wäscherinnen und Hausmädchen streikten entweder separat oder sie liefen unter dem gemeinsamen Banner der »Diener«; die Militanz verbreitete sich wie eine Epidemie von Gebiet zu Gebiet. Die Forderungen waren in der Regel: ein Acht-Stunden-Tag, die Festlegung eines Mindestlohns, bessere Lebensbedingungen (Bereitstellung separater Räume), rücksichtsvollere Behandlung durch die Arbeitgeber etc.[7]

---

4 Kollontai, 1977e [1919], S. 39 f. (Übersetzung durch die Verfasserin)

5 Kollontai, 1977e [1919], S. 39 f. (Übersetzung durch die Verfasserin)

6 Kollontai, 1977e [1919], S. 40 (Übersetzung durch die Verfasserin)

7 Kollontai, 1977e [1919], S. 45 (Übersetzung durch die Verfasserin)

Die Streikforderungen in den Jahren 1905-1907 umfassten elementare Erleichterungen für die Arbeiterinnen: »Es gibt kaum ein Streikdokument in der Industrie, in der Frauen beschäftigt sind, das in irgendeiner Form nicht die Forderungen nach bezahltem Mutterschutz (in der Regel vier Wochen vor und sechs Wochen nach der Geburt), nach Freistellung für die Säuglingsernährung und für den Bau von Kindertagesstätten in der Fabrik erwähnt«.[8]

Und auch auf dem Land brachen Unruhen und politische Diskussionen unter den Bäuerinnen aus:

> In den letzten Monaten des Jahres 1904 und das ganze Jahr 1905 gab es immer wieder »Frauenunruhen« auf dem Land. Der Japan-Krieg gab dieser Bewegung Impulse. Die Bäuerin als Ehefrau und Mutter spürte all das Entsetzen und die Not, all die sozialen und wirtschaftlichen Folgen dieses unglücklichen Krieges.[9]

Im Kaukasus war der Kampf der Bäuerinnen besonders militant:

> In der Provinz Kutaisi haben sie auf Versammlungen der Bauern Resolutionen vorgelegt, in denen sie forderten, dass sie die gleichen politischen Rechte wie Männer erhalten [...] Neben den Forderungen nach politischer Gleichstellung erhoben Bäuerinnen überall natürlich auch zur Verteidigung ihrer wirtschaftlichen Interessen laut ihre Stimmen; die Frage der Landverteilung war für die Bäuerinnen ebenso zentral wie für ihre Männer. In einigen Gebieten unterstützten die Bäuerinnen die Idee der Beschlagnahmung von Privatbesitz.[10]

Im Jahr 1905 entstanden auch erste Wahlrechtsvereine für Frauen. In einer Unterschriftensammlung durch die Allianz für die Gleichstellung der Frauen und andere bürgerliche Wahlrechtsvereine sammelten die Aktivistinnen 40.000 Unterschriften, die Mehrheit der Unterschreibenden waren Arbeiterinnen.

Kollontai selbst begann im Zuge der Revolution von 1905 mit ersten Versuchen, Arbeiterinnen politisch zu organisieren. Den ersten Verein für Arbeiterinnen baute sie 1907 auf, als die Revolution bereits auf dem Rückzug war. Vorher hatte sie sich auf Anraten Rosa Luxemburgs mit Clara Zetkin getroffen, um mehr über deren Aufbau der proletarischen Frauenbewegung in Deutschland zu erfahren.

Gemeinsam mit Arbeiterinnen und Sozialistinnen gründete Kollontai 1907 in St. Petersburg den Verein für Arbeiterinnen, die »Gesellschaft der arbeitenden Frau für gegenseitige Hilfe«. Die Räume des Vereins lagen in der

---

[8] Glickman, 1977, S. 80 f. (Übersetzung durch die Verfasserin)

[9] Kollontai,1977e [1919], S. 45 (Übersetzung durch die Verfasserin)

[10] Kollontai, 1977e [1919], S. 47 (Übersetzung durch die Verfasserin)

Nähe der Textilarbeiterinnengewerkschaft, um leichter Kontakte zu Arbeiterinnen knüpfen zu können.

Bürgerliche und Proletarische Frauenbewegung

Nachdem die Revolution im Jahr 1907 vom zaristischen Regime niedergeschlagen worden war, fand im Dezember 1908 der Erste Allrussische Frauenkongress in St. Petersburg unter dem Motto »Die Frauenbewegung darf weder bürgerlich noch proletarisch sein« statt. Es war ein Kongress unter der Führung der bürgerlichen Frauenbewegung: Arbeiterinnen stellten auf dem Kongress nur 45 von insgesamt 700 Delegierten. Aufgrund dieser Ausrichtung gab es innerhalb der Sozialdemokratie im Vorfeld eine kontroverse Auseinandersetzung über die Teilnahme an dieser Konferenz. Führende Bolschewiki sprachen sich zunächst gegen, führende Menschewiki für eine Teilnahme aus.

Unter den Arbeiterinnen waren allerdings die Hoffnungen auf den Kongress groß. Die Textilarbeiterinnengewerkschaft gründete ein Komitee, das die Diskussion unter den Arbeiterinnen und ihre Teilnahme organisieren sollte. Mitglieder der Gewerkschaften der Verkäuferinnen, Typografinnen, Näherinnen, Buchhalterinnen, Angestellten und Konditorenverbände nahmen an diesen Vorbereitungen teil.

Teile der Bolschewiki und auch Kollontai, die zu diesem Zeitpunkt den Menschewiki angehörte, wollten auf der Konferenz die Unterschiede zwischen der bürgerlichen und der proletarischen Frauenbewegung herauszustellen. Dazu bereitete Kollontai ihre Rede »Die Arbeiterin in der gegenwärtigen Gesellschaft« vor. Sie konnte diese allerdings nicht selber halten, da sie auf der Konferenz direkt vor einer drohenden Verhaftung ins Exil nach Deutschland fliehen musste. An ihrer Stelle las eine befreundete Arbeiterin Kollontais Rede vor. In dem Artikel »Die soziale Basis der Frauenfrage«, den Kollontai in der Vorbereitung der Konferenz schrieb, stellte sie die Unterschiede zwischen der bürgerlichen und der proletarischen Frauenbewegung heraus:

> Wenn auch unter bestimmten Umständen die kurzfristigen Aufgaben von Frauen aller Klassen übereinstimmen, unterscheiden sich die Endziele der beiden Lager, die langfristig die Richtung der Bewegung und die zu verwendenden

> Taktiken bestimmen, stark. Während für die Feministinnen[11] die Verwirklichung der Gleichberechtigung mit Männern im Rahmen der heutigen kapitalistischen Welt einen hinreichend konkreten Selbstzweck darstellt, sind gleiche Rechte derzeit für die proletarischen Frauen nur ein Mittel, um den Kampf gegen die wirtschaftliche Sklaverei der Arbeiterklasse voranzutreiben.[12]

Wenn es Überschneidungen in den Forderungen gab, konnte es auch eine Zusammenarbeit geben. Doch waren die Klasseninteressen, obwohl alle Frauen unterdrückt waren, oft unterschiedlich. Denn die Unterdrückung war je nach Klassenzugehörigkeit unterschiedlich und wirkte sich anders aus.

Das »Ziel der Proletarierinnen ist es, die alte antagonistische Klassengesellschaft durch einen neuen, hellen Tempel der Arbeit und der brüderlichen Solidarität zu ersetzen«[13], schrieb Kollontai. Nicht die bürgerliche Frauenbewegung mit ihrer Strategie der gleichen Rechte innerhalb des Kapitalismus und in Konkurrenz zu Männern bringe die Befreiung aller Frauen, sondern die Politik der revolutionäre Sozialdemokratie, so Kollontai. Denn »durch den Kampf für die eigenen politischen Rechte ebnen die Proletarierinnen zugleich auch den Frauen anderer Klassen den Weg zur Wahlurne und [die bürgerlichen Frauen, d.V.] vergessen [...] bei ihren nächsten Forderungen nur allzu gern gerade jenen Teil der Bevölkerung, für den die politische Gleichberechtigung eine im wahrsten Sinne des Wortes lebenswichtige Frage darstellt.«[14]

Kollontai stellte auch die unterschiedlichen Forderungen der beiden Richtungen der Frauenbewegung heraus:

> Die »Frauenfrage« sagen die Feministinnen, »ist eine Frage des Rechts und der Gerechtigkeit«. »Die Frauenfrage«, entgegnen die Proletarierinnen, ist eine Frage nach dem »täglichen Stück Brot«.[15]
>
> Aber ihre »jüngere Schwester«, die Proletarierin, die bis auf den Grund den ganzen Schrecken der kapitalistischen Ausbeutung durch Lohnarbeit erfahren hat, fordert vom Staat Eingreifen in das Gebiet der »Vertragsfreiheit« zwischen Arbeit und Kapital. Sie strebt nicht nach Freiheit der Arbeit an, sondern Normierung des Arbeitstages, Verbot der Nachtarbeit und andere Bestimmungen,

---

11 Wenn Kollontai von Feministinnen spricht, meint sie Frauenrechtlerinnen aus dem Adel und dem Bürgertum, deren berechtigten Forderungen nach gleichen sozialen und politischen Rechten meistens nicht die notwendigen Reformen für Frauen aus der Arbeiterklasse mit einschlossen oder ihnen auch widersprachen.

12 Kollontai, 1977a [1909], S. 60, (Übersetzung durch die Verfasserin)

13 Kollontai, 1979b [1908], S. 48

14 Kollontai, 1979a [1907], S. 27

15 Kollontai, 1979b [1908], S. 40

die dem gierigen Ausnutzen ihrer Arbeitskräfte durch das Kapital eine Grenze setzen.[16]

Denn nicht nur in Fragen der Lohnarbeit, auch in der Frage der Hausarbeit und der Versorgung der Angehörigen unterschieden sich die Lebenswirklichkeiten der Frauen aus den verschiedenen Klassen grundlegend: Die eine hatte meist Personal, das sich um den Haushalt und die Kinder kümmerte, die andere musste nach ihrem langen Arbeitstag auf ihrer Arbeitsstelle unter schlechten Bedingungen die Familie versorgen. Wie unterschiedlich dieser Alltag der Frauen unterschiedlicher Klassen war, schildert Kollontai in »Die arbeitende Frau und Mutter«, das 1916 als Broschüre erschien. Sie ermöglicht hier einen Blick in das Leben von vier Frauen: Von Maschenka, der Fabrikantengattin, die in ihrem Alltag und in ihrer Schwangerschaft und Geburt gut versorgt ist. Im Gegensatz dazu beschreibt Kollontai den beschwerlichen und die Schwangerschaft gefährdenden Arbeitsalltag von Frauen aus der Arbeiterklasse: von Maschenka, der im Haushalt des Fabrikanten-Ehepaares angestellten Wäscherin, von Mascha, der Dienstbotin des Hauses und von Mascha, der Färberin, die in der Fabrik von Maschenkas Ehemann arbeitet.[17]

Streiks waren das Mittel der Arbeiterinnen, ihre Forderungen durchzusetzen. So kämpften Kollontai und andere Sozialistinnen und Sozialisten für die gewerkschaftliche Organisierung von Arbeiterinnen in allen Bereichen, in den Fabriken, bei den Heimarbeiterinnen und bei den Dienstbotinnen. Streik als Mittel des Kampfes wurde aber in der bürgerlichen Frauenbewegung weitgehend bekämpft. Selbst liberalere Frauen wie Dr. Maria Ivanovna Pokrovskaia, die Vorsitzende der Frauen-Fortschritts-Partei, die für die Verbesserung der Lage der Arbeiterinnen eintrat, lehnte das Mittel des Streiks als zu kämpferisch ab. So wandte sie sich 1905, mitten im Höhepunkt der Revolution mit einer Massenstreikbewegung, gegen Streiks, die in ihren Augen der Familie der Arbeiterklasse schadeten. Denn sie bedeuteten für die Zeit des Streiks und durch die möglichen Entlassungen durch die Teilnahme an Streiks eine Gefahr des Hungerns für die gesamte Familie. Dabei ignorierte sie, dass in der 1905er Revolution gerade viele Arbeiterinnen aktiv an der Massenstreikbewegung beteiligt waren, die für sie die wesentliche Kampfform war, ihre Lebensbedingungen zu verbessern.

Auch in der Frage der Prostitution gingen die Lösungswege weit auseinander. Aufgrund der Armut blieb Frauen aus der Arbeiterklasse häufig kein

[16] Kollontai, 1979b [1908], S. 41

[17] Kollontai, 1977m [1916], S. 127 (Übersetzung durch die Verfasserin)

anderer Ausweg, als den eigenen Körper zu verkaufen und sich zu prostituieren:

> Was zur Rettung ihrer jüngeren Schwester führen sie (die bürgerlichen Frauen, die Verf.) denn ins Feld? Vielleicht ein höheres Einkommen, mehr Freizeit für die arbeitende Frau, ihr Hereinziehen in den Klassenkampf des Proletariats um die eigene Befreiung, ...? Weit gefehlt! Ein paar Asyle für reuige Magdalenen, ein paar Gesellschaften für die geistig-moralische Erziehung der Arbeiterinnen, im besten Fall einen Kampf gegen Reglementierungen.[18]

Dieses Herangehen der bürgerlichen und adeligen Frauen war aber nur sehr begrenzt wirksam. Der Historiker Richard Stites bemerkt, dass die Wohltätigkeit als Heilmittel für die Prostitution ein Misserfolg war: »Die langweiligen Arbeitstrainings und Religionsstunden in den Heimen und die gönnerhafte Betreuung in den Frauenhäusern führte schnell dazu, dass die Frauen wieder den aktiven Dienst aufnahmen. Bestenfalls reduzierten die Unterkünfte die Zahl der Prostituierten für eine gewisse Zeit, indem sie einige von ihnen aus dem Verkehr zogen und die Zahl der Infektionen senkten«[19]

Lage der Arbeiterinnen

In einer ihrer Vorlesungen zur »Situation der Frau in der gesellschaftlichen Entwicklung«[20] im Jahre 1921 vor Arbeiterinnen und Bäuerinnen beschrieb Kollontai, wie mit dem Übergang zum Kapitalismus die Bauern- und Handwerkerfamilien verarmten, weil ihre Betriebe mit der sich erhöhenden Arbeitsproduktivität in den Fabriken nicht mehr konkurrenzfähig waren. Männer, Frauen und Kinder waren gezwungen, ihren Lebensunterhalt zunehmend mit Lohnarbeit in Fabriken, in kleinen Betrieben, in Heimarbeit und in Haushalten zu verdienen.[21] Die Veränderungen in der russischen Gesellschaft waren im 19. Jahrhundert enorm. War zu Beginn des 19. Jahrhundert das Land noch überwiegend von Landwirtschaft geprägt, änderte sich dies um die Mitte des 19. Jahrhunderts rapide. Russland musste, um mit den westlichen Ländern Schritt zu halten, eine massive Industrialisierung durchführen. Dies führte 1861 zu einem Ende der Leibeigenschaft mit

[18] Kollontai,1979b [1908], S. 45

[19] Stites, 1991 [1978], S. 71 (Übersetzung durch die Verfasserin)

[20] Kollontai, 1975 [1921]

[21] Kollontai, 1975 [1921], S. 97

einem daraus folgenden Anstieg der Lohnarbeit unter den ehemaligen leibeigenen Landarbeiterinnen und Landarbeitern.[22]

Diese Umgestaltung der Gesellschaft bedeutete für viele Adelsfamilien ebenfalls eine Verarmung, da sie nun keine kostenlosen Arbeitskräfte mehr hatten. Viele adelige Frauen mussten ab dem Ende der 1860er Jahre anfangen vor allem als Lehrerinnen zu arbeiten, um ein Einkommen zu erhalten.

Die Armut veränderte auch die nicht-adeligen Familien auf dem Land: Männer pendelten oftmals zur Arbeit in die Städte und kamen zur Ernte und den Feierlichkeiten wieder in die Dörfer. Frauen nähten, stickten und strickten, um das Familieneinkommen aufzubessern. Ab den 1880er Jahren ist eine deutlich steigende Tendenz unter Frauen vom zu beobachten, die permanent zur Arbeit in die Städte gingen. Viele dieser Frauen arbeiteten dort als Dienstbotinnen, Köchinnen, Zimmermädchen, Haushälterinnen, Kindermädchen und Wäscherinnen. Damit machten sie einen großen Teil der Erwerbstätigen unter den Frauen aus:

> Vor 1917 standen in Russland die Hausangestellten an zweiter Stelle der Berufe, in denen die meisten Frauen beschäftigt waren [...] Obwohl Frauen 29 Prozent der Arbeitskräfte in St. Petersburg ausmachten (wobei Frauen zu 68 Prozent in der Textilindustrie, zu 47 Prozent in der Nahrungsmittel- und Tabakproduktion und zu 42 Prozent in der Chemieindustrie arbeiteten), blieb der Hauswirtschaftssektor zweifellos die größte Einzelquelle für Frauenerwerbstätigkeit in der Hauptstadt. Auch war der Hauswirtschaftssektor nicht auf Privathaushalte beschränkt, denn Frauen wurden auch von Arbeitern in Arteln (Kooperativen), von Wäschereibesitzern und von Bordellbesitzern beschäftigt. Außerdem konnten einige Formen des häuslichen Dienstes, wie z.B. die Fußbodenreinigung, tageweise angeheuert werden.[23]

In der Industrie zu arbeiten bedeutete auch nicht zwangsläufig, in Fabriken zu arbeiten:

> Zum Beispiel zeigte die russische Betriebszählung aus dem Jahr 1897, dass nur ein Drittel der in der Textilproduktion aufgeführten Frauen in Textilfabriken arbeitete; die Mehrheit arbeitete zu Hause oder in kleinen Geschäften, wie es in den meisten Branchen üblich war. Tatsächlich waren mehr Russen, sowohl Männer als auch Frauen, als Tagelöhner, Diener, Verkäufer, in Restaurants, Tavernen, als Handwerker und im Handel beschäftigt als in Fabriken.[24]

Kollontai beschrieb die sich enorm erhöhende Arbeitsproduktivität im Kapitalismus: Eine Arbeiterin konnte nun mit »Hilfe der Strumpfstrickma-

[22] McDermid / Hillyar, 1998, S. 10, (Übersetzung durch die Verfasserin)

[23] McDermid / Hillyar, 1998, S. 27f. (Übersetzung durch die Verfasserin)

[24] McDermid / Hillyar, 1998, S. 28 (Übersetzung durch die Verfasserin)

schine … ihre Arbeitsproduktivität von 20 Paar auf 1200 Paar erhöhen.«[25] Diese Erhöhung kam den Arbeitenden jedoch nicht zugute:

> Natürlich hätte die Mechanisierung der Produktion die Situation der Bevölkerung verbessern können, wenn z.B. die Arbeiterin, die zuvor ohne Maschine 20 Paar Strümpfe hergestellt hatte und nun mit Hilfe der Maschine sechzig mal mehr produzierte, auch wirklich für 1200 Paar Strümpfe bezahlt worden wäre.[26]

Das Privateigentum an Produktionsmitteln, die verschärfte Konkurrenz und das Erreichen eines größtmöglichen Profits standen Verbesserungen wie höheren Löhnen, besseren Arbeitsbedingungen, geringen Arbeitszeiten, besseren Versorgungen im Krankheitsfall und einer Entlastung der in den Familien geleisteten Reproduktionsarbeit (Hausarbeit, Kochen, Kinder-, Alten- und Krankenpflege) entgegen.

Die Unternehmenden nutzten die Not der Arbeitenden und die in Klassengesellschaften vorhandene Ideologie der Minderwertigkeit der Frauen dafür, die Arbeiterinnen deutlich geringer zu entlohnen und damit die Löhne der Arbeiter weiter zu senken:

> Die Fabrikanten behaupteten kurzerhand, die Frauenarbeit sei eben mit der Arbeit der Männer nicht vergleichbar. Die bürgerlichen Denker verschafften der Unternehmerschaft bereitwillig den erwünschten Vorwand, indem sie frech behaupteten, die Frau sei dem Manne von Natur aus auf sämtlichen Gebieten unterlegen.[27]

Kollontai betonte im Gegensatz dazu, dass Frauen nicht aus biologischen, sondern aus politischen Gründen schlechter gestellt seien. Der Mann galt als der »Versorger«, der Verdienst der Frau galt als »Nebenverdienst«, mit dem das »Familienbudget« aufzubessern sei, so Kollontai.[28] Dieses Bild und die behauptete Minderwertigkeit der Frau wurde nicht nur von den Unternehmern gestützt, sondern auch Arbeiterinnen und Arbeiter selber teilten besonders in den Anfängen der Arbeiterbewegung dieses Vorstellung: »Das taten jedoch auch die Arbeiter selber, da sie noch nicht begriffen hatten, was eigentlich in ihrem Interesse lag. Die Arbeiter sahen nicht von heute auf morgen ein, daß die Frauenarbeit aus der großkapitalistischen Ökonomie nicht wegzudenken war.«[29]

Die Ideologie der Minderwertigkeit spiegelte sich auch bei den Arbeiterinnen selbst wieder. Ihr Selbstbewusstsein war oft gering ausgeprägt, so dass

[25] Kollontai, 1975 [1921], S. 98 f.

[26] Kollontai, 1975 [1921], S. 98 f.

[27] Kollontai, 1975 [1921], S. 102

[28] vgl. Kollontai, 1975 [1921], S. 102

[29] Kollontai, 1975 [1921], S. 103

sie ihre miserablen Arbeitsbedingungen leichter akzeptierten als ihre Kollegen. Denn die Frauen waren »sowieso seit Jahrhunderten an ein rechtloses Dasein und Kadavergehorsam gewöhnt«[30], so Kollontai.

Die Arbeiterinnen wurden so zur Konkurrenz der Arbeiter, denn ihre niedrigen Löhne führten zur Senkung des Lohnniveaus im Allgemeinen und auch zu Entlassungen der »teureren« Arbeiter. Teile der Arbeiterklasse und der Gewerkschaften forderten deshalb, die Lohnarbeit von Frauen zu verbieten und weigerten sich, die Kolleginnen gewerkschaftlich zu organisieren. Diese falsche Politik war ein großer Vorteil für die Fabrikanten, denn sie verringerte den Widerstand in der gesamten Arbeiterklasse:

> Mit unbewusster Berechnung nutzte die Bourgeoisie den Vorteil dieser Situation: sie wiegelte und hetzte die eine Hälfte des Proletariats gegen die andere auf, spaltete ihre Einheit, zwang die Frauen als boshafte Konkurrenten der Männer aufzutreten und unterminierte die Klassensolidarität der Arbeiter.[31]

Im Gegensatz zu den bürgerlichen Frauen, die ein Recht auf Arbeit forderten, um von ihren Vätern und Ehemännern unabhängiger und freier leben zu können, war die Lohnarbeit für die Arbeiterinnen eine bittere Notwendigkeit, um sich und die Familie vor dem Verhungern zu bewahren und eine weitere Last:

> Aber im modernen kapitalistischen Produktionssystem wurde die Arbeit nicht zum Befreier für die Arbeiterin: sie lud auf ihre schwachen Schultern noch neue Lasten, sie fügte ihren Verpflichtungen als Hausfrau und Mutter noch eine neue Last hinzu: die Last der Lohnarbeit [...] Die Fabrikhölle mit ihrem Gepolter und Gerassel der Maschinen, mit ihrer Luft voller Staubwolken, mit ihren unerträglichen, schweren Gerüchen, mit den groben Anschnauzern der Meister und den für die Frauen beleidigenden Angeboten der Fabrikverwaltung, mit den Leibesvisitationen und den Strafen - vor diesen Schrecken erweisen sich die ganzen Schrecken der Danteschen Hölle als verlockende Phantasie des Dichters.[32]

Auch die Hausarbeit, die Erziehungsarbeit und die Lebensbedingungen der Arbeiterinnen beschrieb Kollontai 1908 anlässlich des Ersten Allrussischen Frauenkongresses in St. Petersburg, auf dem die größte Anzahl der Teilnehmerinnen aus den gehobenen bürgerlichen und adeligen Kreisen Russlands kamen und zeigte dadurch die oftmals fundamental unterschiedlichen Bedürfnisse der verschiedenen Teile der Frauenbewegung auf:

> Und zu Hause? [...] Was erwartet die Arbeiterin außerhalb der schädlichen Einflüsse der Werkstatt? [...] Vielleicht eine weiche Couch im gemütlichen

[30] Kollontai, 1975 [1921], S. 103

[31] Kollontai, 1979a [1907], S.21

[32] Kollontai, 1979b [1908], S. 42

> Zimmer, ein liberales Journal auf dem Tisch, eine Karte für die Premiere im Kommissarschewskaja-Theater? [...] Eine enge, mit Bewohnern überfüllte Behausung, mit so wenig Luft wie im Grab für den einzelnen, mit dem unerträglichen Weinen der hungrigen Nachbarskinder, verdorbene Nahrung und eine lange, schreckliche Nacht in einer engen »Schlafstelle für zwei«. So erholt sich die Proletarierin, so frischt sie ihre Kräfte auf, die zur Herstellung neuer Werte für die Herrn Kapitalisten verbraucht werden. Und wenn sie Familie hat [...] Wenn zu Hause kleine Kinder warten [...] Die Frau schafft es kaum, den Rücken nach der Arbeit an der Werkbank wieder gerade zu biegen, wenn sie sich schon wieder an die zeitraubende Hausarbeit machen muss [...] Die müden Familienmitglieder nörgeln, der müde gewordene Kopf sinkt immer tiefer [...] Aber für die berufstätige Mutter, die Arbeiterin gibt es keine Erholung.[33]

Die Wohnbedingungen waren erschütternd. Meistens lebten einzelne Arbeiterinnen und Arbeiter und auch ganze Familien in riesigen Schlafsälen ohne Elektrizität, Heizmöglichkeiten und fließend Wasser. Mehrere Menschen teilten sich die Schlafstätten, manche schliefen auf dem Boden. In größeren Städten gab es auch um die Fabriken herum viele notdürftig selbst gezimmerten Hütten, in denen die Arbeitenden mit ihren Familien lebten. In den Textilfabriken kam es vor, dass Arbeiterinnen neben ihren Maschinen schliefen und dort auch ihre Kinder gebaren.

Lohnarbeit und kollektive Gegenwehr

Nichtsdestotrotz brachte die Lohnarbeit der Arbeiterinnen auch eine teilweise finanzielle Eigenständigkeit mit sich. Sie öffnete ihnen die Möglichkeit der kollektiven Gegenwehr gegen den Kapitalismus und die Umwälzung der Gesellschaft durch eine Revolution im gemeinsamen Kampf aller Arbeiterinnen und Arbeiter. Für ihre Befreiung brauchten die Frauen aus der Arbeiterklasse die politischen und sozialen Rechte, die ihnen bis dahin verwehrt waren. Dies sind die Rechte zur politischen und gewerkschaftlichen Organisierung, kein Verbot der Frauenarbeit, das Wahlrecht, deutlich höhere Löhne, Arbeitsschutz, kürzere Arbeitstage, Mutterschutz und die Vergesellschaftung der Hausarbeit und der Erziehungsarbeit.[34]

Dazu musste Spaltung der Arbeiterklasse überwunden werden. Dies konnte zum einen durch die gemeinsame Organisierung geschehen:

33 Kollontai, 1979b [1908], S. 42 f.

34 Kollontai, 1979b [1908], S. 49

> Sobald sie jedoch in die Reihen der organisierten Kämpfer für die Befreiung der Arbeiterklasse auftritt, hört die Behauptung, dass sie - die Arbeiterin - die schlimmste Rivalin des Arbeiters sei, auf, unumstößlich zu sein. Das organisierte Proletariat, egal welchen Geschlechts, verliert seine Fähigkeit, Klassengenossen zu schaden.[35]

Und zum anderen war ein Kampf um die Vorurteile einiger Genossen und Teilen der Arbeiterklasse notwendig: Denn nur die Arbeiterklasse ist, so Marx, die universelle Klasse, die im gemeinsamen Kampf gegen Ausbeutung und Unterdrückung eine soziale, demokratische und gleichberechtigte Gesellschaft für alle ihre Mitglieder erreichen kann.[36] Dabei kann die Arbeiterklasse es sich nicht leisten, nur für einen Teil zu kämpfen und sich in diesen Kämpfen auf reine soziale Forderungen zu beschränken: »Denn wie das Proletariat seine Befreiung nur erlangen kann, wenn es zusammen kämpft ohne Unterschied der Nationalität, ohne Unterschied des Berufs, so kann es seine Befreiung auch nur erlangen, wenn es zusammensteht ohne Unterschied des Geschlechts.«[37]

Erst, wenn Sozialdemokratie und die Gewerkschaften diese Spaltung durch eine besondere Arbeit unter den Frauen und den Männern überwinden und eine wachsende Solidarität untereinander aufbauen, kann sich die Kraft der Arbeiterklasse voll entwickeln.

Auf diesem Weg des gemeinsamen Kampfes müssen sich die Arbeiterinnen zusammenschließen, nicht »damit sie alleine die politischen Rechte erkämpfen und isoliert für ihre Interessen eintreten, sondern genau deshalb, damit sie innerhalb der sozialdemokratischen Partei Druck ausüben auf den ungeteilten und geschlossenen Kampf um die demokratische Zielsetzungen - und von diesem Kampf wird die Arbeiterklasse als ganze den Nutzen haben.«[38]

Organisierung der Arbeiterinnen

Die Organisierung von Arbeiterinnen verlief sehr langsam und schwierig. Ihr Anteil an den Gewerkschaften war gering, selbst auf dem Höhepunkt

---

[35] Kollontai, 1977a [1909], Einleitung zu "The Social Basis of the Women's Question, zitiert nach www.marxists.org/archive/kollonta/1908/social-basis.htm

[36] Marx/Engels, [1848], Das kommunistische Manifest, S. 472 und S. 482

[37] Zetkin, Clara, 1957, [1896], S. 110

[38] Kollontai, 1979a [1907], S. 35

der Revolution im Jahr 1905 waren von 562 Delegierten im Sowjet nur sechs Frauen.

Nadeshda Krupskaja, Elena Stasova und anderen Bolschewiki versuchten, Arbeiterinnen in den 1890er Jahren zu organisieren: Sie verteilten Flugblätter vor Fabriken und Betrieben und versuchten die Arbeiterinnen zu Sonntags- und Abendschulen einzuladen, um dort gemeinsam zu diskutieren. Diese Versuche waren auch deshalb nur begrenzt erfolgreich, da der polizeiliche Verfolgungsdruck hier noch stärker war als bei den Männern. Denn der Staat fürchtete ein Zusammenkommen der gesamten Arbeiterklasse sehr, wie Kollontai betonte:

> Ist es da noch verwunderlich, daß die Bourgeoisie jedes Aufflackern von Protest unter den Arbeiterinnen und jeden Versuch von ihrer Seite, für die Bedürfnisse und Interessen der Frauen und der gesamten Arbeiterklasse einzutreten, doppelt feindselig aufnimmt? ... Der proletarischen Frau die gleichen Rechte wie dem Mann zuzugestehen - das würde bedeuten, der Arbeiterklasse eine neue, gefährliche Waffe in die Hand zu geben, das würde bedeuten, die aktive Armee des kämpfenden Gegners zu verdoppeln; die Bourgeoisie ist zu schlau, um sich auf ein solch gefährliches Experiment einzulassen.[39]

So waren die meisten Vereine, die proletarische Frauen organisierten, nach ein bis zwei Monaten wieder von der Polizei geschlossen. Alle Revolutionärinnen und Revolutionäre mussten den größten Teil ihrer Aktivität im Untergrund arbeiten. Verhaftungen, Verbannungen und Exil trafen viele. Schon für eine Teilnahme an einem Streik waren hohe Gefängnisstrafen und die Verbannung in den russischen Gesetzten vorgesehen und wurden vom Staat auch durchgesetzt. Deshalb war es auch schwer, wie Kollontai beschrieb, die Arbeiterinnen zu erreichen. Zudem hatten die Arbeiterinnen meist keine freie Zeit, neben ihrer Lohnarbeit und ihrer „doppelten Schicht" als Hausfrau und Mutter und kamen nicht zu den politischen Schulungen:

> Auch die arbeitenden Frauen besuchten nicht die Sonntagabendklassen am Rande von St. Petersburg, die in dieser Zeit die einzigen »legalen Möglichkeiten« waren, die einzige Möglichkeit, wie die breite Masse der Arbeiterinnen mit den Ideen des Marxismus und des revolutionären Sozialismus in Kontakt treten konnte, die unter dem Deckmantel harmloser Lektionen in Geographie und Arithmetik präsentiert wurden.[40]

Erschwerend war auch, dass der Kreis der Revolutionärinnen und Revolutionäre nicht sehr groß war und hatte viele Aufgaben hatte. So galten Nadeschda Krupskaja und Elena Stasova nicht nur als hervorragende Lehrerinnen

---

[39] Kollontai, 1979a [1907], S. 21f.

[40] Kollontai,1977e [1919], S. 40 (Übersetzung durch Verf.)

in den Abend- und Sonntagsschulen, die auch versuchten, Arbeiterinnen zu erreichen. Sie schrieben Artikel und waren für die Arbeit im Untergrund für die gesamte Partei von entscheidender Bedeutung: Sie schmuggelten wie viele andere die illegale Parteiliteratur, waren jedoch mit am begabtesten, wenn es darum ging, Nachrichten zu verschlüsseln, die Verteilungsnetze aufrecht zu erhalten und die Finanzen zu verwalten. Diese bekannteren Bolschewikinnen waren nur die Spitze eines Eisberges von Aktivistinnen:

> Heimlich übermittelten alle diese Frauen Nachrichten, verteilten Broschüren und sammelten Geld für die Sozialdemokratie, kleine Aufgaben, die ihre Stärke prüften, das Vertrauen der Revolutionäre erwarben und ihre Verbindungen zu ihnen verstärkten. ... Für jede von ihnen, die eine Vollzeitrevolutionärin wurde, gab es Dutzende, wenn nicht sogar Hunderte mehr, die nie über diese Arbeit an der Basis hinausgingen.[41]

Rose L. Glickman beschreibt, wie in den 1890er Jahren in einigen Städten Zirkel von Arbeiterinnen und Arbeitern entstanden, die sich gemeinsam sozialistische Literatur erschlossen und in ihren konspirativen Wohnungen gemeinsam und egalitär lebten.[42] Kollontai setzte sich bei ihren Versuchen, Arbeiterinnen politisch und gewerkschaftlich zu organisieren, »mit ganzer Energie und Leidenschaft für die Arbeitsmethoden ein, die Clara Zetkin schon 1907 in Mannheim und 1910 in Kopenhagen dargestellt hat.«[43]

Dazu gehörte der Aufbau von Netzwerken unter den Arbeiterinnen durch Vertrauenspersonen, Schriften, die ein leichtes Lesen für ungeübte Leserinnen ermöglichten, Leseabende statt großer Veranstaltungen, damit es einfacher war, an den Diskussionen teilzunehmen. Dazu gehörte auch das Einfordern, dass die Genossen nicht nur Lippenbekenntnisse an die Gleichberechtigung machten, sondern ihre Genossinnen ernst nahmen und ihren (Ehe-)Frauen die Arbeitslast im Haushalt mit abnahmen.[44] Wie eine Arbeit in diesem Sinne aussehen könnte, konnte Kollontai aufgrund ihres Exils bis nach der Februarrevolution 1917 nicht zeigen. Erst nach der Oktoberrevolution 1917 konnte sie diese Ansätze umsetzen.

Bis 1908 gab es nur eine Broschüre in der russischen Sozialdemokratie zur Frauenfrage von Nadeschda Krupskaja »Die Arbeiterin« aus dem Jahr 1900, die sie unter ihrem Pseudonym Sablina veröffentlichte. Das Buch war in einfacher Sprache und mit 24 Seiten in einem zugänglichen Format geschrieben, damit es auch als Schulungs- und Lesematerial für die Arbeiterinnen

[41] Clements, 1997, S. 49 (Übersetzung durch Verf.)

[42] Glickman, 1984, S. 173 ff (Übersetzung durch Verf.)

[43] Kollontai, 1979i [1951], S. 12

[44] Schierbach, Katrin / Irmgard Wurdack / Simone Käfer, 2015, S. 94-104

dienen konnte. Es beschrieb Themen wie Arbeitsrechte und Arbeitsschutz, gleiche Löhne von Arbeiterinnen und Arbeitern, Schwangeren- und Mutterschutz, Zeit für die Kinder sowie ausführliche Analysen des Lebens der Bäuerinnen. Krupskaja machte die Leserinnen und Leser mit August Bebels und Clara Zetkins Ideen bekannt. Sie betonte, dass die Forderungen nach einem Ausschluss der Arbeiterinnen von der Lohn- und Gewerkschaftsarbeit kein Weg waren, die Ausbeutung zu beenden. Nur Frauen und Männer gemeinsam können ihre Befreiung erreichen.

Die herrschenden Ideen sind die Ideen der Herrschenden. So kommt es, dass die »alte« in Klassengesellschaften existierende Ideologie der Frauenunterdrückung, der Minderwertigkeit der Frau, ihrer vermeintlichen geistigen Eingeschränktheit und ihrer vermeintlichen ausschließlichen Eignung für »häusliche« und »soziale« Arbeit als »naturgegeben« empfunden werden. Diese Ideologie war auch in einigen Teilen der Arbeiterklasse zu finden.

Kollontais erster Anlauf, ein Treffen von Arbeiterinnen zu veranstalten, scheiterte. Obwohl die Partei versprochen hatte, einen Treffpunkt zu organisieren, fanden Kollontai und mehreren Arbeiterinnen am Abend der Veranstaltung ein Schild an der Tür, auf dem stand: »Das Treffen nur für Frauen ist abgesagt worden. Morgen wird es ein Treffen nur für Männer geben.«[45] In ihren Aufzeichnungen »Durch das Europa der Arbeiter«, in denen Kollontai auch ihre Erfahrungen mit Vortragsreisen durch Deutschland schilderte, sind ebenfalls viele Passagen, in denen sie von Unverständnis und Ablehnung von Genossen in Hinblick auf die Organisierung von Frauen in der Sozialdemokratie und den Gewerkschaften berichtete. Clara Zetkin und andere Sozialdemokratinnen berichteten ebenfalls von unzureichendem Verhalten der Genossen.[46]

Die hartnäckige Organisierung der Arbeiterinnen, Diskussionen innerhalb der Partei und der Arbeiterbewegung und konkrete Erfahrungen der Solidarität und des gemeinsamen Kampfes forderten diese Vorurteile gegenüber den Frauen jedoch heraus und stellten sie infrage.

Der Metallarbeiter Kanatchikov schreibt in seiner Autobiografie über die Zeit der Massenstreikbewegung in der 1905er Revolution, dass die Tatsache, dass sich ab und an unter den Frauen »bewusste« Aktivistinnen hervorhoben, auch seine Meinung über die Arbeiterinnen änderte:

> Bis zu diesem Zeitpunkt hatten wir, wie es in einem Arbeitermilieu wie dem unseren üblich war, die Arbeiterinnen als ein Wesen niederer Ordnung betrachtet. Sie hatte kein Interesse an höheren Dingen, war unfähig, für Ideale

---

45 Kollontai, 1977j [1926], (Übersetzung durch Verf.)

46 Schierbach, Katrin, Irmgard Wurdack und Simone Käfer, 2015, S. 100

> zu kämpfen, und war immer nur eine Behinderung, eine Belastung im Leben eines bewussten Arbeiters. Wie groß war dann meine Überraschung und Bewunderung, als ich zum ersten Mal zwei bewusste Arbeiterinnen kennenlernte, Frauen, die logisch argumentierten und diskutierten, genau wie wir alle.[47]

Ein sozialdemokratischer Aktivist aus Odessa berichtete, wie seine Genossen sich im April 1903 aus Angst vor Verhaftungen weigerten, die Hafenarbeiter politisch zu organisieren. Nur eine Genossin, Liia, hatte den Mut dazu. Während ihre Genossen davon überzeugt waren, dass sie als kleine, schüchterne, mädchenhafte Frau nicht in der Lage wäre, diese Aufgabe zu meistern, gelang es ihr innerhalb weniger Wochen ein Treffen mit vierzig Hafenarbeitern zu organisieren. Dabei war der berichtende Genosse erstaunt, wie höflich die Hafenarbeiter Liia behandelten:

> Ich beobachtete sie heimlich. Ich erwartete gierige, schmutzige Blicke, die auf Liia gerichtet waren [...] Es gab hier keine solchen Blicke. Die Hafenarbeiter sahen Liia an, wie ältere Brüder ihre Lieblingsschwester ansahen.[48]

Lenin setzte sich für das Frauenwahlrecht und spezifische Rechte der Arbeiterinnen ein. Denn im Programm der Gruppe »Befreiung der Arbeit« aus dem Jahr 1884 wurde das allgemeine und freie Wahlrecht ohne den Zusatz »für alle Geschlechter« gefordert. Das Buch von Krupskaja und der Vorschlag Lenins, das Programm um die Forderungen nach gleichen Rechten für Frauen und Männern zu erweitern, führte 1903 auf dem zweiten Kongress der Partei dazu, dass in dem verabschiedeten Programm »nun die Gleichstellung der Geschlechter in den bürgerlichen und politischen Rechten und in der Bildung [...] das Verbot von Arbeiterinnen in »schädlichen Industrien« zu arbeiten, [...]zehn Wochen Elternzeit, Betriebskindergärten und weiblichen Inspektoren«[49]gefordert wurden.

Revolution und der Kampf um Reformen

In ihrer Rede »Die Frau als Arbeiterin in der gegenwärtigen Gesellschaft« betonte Kollontai die Notwendigkeit, für eine revolutionäre Umgestaltung zu kämpfen und auf dem Weg dahin den notwendigen Kampf um Reformen zu führen. Einem Hinausschieben von Fragen der Frauenbefreiung und Ver-

---

47 McDermid/Hillyar, 1998, S. 16 f. (Übersetzung durch Verf.)

48 zitiert nach McDermid/Hillyar, 1998, S. 115 (Übersetzung durch Verf.)

49 Stites, 1991 [1978], S. 242 (Übersetzung durch Verf.)

besserungen der Lage der Arbeiterinnen und Frauen auf einen Zeitpunkt nach einer Revolution erteilte sie eine deutliche Absage:

> Das bedeutet natürlich nicht, daß die Anhänger des wissenschaftlichen Sozialismus die Lösung nach der Frage der Gleichberechtigung der Frau bis zum Eintritt des Sozialismus »hinausschieben« [...] Dass sie es etwa nicht wünschen, um die auch im Rahmen der gegenwärtigen bürgerlichen Welt mögliche Befreiung der Frau zu kämpfen.[50]

Kollontai beschrieb die sehr konkreten Reformforderungen der Sozialdemokratie Russlands: Ihre Forderungen entsprachen denen, die in der Arbeiterbewegung und unter den marxistischen Aktivistinnen und Aktivisten zu ihrer Zeit verbreitet waren und wie sie Krupskaja in ihrer Broschüre »Die arbeitende Frau« 1901 vorstellte.

Besonders beeindruckend sind die Passagen bei Kollontai, die die Entlastungen der Frauen aus der Arbeiterklasse in Bezug auf ihre Arbeit in der Familie, der Geburt und der Kindererziehung detailliert beschreiben: Stillzeiten alle zwei Stunden, Stillräume, Kinderkrippen und Kindergärten in größeren Betrieben und gemeinsame Einrichtung für mehrere kleinere Betriebe. Mütter, die ihre Kinder nicht stillen konnten, sollten kostenlose Kindermilch erhalten. Billige und gesunde Wohnstätten und kooperative Unterstützung der Hausarbeit seien nötig, um die Frauen der Arbeiterklasse aus ihrer Doppelbelastung zu befreien. Und um dies alles durchzusetzen sei »völlige Freiheit der Verbände, der Versammlungen, der Presse, des Wortes und des Streiks« notwendig.[51]

Gegen Sexismus und Gewalt gegen Frauen

Sowohl die Fabrikanten, als auch Vorarbeiter und Arbeiter übten Gewalt, auch sexuelle Gewalt, gegenüber den Arbeiterinnen aus. Vera Karelina, eine sozialistische Aktivistin seit den 1880ern, berichtete, das Vorarbeiter Arbeiterinnen zur Prostitution zwangen, die Leibesvisitationen am Ende der Arbeitsschichten häufig zu sexuellen Nötigungen und Missbrauch führten. Von den so behandelten Arbeiterinnen waren »viele [...] nicht älter als 13 Jahre«[52]. Gewalt und Prügelstrafen gegen Frauen waren häufig. Prügelstrafen gegen »ungehorsame« Ehefrauen waren per Gesetz erlaubt, über den Betten

[50] Kollontai, 1979b [1908], S. 46

[51] Kollontai, 1979b [1908], S. 46-47 und S. 62

[52] McDermid/Hillyar, 1998, S. 45 (Übersetzung durch Verf.)

in bäuerlichen Haushalten hing oft eine Peitsche. Schläge gegen Frauen waren so weit verbreitet, dass das Nicht-Schlagen von Frauen als »nicht normal« galt.[53]

Die Zeitung der Bolschewiki, die Rabotniza, prangerte im Jahr 1914 die sexistische Sprache männlicher Arbeiter und ihre brutale Behandlung der Arbeiterinnen an.[54]

Diese alte Ideologie der Frauenunterdrückung ist so tief verwurzelt, dass die Überwindung dieser Ideen eine besondere und weitreichende Arbeit erfordert, die bis in die revolutionäre Bewegung hineinreicht. Im Kapitel zur Russischen Revolution werden wir zeigen, dass selbst dann, wenn die soziale Basis der Unterdrückung durch eine Vergesellschaftung der Haus-, Erziehungs- und Pflegearbeit nach der Revolution begonnen wird, die alten Ideen noch in verschiedenen Schattierungen vorhanden sind. Eine weitere besondere Anstrengung, diese alten Vorurteile zu beseitigen und zu überwinden, ist also nötig.

Ab dem Jahr 1913 brachte die Prawda, die Tageszeitung der Bolschewiki, anlässlich des Internationalen Frauentages einen Extra-Teil mit dem Titel »Arbeit und das Leben der arbeitenden Frauen« heraus und startete eine Rubrik für die Arbeiterinnen. Im Laufe des Jahres erhielt die Redaktion so viele Briefe ihrer Leserinnen, dass die Bolschwiki eine eigene Zeitung für die arbeitenden Frauen herausbrachten: Rabotniza (Die arbeitende Frau). Anna Ulianova-Elizarova stellte die Redaktion zusammen und organisierte die Arbeiten. Zur Sicherheit gab es eine geteilte Redaktion, eine in Russland und zwei im Ausland. In Russland arbeiteten Praskovia Kudelli, Konkordija Samoilova, L. Menzhinskaia und Anna Ulianova-Elizarova, im Ausland Inessa Armand, Nadeschda Krupskaja, Lilina Zinovieva und Ljudmila Stahl an verschiedenen Orten ihrer Exile. Die Redakteurinnen in Russland nahmen Arbeiten als Näherinnen an, um einen Teil der Finanzierung für die Zeitung zusammen zu bekommen, Arbeiterinnen sammelten Geld für die Herausgabe der Zeitung. Nadeschda Krupskaja entwarf die einzelnen Rubriken der Zeitung. Trotz der Verhaftung fast aller russischen Redakteurinnen und der Beschlagnahmung der meisten Artikel durch die Polizei gelang es Anna Ulianova-Elizarova, eine Druckerei zu finden, so dass die 12.000 Exemplare der ersten Auflage zum Internationalen Frauentag 1914 erscheinen konnten. Insgesamt konnten sieben Ausgaben im Jahr 1914 veröffentlicht werden (von denen zwei komplett von der Polizei beschlagnahmt wurden), mit dem Aus-

[53] Glickman, 1984, S. 33 f. (Übersetzung durch Verf.)

[54] McDermid/Hillyar 1998, S. 45 (Übersetzung durch Verf.)

bruch des 1. Weltkrieges im August 1914 war ein Erscheinen der Rabotniza durch die Polizeizensur nicht mehr möglich.

Für das Frauenwahlrecht

Das Frauenwahlrecht war eine wichtige Forderung in der internationalen Sozialdemokratie, um die volle politische Gleichberechtigung der Arbeiterinnen zu erreichen. In ihrem Artikel »Zwei Richtungen« aus dem Jahr 1907, den sie für die Erste Internationale Konferenz Sozialistischer Frauen in Stuttgart schrieb, setzte sich Kollontai mit der Notwendigkeit des Frauenwahlrechts und den damit entstanden Differenzen in der proletarischen Frauenbewegung und der Internationalen Sozialdemokratie auseinander:

> Als es darum ging, den fünften Teil [des allgemeinen Wahlrechts »ohne Unterschied des Geschlechts«, d.V.] durchzusetzen, da erwies es sich, daß nicht nur die Herren Sozialdemokraten, sondern auch die Frauen selber eine prinzipielle Labilität und Wankelmütigkeit an den Tag legten. Mit ihrer kompromißlerischen Haltung in dieser für die Arbeiterklasse so wichtigen Frage zeigten sie, daß dieser Grundsatz der Sozialdemokratie noch nicht in Fleisch und Blut übergegangen ist.[55]

Nach der Jahrhundertwende wurde der Kampf für ein Frauenwahlrecht zu einem Schwerpunkt der außerparlamentarischen Arbeit der proletarischen Frauenbewegung in vielen Ländern Europas und Nordamerikas. Die Genossinnen begannen mit einer Kampagne, die Tausende Frauen einbezog. Die bürgerliche Frauenbewegung in diesen Ländern war gespalten: Aktivistinnen ihres radikalen Flügels beteiligten sich an der Kampagne, ein Teil ihrer liberalen Gruppen dagegen stellte den Kampf für das Frauenwahlrecht hinten an und einige Gruppen des konservativen Flügels der bürgerlichen Frauenbewegung wiederum forderten gar ein »Damenwahlrecht«, das Besitzlose ausschloss.

Innerhalb der internationalen Sozialdemokratien brach aber um die Jahrhundertwende ein Richtungsstreit auch aus – der sogenannte Revisionismusstreit. Er beeinflusst auch die Debatte um das Frauenwahlrecht. Revisionistinnen und Revisionisten, heute würde man sie als Reformistinnen und Reformisten bezeichnen, verwarfen den Anspruch, die Gesellschaft durch eine Revolution umzugestalten. Sie setzten sich für Reformen ein, die nur

[55] Kollontai, 1979a [1907], S. 24

noch auf eine Verbesserung innerhalb des Systems abzielten. So setzten die Revisionistinnen und Revisionisten »sich nur für ein beschränktes Frauenwahlrecht ein: das Kommunalwahlrecht. Sie begründeten dieses Vorgehen mit historischen Erfahrungen bzw. Gesetzmäßigkeiten, welche sie mit Hinweisen auf das »spezifisch weibliche Naturell« und die »Frauenpsyche«, untermauerten, die die Frauen vorgeblich für die Arbeit im kommunalen Bereich besonders disponierte [...] Auch in der Stimmrechtsfrage reproduzierte sich also die Tendenz der Reformistinnen, Politik und praktische Arbeit der Frauen auf bestimmte »frauenspezifische« Muster zu beschränken und einzuengen und damit hinter das Programm und die Forderungen der radikalen Teile der bürgerlichen Frauenbewegung zurückzufallen.«[56]

Neben den Argumenten einer angeblichen »besonderen Welt der Frau«[57], befürchteten, so Kollontai, »Delegierte aus den katholischen Ländern Belgien und Frankreich, daß sich bei Eintritt der Frauen in die Politik der Einfluss des Klerus verstärke und das parlamentarische Kräfteverhältnis sich nicht zum Vorteil der Arbeiterklasse verändern werde [...] ihnen [den Arbeiterinnen, d.V.], diesen blassen, ausgezehrten und geknechteten Sklavinnen des Kapitals predigen die eigenen Leidensgenossen, die eigenen Kampfgefährten um eine bessere Zukunft: Demut, Geduld und Selbstverleugnung - diese pharisäerhaft verlogenen Tugenden der Bourgeoisie!«[58]

Doch so zügig diese Strömungen in den Gesamtparteien an Boden gewannen, in der proletarischen Frauenbewegung konnte sie sich nicht vergleichbar stark durchsetzen. Kollontai beschreibt die unterschiedliche Reichweite revisionistischer Gedanken in der Sozialdemokratie und der proletarischen Frauenbewegung:

> Hier auf dem Kongress kreuzten die erfahrenen »Matadore der Rhetorik« ihre verbalen Klingen, die sich auf alle Einzelheiten der parlamentarischen Diplomatie verstehen, aber vielleicht klangen ihre Stimmen gerade deswegen ein wenig zu »vorsichtig« [...] Ganz anders auf der Frauenkonferenz: hier herrschte unaufhörlich der lebendige Pulsschlag derer, die mutig auf die eigenen Kräfte vertrauen, hier war die kühne Unnachgiebigkeit und Abneigung gegen kompromißlerischen Lösungen zu spüren.[59]

Die Genossinnen, die für das Frauenwahlrecht kämpften, waren erfolgreich: auf der Internationalen Frauenkonferenz im Jahr 1910 beschlossen die Delegierten den Internationalen Frauentag. An ihm gingen im Jahr 1911

[56] Richebächer, 1982, S. 242f.

[57] Kollontai, 1979a [1907], S. 29

[58] Kollontai, 1979a [1907], S. 32

[59] Kollontai, 1979a [1907], S. 33

unter dem Motto »Heraus mit dem Frauenwahlrecht« in vielen Ländern Millionen Arbeiterinnen auf die Straße.[60]

In Russland riefen Sozialistinnen erstmals im Jahr 1913 zu Veranstaltungen und Demonstrationen zum Internationalen Frauentag auf. Aus Angst vor einem Verbot durch die Polizei fand er früher als in den anderen Ländern am 17. Februar in St. Petersburg, Moskau, Kiew, Samara und Tiblisi statt. In der Prawda, der Zeitung der Bolschewiki, erschien an diesem Tag eine sechsseitige Sonderausgabe mit Artikeln zur Bedeutung des Internationalen Frauentags, der sozialistischen Frauenbewegung und zu Fragen der Arbeiterinnen. In einem der Artikel schildert Alexandra Kollontai die wachsende Stärke und das Potenzial der proletarischen Frauenbewegung:

> Der »Frauentag« ist ein Bindeglied in der langen, soliden Kette der proletarischen Frauenbewegung. Die organisierte Armee der arbeitenden Frauen wächst mit jedem Jahr. Vor zwanzig Jahren enthielten die Gewerkschaften nur kleine Gruppen von Arbeiterinnen, die hier und da in den Reihen der Arbeiterpartei verstreut waren [...] Heute haben englische Gewerkschaften über 292.000 weibliche Mitglieder; in Deutschland sind etwa 200.000 in der Gewerkschaftsbewegung und 150.000 in der Arbeiterpartei, und in Österreich gibt es 47.000 in den Gewerkschaften und fast 20.000 in der Partei. Überall - in Italien, Ungarn, Dänemark, Schweden, Norwegen und der Schweiz - organisieren sich die Frauen der Arbeiterklasse. Die sozialistische Frauenarmee hat fast eine Million Mitglieder. Eine mächtige Kraft! Eine Kraft, mit der die Mächte dieser Welt rechnen müssen, wenn es um Lebenshaltungskosten, Mutterschaftsversicherung, Kinderarbeit und Gesetze zum Schutz der Frauenarbeit geht.[61]

In St. Petersburg schafften es über 1.000 Demonstrierende trotz eines größeren Polizeieinsatzes zu der geplanten Versammlung zusammenzukommen. In den Jahren 1914 genehmigte die Polizei von 10 geplanten Versammlungen in St. Petersburg nur eine einzige. Der Tag endete mit Massenverhaftungen. Während des Krieges gab es in Russland im Jahr 1915 und 1916 trotz eines Verbots kleine Versammlungen an den Internationalen Frauentagen.

Für den Mutterschutz

Kollontai hielt das »Problem der Mutterschaft« für eine der dringendsten Fragen ihrer gegenwärtigen Gesellschaft. Sie betonte, dass die Arbeiterbewegung einen Mutterschutz schon in den 1860er Jahren auf der ersten Sitzung

[60] vgl. Fahndrich/Rieker/Schierbach/Streichhahn/Wurdack, 2018, S. 49ff

[61] Kollontai 1984a [1913] (Übersetzung durch Verf.)

der Internationale gefordert hatte. Sie forderte einen Mutterschutz, der weit über die auch heute noch üblichen Wochen vor und nach der Geburt eines Kindes (dem „unmittelbaren Wöchnerinnenschutz“) hinausgeht. Denn eine Regelung des »unmittelbaren Wöchnerinnenschutzes […] überlässt die Arbeiterin für den Rest ihres Lebens genau den schädlichen Lebensbedingungen und Arbeitsverhältnissen, die eine normale Mutterschaft vollkommen unmöglich machen.«[62]

Sie beschrieb, dass der Staat ein zunehmendes Interesse daran hatte, die hohe Kindersterblichkeit einzudämmen, um das Wachsen der Industrie und die Verteidigung der Landesinteressen zu gewährleisten. So übernimmt der Staat einige Fürsorgeleistungen – bei Beibehaltung der individuellen privaten Familie und ihren Aufgaben – und beschränkt seine Reformen auf ein »so wenig wie nötig«[63] an Ausgaben und Veränderungen.

Aber dies reicht nicht aus, so Kollontai:

> Eine einigermaßen befriedigende Lösung des Mutterschutzproblems ist nur denkbar bei gleichzeitiger Durchführung eines Systems tiefgreifender finanzieller und ökonomischer Reformen, zu denen sich alle Staatsmächte nur schwer bereit finden.[64]

Die Mutterschutzversicherung ist außerdem »eine der Maßnahmen, die zur Befreiung der Persönlichkeit der Frau führen.«[65] Denn sie verhindert, dass die Mutter wieder finanziell von dem Vater ihres Kindes abhängig wird und ihre Eigenständigkeit verliert.

Viele der hier von Kollontai ausgearbeiteten Überlegungen, z.B. die Schlussfolgerungen aus ihrem Vergleich der Mutterschutzgesetze in europäischen Ländern, flossen nach der Russischen Revolution 1917 in ihre Arbeit als Kommissarin für soziale Fürsorge ein.[66]

---

[62] Kollontai, 1979d [1916], S. 54

[63] Kollontai, 1979d [1916], S. 52

[64] Kollontai, 1979d [1916], S. 54

[65] Kollontai, 1979d [1916], S. 60

[66] Kollontais »Gesellschaft und Mutterschutz« ist bisher leider nicht in einer Übersetzung aus dem Russischen vorhanden und auch seit 1916 nicht wieder veröffentlicht worden.

Revolution und Frauenbefreiung

Mit der Russischen Revolution, die im Februar 1917 begann und zum Sturz der Zarenherrschaft führte, machten Millionen Menschen das rückschrittliche zaristische Russland für eine Weile zum freiesten Land der Geschichte. Die Revolution war, so Lenin, das »Festival der Unterdrückten«. Sie veränderte die Menschen in Russland tiefgreifend und war weltweit eine Inspiration.

Kurz nach dem Beginn der Revolution war es auch Alexandra Kollontai möglich, aus ihrem Exil nach Russland zurückzukehren und sich vor Ort mit aller Kraft in die revolutionäre Bewegung einzubringen.[1]

Februarrevolution

Die Russische Revolution begann mit den Protesten am Internationalen Frauentag 1917 in St. Petersburg. 7.000 Arbeiterinnen aus den Textilfabriken gingen am Morgen dieses Tages auf die Straße. Schlecht bezahlt, grau vor Hunger und Erschöpfung, manche seit Tagen ohne Essen.

> Am Frauentag, dem 23. Februar, wurde in der Mehrheit der Fabriken und Betrieben ein Streik ausgerufen. Die Frauen waren sehr militant gestimmt – nicht nur die Arbeiterinnen, sondern die Masse der Frauen, die für Brot und Kerosin anstanden. Sie hielten politische Versammlungen ab, sie waren mehrheitlich auf der Straße, sie gingen in die Stadtduma, sie hielten Straßenbahnen an. »Genossen, kommt heraus!«, riefen sie enthusiastisch. Sie gingen in die

1 Dieses Kapitel basiert in Teilen auf meinem Artikel „Befreiung und Selbstbefreiung in der Russischen Revolution", Schierbach, Katrin, 2017

> Fabriken und die Betriebe und forderten die Arbeitenden auf, ihre Werkzeuge wegzulegen. Insgesamt war der Frauentag ein enormer Erfolg und hob den revolutionären Geist.[2]

Bis zum Abend wuchs die Zahl der Streikenden auf 90.000. Zu den Rufen nach »Brot« mischten sich die Forderungen »Nieder mit der Autokratie« und »Nieder mit dem Krieg«.

Am dritten Tag entwickelte sich die Streikbewegung zu einem Generalstreik. Soldaten solidarisierten sich und schossen nicht auf die Streikenden und Protestierenden. Der Zar musste abdanken, die Provisorische Regierung nahm ihre Arbeit auf.[3]

Die Nachrichten, dass der Zar abgedankt hatte, erreichten Alexandra Kollontai in ihrem norwegischen Exil. Sie begann sofort mit den Vorbereitungen, nach Russland zurückzukehren. Am 18. März erreichte sie St. Petersburg. Durch ihre Artikel und ihre Arbeit gegen den Krieg war sie auch in Russland bekannt geworden, so dass eine Delegation des Arbeiter- und Soldatenrates sie mit einer Kutsche am Bahnhof abholte.

In St. Petersburg erreichte sie dann ein Telegramm von Lenin. Anders als die Mitglieder der Petersburger Führung der Bolschewiki hielt er die Leitlinien »keine Unterstützung der neuen Regierung« und »kein Annäherung an andere Parteien«[4] für notwendig. Kollontai, Schlyapnikow und Molotow arbeiteten gemeinsam nach diesen Grundsätzen, waren aber vorerst in der Minderheit.

Die Februarrevolution überraschte die herrschende Klasse und auch linke Parteien wie die der Bolschewiki. Allerdings hatte sich die Bewegung über die Jahre hinweg aufgebaut und die Kriegserfahrungen wirkten als ein Katalysator:

Die Arbeit in den Fabriken war hart: 12-Stunden-Tage waren die Norm. Die Unfallrate war sehr hoch – sie lag bei 11 Prozent in den Minen und bei vier Prozent in den Fabriken. Die Fabrikbesitzenden erhielten die Arbeitsdisziplin mit Geldstrafen und körperlichen Züchtigungen aufrecht. Die Wohnsituation war katastrophal. In Massen eingepfercht in schlechten, unhygienischen, kalten, engen und verwanzten Behausungen lebten die meisten Menschen oftmals ohne Wasser und Elektrizität. Den einfachen Bäuerinnen und Bauern, auch wenn ihre Lebensweisen anders waren, ging es ebenso erbärm-

---

[2] Anna Elizarova und Maria Ulianova, in der Prawda vom 5. März 1917

[3] Eine genaue Schilderung der Ereignisse bis in den Oktober 1917 findet sich in den sehr lesenswerten Augenzeugenberichten von Reed, 1988 [1919], Bryant, 1982 [1918], Serge, 2015 [1930] und Ransome 2013 [1919]. Siehe auch: Faulkner, 2017, Rabinowitsch, 2010 sowie Rabinowitsch, 2012

[4] zitiert nach Holt, 1977b, S. 106, (Übersetzung durch Verf.)

lich – sie besaßen nicht genügend Land, um sich zu ernähren und wurden von den Großbauern ausgebeutet.

Der Krieg mit seinen vielen Verwundeten und Toten, die sich verschärfenden Arbeitsbedingungen, die politische Unterdrückung und die schlechte Versorgungslage in Bezug auf Nahrungsmittel und Kraftstoffe zum Kochen und Heizen trugen zum wachsenden Unmut bei.

Agitation unter Arbeiterinnen

Bald nach der Februar-Revolution gründete das St. Petersburger Komitee der Bolschewiki auf den Vorschlag Vera Slutskajas hin ein Büro, das die Arbeit unter den Frauen entwickeln und koordinieren sollte. Auch beschlossen die Bolschewiki, die Zeitung Rabotniza (Die Arbeiterin) wieder herauszubringen, die seit Beginn des Ersten Weltkrieges nicht mehr erschienen war. Ab Mai 1917 erschien die Rabotniza wieder, diesmal mit einer wöchentlichen Ausgabe. Die erste Ausgabe im Mai 1917 war mit einer Auflage von 40.000 Stück sofort ausverkauft. Die Veranstaltungen, die die Redaktion der Rabotniza um Konkordija Samoilova, Klawdija Nikolajeva und Ljudmila Stal veranstaltete, fanden großen Anklang: die Veranstaltungsorte im Cirque Moderne und im Cinzelli-Zirkus waren oft überfüllt. Die Redakteurinnen reisten von Ort zu Ort, um die Ideen der Rabotniza zur Frauenbefreiung zu verbreiten: Ljudmila Stal reiste nach Kronstadt, um den Marinesoldaten die Notwendigkeit der Rabotniza zu erklären, Nadeschda Krupskaja und Zhenya Egorova sprachen auf großen Veranstaltungen im Wyborg-Distrikt mit Arbeiterinnen und Arbeitern. Anna Itkina sprach zu Frauen in Narva, Vera Slutskaja organisierte große Veranstaltungen auf der Wassiljewski-Insel in Petersburg. Praskovya Kudelli baute mit anderen Frauen eine Schule für Revolutionärinnen in Petersburg auf. Und in Moskau organisierten Inessa Armand und Varvara Yakovleva ähnliche Aktivitäten. 1918 muss die Rabotniza wegen Papiermangel eingestellt werden, die Prawda übernahm auf Frauenseiten die bisherige Arbeit der Rabotniza.

In der ersten Ausgabe der Rabotnitsa nach der Februarrevolution schrieb Kollontai eine Aufforderung an die Frauen der Arbeiterklasse, sich zu organisieren, um die Revolution voranzutreiben und die Interessen der Frauen verstärkt mit in die Bewegung einzubringen:

> Im Kampf gegen Krieg und steigende Preise, im Kampf um die Machtergreifung in Russland für die Entrechteten, für die Werktätigen, im Kampf für eine

neue Ordnung und neue Gesetze hängt viel von uns, den Arbeiterinnen, ab. Die Tage sind vorbei, an denen der Erfolg der Sache der Arbeiter nur von der Organisation der Männer abhängt. Nun, als Ergebnis dieses Krieges, hat sich die Position der Arbeiterinnen stark verändert. Weibliche Arbeitskräfte sind heute überall zu finden. Der Krieg hat Frauen gezwungen, Jobs anzunehmen, an die sie vorher nie gedacht hätten. Waren es 1912 noch 45 Frauen auf 100 Männer, die in Fabriken arbeiteten, so ist es heute nicht ungewöhnlich, dass 100 Frauen auf 75 Männer kommen.

Der Erfolg der Sache der Arbeiterinnen und Arbeiter, der Erfolg des Kampfes für ein besseres Leben - für einen kürzeren Arbeitstag, für mehr Lohn, für Krankenversicherung, Arbeitslosengeld, Altersrenten, etc. [...] hängt jetzt nicht nur vom Bewusstsein und der Organisation der Männer ab, sondern auch von der Zahl der Arbeiterinnen, die in die Reihen der organisierten Arbeiterklasse eintreten. Je mehr von uns in die Reihen der organisierten Kämpfer für unsere gemeinsamen Anliegen und Bedürfnisse eintreten, desto eher werden wir Konzessionen von den kapitalistischen Erpressern gewinnen.

All unsere Kraft, all unsere Hoffnung, liegt in der Organisation!

Jetzt muss unser Slogan lauten: Genossinnen Arbeiterinnen! Steht nicht isoliert da. Isoliert sind wir nur Strohhalme, die jeder Chef nach seinem Willen beugen kann, aber organisiert sind wir eine mächtige Kraft, die niemand brechen kann.

Wir, die Arbeiterinnen, waren die ersten, die in den Tagen der russischen Revolution das Rote Banner hissten, die ersten, die am Frauentag auf die Straße gingen. Lasst uns jetzt eiligst in die Führungsriege der Kämpfer für die Sache der Arbeiterinnen und Arbeiter eintreten, lasst uns Gewerkschaften, der Sozialdemokratischen Partei, dem Arbeiter- und Soldatenrat beitreten![5]

Neben ökonomischen Forderungen nach gerechter Bezahlung, Beteiligung in Gewerkschaften und Räten forderten Frauen auch ihr Recht auf körperliche und seelische Unversehrtheit ein – sie forderten, dass Vorarbeiter kein Recht mehr auf Leibesvisitationen hatten, sie streikten gegen sexuelle Anmache und Übergriffe.[6]

Der US-amerikanische Journalist und Sozialist, John Reed, der im Laufe der Revolution nach Russland reiste, beschrieb, wie sehr sich das Leben der »einfachen« Bevölkerung veränderte:

An der Front setzten sich die Soldaten mit den Offizieren auseinander und lernten es, sich mit Hilfe ihrer Komitees selbst zu regieren. In den Fabriken erlang-

[5] Kollontai, 1984b [1917] (Übersetzung durch Verf.)

[6] vgl. McDermid / Hillyar, S. 161f.

ten die Fabrikkomitees, diese einzigartigen russischen Organisationen, Erfahrung und Stärke und kamen zum Bewusstsein ihrer historischen Mission durch den Kampf mit der alten Ordnung. Ganz Russland lernte lesen. Und es las – Politik, Ökonomie, Geschichte. Das Volk wollte Wissen [...] In jeder Großstadt, fast in jeder Stadt, an der ganzen Front hatte jede politische Partei ihre Zeitung, manchmal mehrere. Hunderttausende von Flugblättern wurden von Tausenden Organisationen verteilt, überschwemmten die Armee, die Dörfer, die Fabriken, die Straßen. Der Drang nach Wissen, solange unterdrückt, brach sich in der Revolution mit Ungestüm Bahn. Allein aus dem Smolny-Institut gingen in den ersten sechs Monaten täglich Tonnen, Wagenladungen Literatur ins Land. Russland saugte den Lesestoff auf. [7]

An allen Ecken und Enden diskutierten Menschen, hörten sich zu tausenden geduldig zu und stritten über ihre Ideen. Die gesamte Gesellschaft diskutierte ausführlich:

Vorlesungen, Debatten, Reden; in Theatern, Zirkussen, Schulen und Klubs, in den Sitzungen der Sowjets, der Gewerkschaften, in den Kasernen ... Versammlungen in den Schützengräben an der Front, auf den Dorfplätzen, in den Fabriken ... Was für ein Anblick, die Arbeiter der Putilow-Werke, vierzigtausend Mann stark, herausströmen zu sehen, um die Sozialdemokraten zu hören, die Sozialrevolutionäre, die Anarchisten – wer immer etwas zu sagen hatte, so lange er reden wollte. Monate hindurch war in Petrograd, in ganz Russland, jede Straßenecke eine öffentliche Tribüne. In den Eisenbahnen, in den Straßenbahnwagen, überall improvisierte Debatten, überall.[8]

Kollontai war eine der beliebtesten Agitatorinnen und Autorin von Artikeln, Flugblättern und Broschüren in der Bevölkerung. Ihre wieder gedruckten Schriften »Wer braucht den Krieg« und »Arbeiterin und Mutter« und zwei neue Broschüren, »Wer braucht den Zaren – Können wir ohne ihn auskommen?« und »Arbeiterinnen und die Konstituierende Versammlung« – verkauften sich in sehr hohen Auflagen:

Aus verschiedenen Teilen des Landes gingen Briefe von Parteiorganisationen und Regimentern ein, in denen um »Literatur, insbesondere die Flugblätter von Lenin und Kollontai« gebeten wurden. Lenin beschwerte sich, dass sie (Kollontai, d.V.) nicht genug geschrieben habe. »Wann habe ich Zeit zum Schreiben«, verteidigte sie sich, »wenn ich innerhalb eines einzigen Tages vier oder fünf Treffen in der Kaserne, den Fabriken und der Flotte habe?«[9]

---

7 Reed, 1988 [1919], S. 50

8 Reed, 1988 [1919], S. 51

9 Holt, 1977b, S. 108, (Übersetzung durch Verf.). Einige ihrer Reden sind im Nachhinein in einem Tonstudio aufgenommen worden, eine ist auf marxists.org mit einer Übersetzung zu hören.

Alle Macht den Räten

Als Lenin seine Aprilthesen vortrug, war Alexandra Kollontai die Einzige im Zentralkomitee der Bolschewiki, die diese unterstützte. Lenin forderte u.a. auf den Sturz der Provisorischen Regierung hinzuarbeiten und alle Macht auf die Räte zu übertragen. Er forderte die Kontrolle der Arbeiterinnen und Arbeiter über die Industrie, ein Ende des Krieges mit Deutschland, Verstaatlichung der Banken, die Enteignung des Großgrundbesitzes und die Aufteilung des Landes an die einfachen Bauern.

Am Tag, nachdem Lenin die Aprilthesen vortrug, erschien in der Prawda der Artikel zu seiner Verteidigung von Kollontai: »Wohin führt die »revolutionäre Verteidigung«?« Sie schrieb, dass es in der aktuellen Situation falsch sei, dass die Provisorische Regierung den Krieg gegen Deutschland weiter aufrechterhalte und unterstützte. Denn dies bedeutete, die Interessen der Kapitalisten Russlands zu verteidigen und die Interessen der eigenen und der internationalen Arbeiterklasse nach Frieden und sozialer Gerechtigkeit hinten anzustellen.

> »Verteidigung«, oder wie es jetzt genannt wird, »die revolutionäre Verteidigung der Freiheit vor dem Angriff des äußeren Feindes«... ist nicht nur ein Verrat an der internationalen Solidarität, sondern auch ein Verrat an den Interessen des russischen Proletariats [...]
>
> In erster Linie verlangt die Verteidigung im Namen des Krieges Klassenfrieden und Einheit mit den Kapitalisten. […] Es geht nicht nur um die Akzeptanz der Notwendigkeit, die Front mit all ihren Notwendigkeiten zu versorgen, [...] sondern auch um die unbefristete Aussetzung eines jeden Kampfes um wirtschaftliche Forderungen und - was noch wichtiger ist - den Verzicht auf eine unabhängige Klassenpolitik [...]
>
> Das russische Volk hat einen heldenhaften Kampf geführt, sich vom Zaren und seinen Dienern befreit und politische Freiheit gewonnen, aber das hat die Natur des Krieges nicht verändert. Die Wirtschaftsmacht liegt nach wie vor in den Händen der Grundeigentümer-Kapitalisten und der Fabrikanten. Und der Krieg wird nicht für die Freiheit Russlands geführt, sondern im Interesse der inneren Feinde der Arbeiter- und Bauerndemokratie - der Kapitalisten und Grundeigentümer.[10]

Ende Juni verließ Kollontai erneut Petersburg, um an der internationalen Antikriegskonferenz der Zimmerwälder in Stockholm teilzunehmen. Bei ihrer Rückkehr nach Russland wurde sie an der Grenze auf Befehl der Provi-

[10] Kollontai: 1977c [1917], S. 111, (Übersetzung durch Verf.)

sorischen Regierung gemeinsam mit Trotzki und Lunarcharski verhaftet. Erst am 21. August kam sie wieder frei und nahm ihre Arbeit im Zentralkomitee der Bolschewiki auf, in das sie während ihrer Haft gewählt worden war.

Die Provisorische Regierung konnte die Hoffnungen und die Bedürfnisse der Mehrheit der russischen Bevölkerung nicht befriedigen. Victor Serge fasst ihr Scheitern zusammen:

> Drei große Probleme schrien nach dringenden Lösungen, sie können in drei Worten zusammengefasst werden: Frieden, Land und Brot! Frieden wünschen sich Millionen von Bauern und Arbeitern in der Armee, und die Bourgeoisie kann ihn ihnen nicht geben, weil sie ihren eigenen Krieg kämpft. Land wünschen sich Millionen von Bauern: die Bourgeoise will es ihnen nicht geben, weil sie mit den Großgrundbesitzern verbunden ist und weil sie die Angriffe auf das Privateigentum, dem Prinzip ihrer eigenen Herrschaft, zurückweist. Brot wünscht sich das Proletariat der Städte: die Bourgeoisie kann es nicht geben, weil der Hunger der Sprössling ihres Krieges und ihrer Politik ist [...] Der Sturz des Zaren hat nichts gelöst. Eine weitere Revolution musste gemacht werden.[11]

Die Antwort auf das Versagen der Provisorischen Regierung lautete: »Alle Macht den Räten« – dies war das Leitmotiv der Bolschewiki und einem Teil der radikalsten Arbeitenden und Soldaten. Im Laufe des Jahres entwickelte sich diese Forderung zu einer der Hauptforderungen der breiten Massen.

Alexandra Kollontai war hocherfreut über diese Entwicklung: Unmittelbar nach der Oktoberrevolution schrieb sie am 24. November 1917 an Clara Zetkin:

> Im Rausche der großen Revolution schreibe ich diese paar Zeilen [...] Das Große, das Erwünschte ist geschehen: die Macht gehört in Russland den Arbeitern und der Bauernbevölkerung, der Arbeiter-, Soldaten- und Bauernrat ist das leitende Regierungsorgan [...] Die neue sozialistische Regierung stützt sich auf das wachsende Vertrauen der proletarischen Massen. Noch nie in der ganzen Geschichte der Menschheit gab es eine Regierung, die in dem Maße die richtige, die wahre Äußerung darstellte, wie es mit der gegenwärtigen Regierung der Volkskommissare, der »Sowjetregierung« der Fall ist.[12]

Die zweite Revolution im Oktober 1917 veränderte die Gesellschaft noch weiter und radikaler: der gewählte Rat der Volkskommissare verabschiedete weitreichende Veränderungen. Zu den ersten Veränderungen und Gesetzen gehörten u.a. unmittelbare Verhandlungen für einen gerechten und demokratischen Frieden, das Land sollte dem gesamten Volk gehören und von denen genutzt werden, die es kultivieren. Das Dekret über die nationale Frage vom

11 Serge, 2015, S. 55 (Übersetzung durch Verf.)

12 zitiert nach Steiner, 2004, S. 113

2. November 1917 sprach allen Völkern in Russland das Recht auf Selbstbestimmung zu. Der Rat der Volkskommissare schaffte alle nationalen und religiösen Privilegien ab und sprach sich für die freie Entwicklung aller nationalen, religiösen und ethnischen Minderheiten, die in Russland lebten, aus. Jeder Mensch, der in Russland lebte und bereit war zu arbeiten, erhielt sofort alle politischen Rechte. Alle Teile der Volkswirtschaft standen ab sofort unter voller Kontrolle der Arbeiterinnen und Arbeiter. Die Entscheidungen der Fabriksowjets waren bindend für die bisherigen Besitzenden der Fabriken und Unternehmen. Alle Menschen mit öffentlichen Positionen waren jederzeit von den entsprechenden Organen abwählbar. Die alten Richter waren sofort abgesetzt, die Sowjets oder jeweiligen Versammlungen wählten demokratisch neue Richter (und wenige neue Richterinnen).[13]

Am 16.und 18. Dezember 1917 erließ der Rat der Volkskommissare zwei Dekrete über die Emanzipation der Frauen. Frauen und Männer galten nun als vollkommen gleichberechtigt, jeder der Eheleute konnte sich auf Wunsch scheiden lassen. Außerhalb einer Ehe geborene Kinder hatten die gleichen Rechte wie eheliche Kinder. Homosexualität galt erstmalig nicht mehr als strafbar. Die sowjetischen Gerichte ließen Eheschließungen zwischen Homosexuellen zu. Und in den 1920er Jahren gab es erste Operationen zur Geschlechtsumwandlung.[14]

Direkt nach der Revolution erließ die neue Sowjetregierung Verordnungen, die die gleiche Bezahlung der Frauen regelten. Sie führte den Achtstundentag ein und ermunterte Frauen, am gesellschaftlichen und politischen Leben gleichberechtigt teilzunehmen und arbeiten zu gehen. Sie führte Arbeitsschutzgesetze für schwangere Frauen und ein Mutterschutzgesetz ein. Scheidungen waren nun möglich und geschiedenen Frauen bekamen Unterstützung vom Staat, bis sie Arbeit und Betreuung für ihre Kinder gefunden hatten.[15] Schwangerschaftsabbrüche waren frei und kostenlos erhältlich.

[13] Diese Veränderungen wirkten sich auch grundlegend auf das Leben von Frauen aus den von der zaristischen Herrschaft unterdrückten Bevölkerungsteilen Russlands aus. Sie waren jetzt auch als Jüdinnen und Musliminnen (um zwei Beispiele zu nennen) in ihrer Religionszugehörigkeit von der ehemaligen Unterdrückung befreit. Siehe dazu in den nachfolgenden Seiten dieses Kapitels.

[14] vgl. Wolf, 2009, S. 89. Gregorii Batkis, Direktor des Moskauer Instituts für Sozial-Hygiene, schreibt 1923, dass alle Formen der Sexualität private Angelegenheiten und somit straffrei sind. Strafrechtlich relevant sei nur nicht einvernehmliche Gewalt – vgl. Lauritsen / Thorstad, 1995, S. 71-73

[15] Diese Regelung der Unterstützung/Alimente veränderte die Regierung, als im Zuge der Wirtschaftskrise die Armut und Arbeitslosigkeit zunahm – um ein Abgleiten der geschiedenen Frauen in die Mittellosigkeit zu verhindern, mussten Ehemänner/Väter nun wieder Alimente zahlen – und die Frauen waren so wieder abhängig von ihnen – vgl. Goldman, 1993, S.133ff

Volkskommissarin für soziale Fürsorge

Unmittelbar nach der Oktoberrevolution, als die gewählten Volkskommissare, unter ihnen als einzige Frau Alexandra Kollontai im Volkskommissariat für soziale Fürsorge, ihre Arbeit begannen und ihre Ministerien beziehen wollten, wurde klar, dass die Unterstützenden der alten Herrschaft ihre Arbeit sabotierten – die Amtsstuben waren teilweise leer, ebenso wie die Tresore, Schulen und Krankenhäuser.

Kollontai beschrieb, wie es ihr gelang, die Arbeit im Ministerium zu übernehmen. Um zu verhindern, dass sie das Ministerium gänzlich ohne Mitarbeitende und Materialien vorfinden würden, rief sie eine Delegiertenversammlung »des Verbandes der unteren (technischen) Angestellten« ein:

> Wir besprachen ganz sachlich die Lage. Dann wählten wir einen Rat und zogen am nächsten Morgen los, das Ministerium zu übernehmen.
>
> Wir betraten das Gebäude. Wieder der Pförtner mit den Tressen. Er sympathisierte nicht mit den Bolschewiki und war der Versammlung ferngeblieben. Sein Blick zeigte Missbilligung, doch immerhin ließ er uns vorbei. Wir stiegen die Treppe hinauf, während uns auch schon ein Menschenstrom entgegenkam – Beamte, Tippfräulein, Buchhalter, Vorsteher. Sie liefen, rannten, ohne sich auch nur nach uns umzusehen. Wir die Treppe hinauf, sie hinunter. Die Sabotage der Beamten hatte begonnen. Nur ein paar Leute waren geblieben. Sie erklärten, sie seien bereit, mit uns Bolschewiki zusammenzuarbeiten. Wir gingen in die Arbeitsräume, in die Kanzlei des Ministeriums. Leer. Die Schreibmaschinen standen verlassen, Schriftstücke lagen herum. Die Eingangs- und Ausgangsbücher aber waren nicht da. Eingeschlossen. Keine Schlüssel, auch die für die Kasse nicht.[16]

Kollontai selbst zeigte sich sehr beeindruckt von der Haltung ihrer Mitarbeitenden. Die Journalistin Louise Bryant beschreibt, mit welch hohem Sachverstand und Interesse die bisher unteren, nur wenig ausgebildeten Angestellten des Ministeriums arbeiteten: »Sie hatten begriffen, daß sie Teil eines großen Versuchs waren und arbeiteten, wie Kollontai, bis zur völligen Erschöpfung.«[17]

Eine der ersten Sitzungen beschrieb Kollontai selbst mit den folgenden Worten:

> In dem Saal, wo die Delegiertenversammlung stattfindet, herrscht ernste, ein bisschen feierliche Stimmung. Das ist nicht einfach ein »Meeting«, von denen es im Jahre 1917 nicht wenige gegeben hat. Nein, hier beraten gewählte Delegierte,

[16] Kollontai, 1980b [1927], S. 435 f.

[17] Bryant, 1982, S. 62

> denen die Genossen ihr Vertrauen geschenkt haben. Das große, lang ersehnte Ereignis ist eingetreten – die Macht liegt in den Händen der Sowjets. Mit der Herrschaft der Gutsbesitzer und der Bourgeoisie ist es vorbei. Jetzt sind sie, die Arbeiter, Bauern und unteren Angestellten, die ehemals rechtlosen und verachteten Sklaven des Kapitalismus und Zarismus, die Herren der Sowjetrepublik.[18]
>
> Die unteren Angestellten machen gleich von sich aus Vorschläge, wen von den Doktoren und früheren Angestellten wir zur Arbeit heranziehen sollten. »Der ist geeignet. Er liebt sein Metier, wird mitmachen.« Um andere gibt es Streit. Sie werden schließlich abgelehnt [...]
>
> Bevor die Versammlung geschlossen wird, bittet der Bote Wassiljew, ihn für den nächsten Tag vom Dienst zu befreien. »Ich habe schon fünf Tage nicht mehr geschlafen, passe auf die Schreibmaschinen auf, damit sie keiner wegschleppt.« Niemand hatte ihm das aufgetragen, er aber hatte – wie auch die anderen Mitglieder des Verbandes – das »Gut des Volkes« wie seinen Augapfel gehütet. Bei der Kasse war, wie sich herausstellte, ebenfalls freiwillig Wache gehalten worden. Doch die Diensthabenden hatten nicht einmal eine Waffe. Wir forderten auf der Stelle einen bewaffneten Wachposten an.[19]

Alexandra Kollontai schaffte in ihrem Ministerium alle Hierarchien ab, es fanden regelmäßig Zusammenkünfte aller Beschäftigten statt: »Dort sollten alle Vorschläge, egal ob von der Putzfrau oder den leitenden Beamten, diskutiert werden.«[20] Die Gräfin Panina, die während der Provisorischen Regierung das Ministerium geleitet hatte, regte sich während eines Interviews mit Louise Bryant über die Arbeitsweise des Volkskommissariats unter Kollontais Leitung auf:

> Diese Frau Kollontai pflanzt die einfachen Büroangestellten in die Sessel, fordert sie auf, an Sitzungen teilzunehmen. Unmöglich! Was verstehen diese Leute denn schon von sozialen Reformen oder Ausbildungsmaßnahmen. Die Welt steht Kopf![21]

Zu den ersten Schwerpunkten und Tätigkeiten der Arbeit im Volkskommissariat für Fürsorge gehören Einrichtungen für Schwangere und gegen die hohe Kindersterblichkeit. Die Geburtshilfe sollte neu organisiert werden: den mittellosen Müttern, »also dem ärmsten Teil der weiblichen Bevölke-

---

18 Kollontai: 1980d [1929], S. 443

19 Kollontai: 1980d [1929], S. 445f.

20 Bryant, 1982,, S. 62

21 Bryant, 1982, S. 60. Die Gräfin Panina war während des Interviews durch die neue revolutionäre Regierung inhaftiert, da sie sich weigerte, die 90.000 Rubel des Ministeriums aus ihrer Amtszeit zu übergeben.

rung, den Arbeiterinnen, Bäuerinnen und Angestellten, [sollten, d.V.] die Türen zu den Entbindungsanstalten geöffnet« werden, die Ärzte sollten durch den Staat entlohnt werden, »um zu verhindern, dass wohlhabendere Frauen durch private Honorare für die Ärzte Privilegien bei der Geburt genießen« und um so die Ungleichheit zwischen armen und reichen Frauen zu beseitigen. Die Hebammenausbildung sollte auf zwei Jahre verlängert werden.[22]

Im März 1918 sprach Kollontai sich gegen den Separatfrieden mit Deutschland von Brest/Litowsk aus und legte aus Protest gegen diesen Friedensschluss ihr Amt als Volkskommissarin nieder. Sie nahm die Aufgabe an, im Bürgerkrieg als Agitatorin u.a. im Wolgagebiet und in der Ukraine umherzureisen.

Frauenkonferenzen und Shenotdel

Die erste Frauenkonferenz der Bolschewiki fand am 19. November 1917 statt. Fünfhundert Delegierte kamen zusammen. Sie repräsentierten 80.000 Frauen aus Fabriken, Manufakturen, Gewerkschaften und Parteigliederungen. Ein Jahr später, im November 1918, fand der gesamtrussische Kongress der Arbeiterinnen statt. Im ganzen Land warben Aktivistinnen und Aktivisten für die Wahl der Delegierten. Insgesamt kamen 1.147 Frauen in Moskau für mehrere Tage zusammen – zumeist Arbeiterinnen und Bäuerinnen. Sie diskutierten darüber, wie mehr Frauen in den Sowjets mitarbeiten können, wie sie mehr Frauen in die Arbeit der Partei einbeziehen können (und wie sie dies organisieren können), wie sie die häusliche Reproduktionsarbeit durch die Frauen beenden können, wie sie kommunale Lebensformen schaffen können, die Frauen von der Doppelbelastung durch die Hausarbeit befreit, wie sie Arbeitsbedingungen für Frauen schaffen und den Mutterschutz einführen können.

Der Kongress beschloss, eine Kommission für die Arbeit unter Frauen zu schaffen. Im September 1919 entstand dann das Shenotdel (»Frauenabteilung«) unter der Leitung von Inessa Armand. Ihre Aufgabe bestand darin, Frauen politisch zu bilden und für die Partei zu gewinnen – auch um den geringen Anteil von Frauen in den Bolschewiki und den Sowjets anzuheben und Frauen so mehr politische Mitsprache zu ermöglichen.

---

[22] Kollontai, 1980c [1927], S. 458f

Eine der wichtigsten Einrichtungen des Shenotdels waren die Treffen der Delegierten: Arbeiterinnen, Bäuerinnen und Hausfrauen wählten ihre Delegierten, die »sich für einen Zeitraum von einigen Monaten trafen, um Problem vor Ort zu diskutieren, politische Vorlesungen zu hören und (wenn sie nicht lesen und schreiben konnten) an Alphabetisierungskursen teilnahmen.«[23] Sie waren an die Räte angegliedert und arbeiteten in ihnen. So gab es innerhalb eines Jahres 6.000 Delegierte, die ihrerseits drei Millionen Frauen repräsentierten, die diese Arbeit mit gestalteten.

Auf lokaler Ebene organisierten die Aktivistinnen des Shenotdels kommunale Küchen, Krankenhäuser, Häuser für Mütter, Häuser für Kinder (es gab etwa 7.5 Millionen obdachlose, allein umherziehende Kinder) und Schulen. Mit Diskussionszirkel, Schreiben von Artikeln und Leseabenden versuchten die Frauen, die politische Bildung unter Frauen zu fördern.

Die Delegierten waren oft auch Richterinnen in den Gerichten. Insgesamt waren viele Frauen an dieser Arbeit beteiligt. Allein für die zweite Hälfte des Jahres 1923 belaufen sich die Schätzungen auf 58.000 delegierte Frauen.[24]

Zusätzlich mobilisierte das Shenotdel für unterstützende Arbeit im Bürgerkrieg. Frauen leisteten Erste Hilfe, arbeiteten in den politischen Einrichtungen der Roten Armee – und einige wenige waren selbst Soldatinnen.

Die Arbeit des Shenotdels und ihrer Aktivistinnen war auch in der Hinsicht nötig, dass Frauen ermuntert und ermutigt werden mussten, in die Gewerkschaften, die Sowjets und die Partei der Bolschewiki einzutreten. Kollontai hatte schon im Frühjahr 1917 betont, wie wichtig es ist, dass Frauen sich organisieren und lernen, ihre Rechte zu vertreten. Nicht alle Frauen trauten sich auch nach der Revolution, auf Versammlungen zu sprechen. Wenn Wahlen für Räte anstanden, wählten auch Frauen oft Männer, weil sie sich selbst nicht zutrauten, redegewandt und gebildet zu sein, um die Aufgaben zu meistern. Es gab selbst in den Industriebereichen, in denen viele Frauen arbeiteten, nur wenige von ihnen an den Spitzen der Gewerkschaften. In den Textilgewerkschaften waren nur zwei von fünfzehn an der Spitze Frauen. In den Räten waren in Petrograd waren, obwohl Frauen die Hälfte der Arbeiterklasse ausmachten, nur 259 von 4743 Delegierten Frauen. In der Partei der Bolschewiki waren im Jahr 1920 nur 7,4% Frauen. Bis ins Jahr 1927 waren, auch durch die Arbeit des Shenotdels, 13,1% in der Partei Frauen. In den Gewerkschaften waren im Jahr 1921 etwa 1.450.000 Frauen

23 Holt, 1977c, S. 121 (Übersetzung durch Verf.)

24 Vgl. Hayden, 1976, S. 156 (Übersetzung durch Verf.)

Mitglieder, im Jahr 1927 waren es 2.569.000, was etwa 26% der Mitgliedschaft entsprach.[25]

Vergesellschaftung der Reproduktion

Obwohl die Frau juristisch und ökonomisch nun gleichberechtigt war, hatte sie immer noch die Belastung der Hausarbeit in der Familie zu tragen. Die materiellen Voraussetzungen mussten geschaffen werden, um die Reproduktion gesellschaftlich zu organisieren.

Die neue Regierung baute Institutionen auf, die Frauen von der Last der Hausarbeit befreien sollten. Kommunale Restaurants, Wäschereien, Kinderkrippen und Kindergärten. Von 1919-1920 wurden fast 90% der Bevölkerung von Petersburg und 60% der Bevölkerung in Moskau durch öffentliche Volkskantinen versorgt. Für Kinder- und Jugendliche war das Mittagessen kostenlos. Auch das Wohnen veränderte sich:

> Seit Herbst 1918 verwirklichen wir in sämtlichen Städten das Prinzip der öffentlichen Volkskantinen, der Einfamilienhaushalt wird durch die öffentlichen Kantinen der örtlichen Sowjets und das kostenlose Mittagessen für Kinder und Jugendliche verdrängt [...] Im Jahr 1920 wurden 12 Millionen Menschen in den Städten, einschließlich der Kinder, durch öffentliche Volkskantinen verköstigt. In keinem anderen Land gibt es so viele kollektive Wohnformen wie in unserer Arbeiterrepublik. Kollektive Wohnkommunen, Familienheime und besonders auch die Wohnungen für alleinstehende Frauen sind bei uns weit verbreitet. [...] Die Wohnkommunen werden ausreichend mit Brennholz und Elektrizität versorgt, in den meisten Wohnkommunen gibt es außerdem eine gemeinsame Küche und einen Heißwasserspeicher. Die notwendigen Reinigungsarbeiten werden von bezahlten Putzkräften erledigt und in einigen Wohnkommunen gibt es eine zentrale Wäscherei, eine Kinderkrippe und einen Kindergarten.[26]

Zur Hausarbeit erklärte Kollontai auf dem Allrussischen Frauenkongress im November 1918:

> Hausarbeit verliert für die Gemeinschaft insgesamt zunehmend ihren Nutzen. Sie wird unproduktiv. Der Einzelhaushalt stirbt ab. Er weicht in unserer Gesellschaft der kollektiven Haushaltsführung. Statt dass die Arbeiterin ihre Wohnung säubert, kann die kommunistische Gesellschaft dafür sorgen, dass es Männer und Frauen gibt, die dafür zuständig sind, morgens durch das Viertel zu gehen und Wohnungen zu putzen. Die Ehefrauen der Reichen sind schon seit Langem

---

25 Die Angaben sind Rosenberg, 1989, S. 81, entnommen.

26 Kollontai, 1975 [1921], S. 195-197

von diesen störenden und ermüdenden häuslichen Pflichten befreit. Warum sollten Arbeiterinnen weiterhin mit ihnen belastet sein? In Sowjetrussland sollte die Arbeiterin von der gleichen Leichtigkeit und dem gleichen Wohlbefinden, der gleichen Hygiene und Schönheit umgeben sein, die sich bisher nur die Reichen leisten konnten. Anstatt dass die arbeitende Frau mit dem Kochen kämpfen und ihre letzten freien Stunden in der Küche mit der Zubereitung von Mittag und Abendessen verbringen muss, wird die kommunistische Gesellschaft öffentliche Restaurants und Gemeinschaftsküchen schaffen.[27]

Die Kinder wurden durch die neue Regierung besonders unterstützt »Kein Kind in Moskau musste Hunger leiden. 150.000 bis 180.000 Kinder bekamen täglich kostenlose Mahlzeiten in ihren Schulen. Über 10.000 Paar Fellschuhe wurde den Kindern gegeben, die sie brauchten. Die Anzahl der Bibliotheken ist enorm angestiegen.«[28] Ein älterer Mann berichtete dem Journalisten Arthur Ransome, dass seine Kinder jeden Tag zur Schule gingen, dort »zweimal die Marseillaise singen, Mittag essen und nach Hause kommen.«[29] Der im Kommissariat für Bildung arbeitende Professor Michail Nikolajewitsch Pokrowski erklärte dieses Phänomen: Da es überall zu wenig Lebensmittel und Brennstoff gäbe, ginge es nicht anders: »Wenn wir unter diesen Umständen die Kinder zu all ihren Unterrichtsstunden zwingen würden, würden wir Leichen, nicht Kinder unterrichten. Aber indem wir sie zu den Mahlzeiten kommen lassen, erreichen wir zwei Dinge: Wir halten sie am Leben und wir halten die Gewohnheit aufrecht, in die Schule zu kommen – und wenn dann das warme Wetter kommt, können wir [wieder, d.V.] besser lehren.«[30] Auch die Schülerinnen und Schüler organisierten sich in Komitees: Louise Bryant berichtet davon, dass sie an einer Schule »nur noch Anweisungen befolgen würden, die von ihrem Komitee gegengezeichnet waren. Das älteste Komitee-Mitglied war etwa zwölf Jahre alt.«[31]

Parallel zu den Versuchen, die doppelte Belastung von Frauen zu beseitigen, entwickelten die Genossinnen Vorlesungen, die die Geschichte der Frauenunterdrückung in Klassengesellschaften erklärten. Die dazu entwickelten Vorlesungen von Alexandra Kollontai sind in dem Band »Die Situation der Frau in der geschichtlichen Entwicklung« aus dem Jahr 1921 zusammengefasst. Viele Frauen wandten sich auch an die Shenotdel, um Fragen der

---

[27] Kollontai, 2019b, im Anhang des Buches abgedruckt, S. 159

[28] Ransome, 2013 [1919], S. 45 (Übersetzung durch Verf.)

[29] Ransome, 2013 [1919], S. 124 (Übersetzung durch Verf.)

[30] Ransome, 2013 [1919], S. 124 (Übersetzung durch Verf.)

[31] Bryant, 1982, S. 118

Beziehungen zu klären. Einige Beispiele hat Kollontai in ihren Aufsätzen »Wege der Liebe«[32] veröffentlicht.

Ein zentraler Vorwurf lautete, dass die Bolschewiki die Mutterrolle sehr stark im Fokus hatten, damit die Frauen viele Kinder für die Revolution gebären könnten. Dieser Vorwurf ist nicht haltbar – auch wenn es Tendenzen bei den Bolschewiki gab, die diese These vertraten. Viele Frauen waren Mütter und es mussten Lösungen für ihre Belastungen gefunden werden, damit sie sich von ihrer Unterdrückung befreien konnten. Dennoch war das Frauenbild verglichen mit dem der meisten zeitgenössischen Parteien moderner und nicht auf die klassische Mutterrolle fixiert. Ein weiterer Vorwurf geht dahin, dass es den Bolschewiki darum ging, die Familie zu zerstören.[33] Dies war aber nicht das Ziel. Sondern es ging darum, der Familie die durch die Klassengesellschaft aufgebürdeten Lasten zu nehmen, damit die Beziehungen zwischen Menschen frei werden können – und sich dann auch frei für ihre Lebensformen entscheiden können.

Als Inessa Armand auf der Frauenkonferenz im November 1918 über kommunale Kindergärten sprach, riefen viele der Delegierten, dass sie ihre Kinder nicht abgeben wollten. Alexandra Kollontai ging in ihre Rede über »Die Familie im Kommunismus«, die später als Broschüre herausgegeben wurde, auf diese Frage ein. Sie erklärte den anwesenden Delegierten, dass die neue Regierung ihnen nicht ihre Kinder wegnehmen wolle:

> Arbeitende Mütter müssen nicht besorgt sein, die kommunistische Gesellschaft will den Eltern ihre Kinder nicht wegnehmen oder den Säugling von der Brust der Mutter reißen, auch beabsichtigt er nicht, gewaltsam die Familie zu zerstören. Nichts dergleichen! Die Ziele der kommunistischen Gesellschaft sind ganz andere. […] Die kommunistische Gesellschaft erklärt der Arbeiterin und dem Arbeiter: [...] Habt keine Angst, Kinder zu bekommen. […] Die kommunistische Gesellschaft kümmert sich um jedes Kind und garantiert ihm und seiner Mutter materielle und moralische Unterstützung. Die Gesellschaft wird das Kind ernähren, großziehen und bilden. Jene Eltern jedoch, die sich an der Erziehung ihrer Kinder beteiligen wollen, werden keinesfalls daran gehindert. Die kommunistische Gesellschaft wird all die Aufgaben der Kindererziehung auf sich nehmen, aber die Freude der Elternschaft wird denen, die sie genießen können, nicht genommen werden. Das also sind die Pläne der kommunistischen Gesellschaft und sie können wohl kaum als gewaltsame Zerstörung der Familie und zwangsweise Trennung des Kinds von der Mutter verstanden werden.[34]

---

32 Kollontai, 1982

33 Beide Vorwürfe erhebt zum Beispiel Krisztina Mänicke-Gyöngyösie, 1989, S. 54ff. Die relative Modernität der vorrevolutionären russischen Sozialdemokratie betont Wendy Z. Goldman, 1993, S. 48ff.

34 Kollontai, 2019b, im Anhang des Buches abgedruckt

Viele Diskussionen auf dem Kongress und in den kommenden Monaten und Jahren folgten, um die Frage der Frauenbefreiung möglichst weit in der Bevölkerung zu verankern. Trotzki schrieb in der »Verratenden Revolution«, wie sich allmählich die Erkenntnis über die Vorteile der Vergesellschaftung des Haushalts und der Kindererziehung verbreiteten: »nach einer kurzen Periode des Misstrauens zum Staat, zu seinen Krippen, Kindergärten und ähnlichen Anstalten wussten die Arbeiterinnen und nach ihnen auch die fortgeschrittenen Bäuerinnen die unermesslichen Vorzüge der kollektiven Kinderpflege wie die Vergesellschaftung der gesamten Familie sehr wohl zu schätzen.«[35] Aber: »Leider erwies sich die Gesellschaft als zu arm und zu unkultiviert. Den Plänen und Absichten der kommunistischen Partei entsprachen die realen Mittel des Staates nicht. Man kann die Familie nicht »abschaffen«, man muss sie ersetzen. Eine wirkliche Befreiung der Frau ist auf dem Fundament der »verallgemeinerten Not« nicht zu verwirklichen.«[36]

Jüdische und muslimische Frauen

Die Russische Revolution von 1917 fand in einem Reich statt, in dem die Religionen, die nicht russisch-orthodox waren, stark unterdrückt waren. Antisemitische Pogrome waren unter der Zarenherrschaft weit verbreitet. Die muslimischen Gemeinden waren in ihrer Religionsausübung unterdrückt.[37]

In Russland lebten 16 Millionen Muslime - etwa 10 Prozent der Bevölkerung. Der Zusammenbruch des Zarismus radikalisierte die Muslime, die Religionsfreiheit und nationale Rechte forderten, welche ihnen von den Zaren verweigert wurden. Das Ende der Unterdrückung durch die Herrschaft der Zaren bedeutete für die Frauen der unterdrückten Nationalitäten und Religionen weitere massive Gleichberechtigungen neben den allgemeinen Veränderungen zur Gleichberechtigung der Frauen.

Am 1. Mai 1917 fand in Moskau der Erste Allrussische Kongress der Muslime statt. Nach hitzigen Debatten stimmte der Kongress für die Rechte der Frauen und machte die russischen Muslime zu den ersten in der Welt, die Frauen von den für islamische Gesellschaften dieser Zeit typischen Einschränkungen befrei-

[35] Trotzki, 2016, S. 170

[36] Trotzki, 2016, S. 170

[37] Ich diskutiere die spezifische Unterdrückung hier an den Beispielen von Jüdinnen und Musliminnen. Andere Nationalitäten und Religionsgemeinschaften waren ebenso unterdrückt.

ten. Gleichzeitig waren konservative muslimische Führer dem revolutionären Wandel feindlich gesinnt.[38]

Die Russische Revolution brachte auch für die muslimischen Gemeinden große Veränderungen. Nach der Revolution erklärte die neue Regierung den Freitag in Zentralasien zum freien Tag. Heilige religiöse Gegenstände und Bücher, die während der Zarenherrschaft aus den Gemeinden und Moscheen geraubt wurden, wurden nun wieder zurück gebracht. Ab 1921 war es möglich, neben den revolutionären Gerichten auch vor Scharia-Gerichte Recht sprechen zu lassen. Einzig Strafen wie Steinigungen oder das Abtrennen von Händen bei Diebstahl waren verboten. Ab 1922 war es in den muslimischen Gemeinden möglich, auch religiöse Schule zu eröffnen. Diese Rechte waren Teil des gemeinsamen Kampfes der Revolutionäre und der Muslime während der Revolution gegen den Zaren und später die Provisorische Regierung.

Diskussionen innerhalb der Gemeinden brachen aus. Marianne Kamp schildert, wie mehr als 300 muslimische Frauen auf einem Kongress in Kasan über den Qur'an und seine Auslegungen diskutierten:

> Im Jahr 1917, einem Jahr des revolutionären Wandels im Russischen Reich, organisierten muslimische Frauen einen Kongress, um Resolutionen vorzuschlagen und zu diskutieren, von denen sie hofften, dass sie in die neue Verfassung Russlands aufgenommen würden. Abschriften vom April-Kongress in Kasan belegen, dass die Teilnehmerinnen über die Frage, ob die Polygynie erlaubt, eingeschränkt oder aufgehoben werden sollte, unterschiedlicher Meinung waren, und sie nutzten diese Debatten, um ihr eigenes Verständnis von Rechten zu artikulieren. Während weibliche religiöse Gelehrte die Versuche betonten, den Qur'an erneut zu lesen, um die Gerechtigkeit zu betonen, favorisierten andere gebildete muslimische Frauen die Historisierung des Qur'an, um zu argumentieren, dass sich Gleichberechtigung und Gerechtigkeit für Frauen im zwanzigsten Jahrhundert von Gerechtigkeit in der Zeit des Propheten unterscheiden würden.[39]

Die Frauen verabschiedeten Resolutionen, die die Gleichberechtigung, das Recht auf Scheidung und die Abschaffung der Kinderehe forderten. Die Frage nach dem Hijab oder Schleier wurde kaum aufgeworfen. Die weiblichen Delegierten der Konferenz sagten: »Die Frage nach dem Tschador [eine Art langes Kopftuch], kann man sagen, hat letzte Priorität.«[40]

---

[38] Crouch, 2003 (Übersetzung durch Verf.)

[39] Kamp, 2015, S. 13 (Übersetzung durch Verf.)

[40] Omar, 2018 (Übersetzung durch Verf.)

Das Shenotdel organisierte freiwillige Frauen, die, oft mit einem Schleier, in die muslimischen Gemeinden reisten, um mit Muslima arbeiten und diskutieren zu können. Sie führten Bildungsprogramme durch und arbeiteten gemeinsam mit muslimischen Frauen an den Verbesserungen der Lebensbedingungen.

Alexandra Kollontai veröffentlichte im April 1921 einen Bericht »Der Beratung der Kommunistinnen, die als Organisatorinnen unter den Frauen des Ostens wirken« über deren Arbeit:

> Die Beratung hat deutlich gezeigt, daß sich der Einfluss den unsere Partei über die Frauenabteilungen ausübt, bereits auf die entferntesten Gebiete Sowjetrusslands erstreckt und daß es in jenen Gegenden, wo Frauen noch vor kurzem in jahrhundertelanger Knechtschaft lebten, nun zu einem starken Aufbegehren dieser Frauen kommt ... So gehen die Frauenabteilungen von der Versklavung der Frau in der Familie und im täglichen Leben aus und beginnen die Erziehung der Massen der Arbeiterinnen im Sinne des Aufbaus der Sowjetgesellschaft gewöhnlich damit, dass sie sie in erster Linie zur Arbeit im Bereich des Schutzes der Mutterschaft, der Gemeinschaftsverpflegung usw. heranziehen. Bei den Völkerschaften des Ostens, wo die Versklavung der Frau hauptsächlich auf religiösen Vorurteilen, Überresten von Rechtlosigkeit in der Ehe und der Tatsache beruht, dass die Frau den Sitten und Bräuchen der Vergangenheit unterworfen ist, verlagert sich der Schwerpunkt der Arbeit natürlich von Anfang an darauf, einmal mit Hilfe von Klubs, Schulen und einer umfassenden Aufklärungskampagne das allgemeine kulturelle Niveau zu heben und mehr Wissen zu vermitteln und zum anderen das Alltagsleben in Übereinstimmung mit den sowjetischen Gesetzen zu bringen, die größere Freiheiten einräumen und die Interessen der Frau schützen.[41]

Für Jüdinnen und Juden war die die Russische Revolution ebenfalls eine Befreiung. Jakob Taut schreibt:

> Die Oktoberrevolution 1917 bedeutete für die Juden Russlands, wie für die anderen unterdrückten Nationalitäten, eine in ihrer Geschichte noch nie dagewesene Befreiung. Die Revolution brachte nicht nur bürgerliche Gleichheit, sondern auch eine ganze Reihe nationaler und kultureller Rechte, was die Entwicklung der »jiddischen Kultur« erlaubte.[42]

Durch die Abschaffung der Wohnortbindung konnten sich Jüdinnen und Juden frei im ganzen Land bewegen. Jiddisch war nun nicht mehr die »private« Muttersprache, auch offizielle Vertreterinnen und Vertreter des neuen Sowjetstaates sprachen sie in der Öffentlichkeit: Esther Rosenthal-Schneider-

41 Kollontai 1980a [1921], S. 488f

42 Taut, 1986, S. 236

mann, eine junge Kommunistin aus Polen, nahm 1926 in Moskau an dem ersten Kongress jüdischer Arbeiterinnen und Arbeiter teil, die im Bildungssektor arbeiteten. Sie schreibt:

> Bis zu diesem Zeitpunkt hatte ich noch nie einen Juden gesehen, der als hoher Offizieller auftrat, geschweige denn, einen Offiziellen, der unsere Alltagssprache mamelosh, Jiddisch, sprach. Und hier, auf dem Podium der Kongresshalle des Kommissariats für Bildung waren hochrangige Vertreter, die über die jüdische Erziehung auf Jiddisch sprachen, im Namen der Sowjetregierung.[43]

Alexandra Kollontai beteiligte sich bereits vor dem 1. Weltkrieg an einer großen, von russischen Sozialdemokratinnen und -demokraten gestarteten Kampagne für die Freilassung des Juden Beilis. Damals fand in Russland ein antisemitischer Prozess wegen eines erfundenen Mordes an einem adeligen, christlichen Jungen statt. Beilis saß auf der Anklagebank. Sein einziges Verbrechen jedoch war es, sich außerhalb des Ansiedlungsrayons befunden zu haben.[44] Auf ihren Agitationsreisen während und nach der Revolution beteiligte sie sich am Aufbau der lokalen Shenotdel-Ausschüsse in den westlichen Gebieten des ehemaligen Russischen Reiches, z.B. in der Ukraine, wo sich auch viele jüdische Frauen an der revolutionären Umgestaltung beteiligten.

Schwierigkeiten

An allen Ecken und Enden fehlt es in der gesamten Gesellschaft, so auch in Kollontais Kommissariat, an Geld und Materialien. Kollontai konnte nicht alle, die in den Einrichtungen arbeiteten, entlohnen, die Einrichtungen nicht so ausstatten wie es nötig gewesen wäre. So gab es beispielsweise unzähligen Waisenkinder, die nach dem Krieg auf sich selbst gestellt durch Städte und Land wanderten, hungerten und keine Unterkünfte hatten. Einige dieser Kinder trafen sich mit Kollontai, Krupskaja, Sofia Smydovich und weitere Bolschewikinnen und diskutierten gemeinsam, welche Einrichtungen notwendig wären. Pflegeheime und selbst verwaltete Kinderkolonien wurden aufgebaut. Aufgrund des Geldmangels nach der Revolution reichten sie aber bei weitem nicht aus, die sieben Millionen Waisen im Jahr 1921 auch nur annähernd eine Wohnstätte zu bieten. Leo Trotzki schrieb:

---

43 Brossat / Klingberg, 2016, S. 186 (Übersetzung durch Verf.)

44 Auf einer großen Solidaritätskundgebung am Trafalgar-Square in London verurteilte Kollontai 1913 die antijüdische Hetze des zaristischen Regimes und dessen brutalem Umgang mit jüdischen Menschen scharf. vgl. Porter, 1980, S. 192

> Der Arbeiterstaat muss erst reicher werden, damit er ernsthaft und wie es sich gehört die öffentliche Erziehung der Kinder und die Entlastung der Familie von Küche und Waschküche in Angriff nehmen kann. Die Vergesellschaftung der Familienwirtschaft und Kindererziehung ist undenkbar ohne ein gewisses Reichwerden unserer Wirtschaft als Ganzes. Wir brauchen notwendig die sozialistische Akkumulation. Nur unter dieser Bedingung werden wir die Familie von solchen Funktionen und Sorgen befreien, durch die sie heute unterdrückt und zerstört wird. [...] Auf diese Art wird die menschliche Familie, um mit Engels zu sprechen, »einen Sprung aus dem Reich der Notwendigkeit in das Reich der Freiheit« machen.[45]

Über die Schritte, die zur Auflösung der Kernfamilie führen, hat Kollontai Anfang der 1920er Jahre eine Auseinandersetzung mit Lenin. Kollontai erinnerte sich: »Lenin las meinen Änderungsantrag, und aus seinem Gesicht konnte ich sehen, dass er nicht zustimmte. »Was meinen Sie mit dem Verschwinden der Kernfamilie? Wo steht, welche Art von Familie es im Kommunismus geben wird? [...] Wir müssen mit den praktischen Notwendigkeiten beginnen - wir müssen die Familie retten und sie vor dem Zusammenbruch bewahren, besonders jetzt. Warum sind Sie so in Eile? Wir werden in der Lage sein, all diese Probleme zu lösen, wenn wir uns mit den Weißen[46] beschäftigt haben.«[47]

Diese Differenz lag nicht darin, dass frauenpolitische Themen auf ein »Irgendwann« verschoben werden sollten, sondern darin, dass ein direktes Programm zur Auflösung der Familie in den Zeiten der Armut während des Bürgerkrieges die Menschen alleingelassen hätte. Denn bei allen Anstrengungen der Kollektivierung der Hausarbeit und der Kindererziehung war dies nach wie vor aufgrund des materiellen und finanziellen Mangels nicht flächendeckend und allumfassend möglich.

Im November 1920 legalisierte die Regierung den Schwangerschaftsabbruch. Kollontai, die nach dem Tod von Inessa Armand gerade erst die Leitung des Shenotdel übernommen hatte, befürwortete dieses schon auf den Weg gebrachte Gesetz. Sie betrachtete es wie die meisten in der Parteiführung als einen befreienden und längst überfälligen Schritt. Denn während des Bürgerkrieges und der damit einhergehenden Armut hatten viele Frauen gefährliche, immer noch nicht legalisierte Schwangerschaftsabbrüche auf sich genommen. Die Hälfte dieser Frauen erlitt schwere Infektionen, etwa vier Prozent von ihnen waren an den Folgen gestorben. Zuverlässige und

---

45 Trotzki, 1973a [1923], S. 44/46

46 Die Weißen sind die angreifenden Armeen der Konterrvolution und der ausländischen Mächte gegen das revolutionäre Russland während des Bürgerkriegs gemeint.

47 zitiert nach: Porter, 1980, S. 327

erschwingliche Verhütungsmittel waren nicht ausreichend vorhanden. Gerade auf dem Land, wo ein Arzt, eine Ärztin 5.000 Patientinnen und Patienten behandelte, waren Schwangerschaftsabbrüche eine Gefahr für das Leben vieler Frauen.

Gleich nachdem sie ihre Arbeit im Shenotdel begann, belebte sie die Ende 1919 von ihr gegründete Kommission zur Bekämpfung der Prostitution, besser, der Bekämpfung der Ursachen, die zur Prostitution führten. Mit der Oktoberrevolution war die Prostitution verschwunden.[48] Mit der stärker werdenden Armut befürchtete Kollontai jedoch, dass wieder mehr Frauen gezwungen waren, sich zu prostituieren, um für ihren Lebensunterhalt aufzukommen. Kollontais »Ziel war es, die Zwänge anzugehen, die eine Frau aus finanziellen Gründen in eine lang- oder kurzfristige Beziehung zu einem Mann gedrängt haben.«[49] Diese Argumentation veröffentlichte Kollontai in einem Buch mit dem Titel »Die Prostitution und die Wege, sie zu bekämpfen«, das im Jahr 1921 in Moskau erschien. Die sich prostituierenden Frauen wurden im Kommissariat für Arbeit dazu ermuntert, sich weiterzubilden, andere Arbeit zu finden oder erst einmal zur Kur zu gehen, damit sie sich erholen konnten. Kollontai war dieser Weg wichtig, damit die sich prostituierenden Frauen nicht nur verständen, dass »Prostitution eine Form der Arbeitsverweigerung war, die alle Menschen in der Gesellschaft beschädigte, sondern noch viel wichtiger, dass es die Solidarität zwischen Frauen zerstörte, die sie untereinander ausdrücken müssten wenn sie ihre Leben verbessern wollten«[50].

Auch männliche Prostitution stand nicht mehr unter Strafe. Jedoch wurden deren Zuhälter bestraft. Über Zuhälter von jugendlichen Prostituierten schreibt Joachim Hohmann:

> Wer als Zuhälter tätig war, musste mit der Einziehung seines Vermögens rechnen, das er [...] aufgrund der Ausbeutung eines abhängigen Minderjährigen erworben hatte.[51]

Frauen und Männer müssten als gleichberechtigte Menschen miteinander arbeiten und leben, die neue Gesellschaft habe keinen Platz mehr für Männer, die Frauen als minderwertig betrachten und Frauen müssten dafür kämpfen, ihre Gefühle der Unterlegenheit zu überwinden.

---

[48] vgl. Porter, 1980, S. 351

[49] Porter, 1980, S. 351

[50] Porter, 1980, S. 352

[51] Hohmann, 1990, S. 273

Ideologischer Wandel

Alte Rollenbilder und –stereotype wurde in der Revolution nicht komplett überwunden – so gab es wenige Frauen an der Spitze der neuen Regierung, den Räten und den Gewerkschaften. Dennoch prägten viele Frauen die politische Arbeit. Der Schwerpunkt lag jedoch deutlich stärker auf der Arbeit auf lokaler Ebene. Oftmals übernahmen Aktivistinnen »versorgende« Rollen wie Erste Hilfe und Verpflegung. Dies darf aber nicht den Blick auf die gewaltigen Veränderungen verstellen, die im Zuge der Revolution entstanden.[52]

Sexualität und Rollenbilder veränderten sich rapide.

Nadeschda Krupskaja war begeistert von den Diskussionen unter der revolutionären Jugend und den Veränderungen in den Rollenbildern. In ihren »Erinnerungen an Lenin« beschreibt sie die Unterschiede in den Haltungen, die sich zeigten:

> Zum Beispiel mussten alle Mitglieder lernen, wie man näht. Einer der jungen Leute, ein Bolschewik, fragte: »Warum sollte jeder lernen, wie man näht? Mädchen, sicherlich, müssen nähen können, andernfalls können sie später nicht die Knöpfe der Hosen ihrer Männer annähen. Aber warum sollten wir es lernen?« [...] Nicht nur die Mädchen, alle drückten ihren Unmut aus und sprangen von ihren Sitzen. »Die Ehefrau muss Knöpfen an die Hosen nähen? Was meinst Du? Möchtest Du die alte Sklaverei der Frauen aufrechterhalten? Die Frau ist die Genossin ihres Mannes, nicht seine Dienerin.«[53]

Frauen diskutierten über Verhütung und sexuelle Selbstbestimmung. Dennoch blieben der Coitus interruptus (unterbrochener Geschlechtsverkehr) und der Schwangerschaftsabbruch für die meisten Frauen die einzigen »Verhütungsmethoden«.[54]

Frauen, die in der Roten Armee arbeiteten, konnten wichtige Positionen in der Armeeführung bekleiden. Dabei war es für Frauen leichter, als Mann aufzutreten. Die Vorbehalte gegen Männer, die ihr Leben als Frau fortführen wollten, waren deutlich größer. Der russische Psychologe Lev Rosenstein,

---

[52] Jane McDermid und Anna Hillyar betonen, dass bei allen kritischen und strittigen Punkten und auch immer wieder auftretenden Unzulänglichkeiten die Bolschewiki fortschrittlichere Positionen vertraten und entschiedener für die Befreiung der Frauen eintraten als die Menschewiki und die Sozialrevolutionäre. McDermid / Hillyar, 1999, S. 197, so auch Goldman, 1993, S. 49 und S. 52

[53] Krupskaja, 1942 [1933], S. 270

[54] Goldman, 1993, S. 257ff führt diese von den russischen Frauen, Ärzten und Ärztinnen stark bemängelte Situation auf eine Knappheit an Materialien zurück – anders war die Entwicklung in der Weimarer Republik, siehe Schierbach, Wurdack und Käfer, in der eine breite Bewegung für Verhütungsmethoden entstehen konnte.

Direktor des Instituts für neuro-psychiatrische Prophylaxe in Moskau, versuchte, diese Prozesse zu begleiten. Er verstand seine Arbeit als Unterstützung für Homosexuelle, ihre gleichgeschlechtliche Liebe akzeptieren und leben zu können. Kollontai selbst nahm an den Treffen der Weltliga für Sexualreform von Magnus Hirschfeld teil.[55]

Bei allen großartigen Fortschritten: Es brauchte noch viel Anstrengungen, um die Vorurteile in der Breite der Bevölkerung anzugehen. Die materiellen Bedingungen, die große Armut und die Anstrengungen der alten Eliten während des Bürgerkrieges, wieder die Oberhand zu gewinnen, haben geholfen, Vorurteile aufrecht zu erhalten. Nichts desto trotz bedeutete die Russische Revolution eine massive Umwälzung in der Gesellschaft. Frauen waren freier und gleichberechtigter, weil der junge Staat viel versuchte, um die Doppelbelastung, die besonders starke Ausbeutung und die Unterdrückung der Frauen zu beenden. Das spürten nicht nur Frauen (und Männer) allgemein, Homo- und Heterosexuelle, Transsexuelle, Transvestitinnen und Transvestiten, Jüdinnen und Juden, Muslima und Muslime waren durch die Revolution freier und gleichberechtigter als jemals zuvor.

[55] Vgl. Healey, 2001, S. 133

Kollontai und befreite Sexualität

> Die Lösung der sexuellen Probleme vollzieht sich nur bei dem Eintritt einer neuen, auf die gründlichste Art reformierten gesellschaftlichen und wirtschaftlichen Struktur [...].[1]

Weltweit bekannt wurde Alexandra Kollontai für ihre weitreichende marxistische Analyse über sexuelle Beziehungen. In bis dahin einzigartiger Weise deckte sie auf, dass das persönliche Gefühlsleben, das intim erlebt und persönlich gelebt wird, gesellschaftlich bedingt und einem ständigen Wandel unterworfen ist. Dabei beschrieb sie anschaulich, wie die materiellen Umstände, unter denen Menschen leben, die Formen ihrer sexuellen Beziehungen, von Ehe und Familie, das Verhältnis zwischen den Geschlechtern und Fragen zur Moral bestimmend prägen. Kollontai analysierte die Wandelbarkeit von Gefühlen und Vorstellungen von Geschlechterrollen, die sich zwischen verschiedenen Gesellschaftsformen voneinander unterscheiden.

In diesem Sinne war Kollontai eine Vorreiterin, Liebe und Sexualität als politische Themen zu behandeln. Sie machte Prozesse und Verhaltensweisen bewusst, die vorher als individuell, unbewusst, selbstverständlich oder als ewige Wahrheit im Privaten angesehen wurden. Wie kaum jemand vor ihr untersuchte sie historische, politische und theoretische Hintergründe der sexuellen und geschlechtsspezifischen Unterdrückung und ergründete die Möglichkeiten zu gleichberechtigten und freien Beziehungen zwischen Frauen und Männern. Als eine der Ersten entwickelte sie im Zuge der Russischen Revolution Ansätze einer neuen kommunistischen Sexualmoral.

Berühmt, gefeiert und missverstanden wurde Kollontai als Vertreterin der sogenannten Glas-Wasser-Theorie, die besagt, dass die Befriedigung des

[1] Kollontai, 1977d [1918], S. 79

Sexualtriebs so einfach sein sollte wie das Trinken von Wasser. Tatsächlich war Kollontais Analyse sexueller Beziehungen viel komplexer. Es ging ihr um sehr viel mehr, als um die Darstellung von Sex als Vergnügen oder freien Konsum von vermeintlich folgenlosem Sex zu postulieren. Ihr Ziel war vielmehr, die gesellschaftliche Bedingtheit persönlicher Verhaltensweisen aufzudecken und sich für menschenwürdige Verhältnisse einzusetzen, in denen sich dann auch Menschen und ihre sexuellen Beziehungen ändern können. Am Ende dieses Abschnitts werden wir die »Glas-Wasser-Theorie« ausführlicher erläutern und Angriffe auf Kollontais Ideen damals wie heute diskutieren.

In den meisten Besprechungen der Arbeiten Kollontais wird ihr marxistisches Herangehen verschwiegen, bestenfalls erwähnt, geschweige denn differenziert dargestellt. Hier möchten wir Kollontais Erbe, ihr historisches Wissen über die Wandelbarkeit von Liebe und Sexualität in der gesellschaftlichen Entwicklung sowie ihre marxistische Methode im Kampf für gleichberechtigte sexuelle Beziehungen einer neuen Frauenbewegung zugänglich machen. Dabei beziehen wir uns auf Kollontais Artikel, Reden und Kurzgeschichten aus den Jahren 1908 bis 1927.

Selten werden die Bolschewiki und die Oktoberrevolution mit sexueller Befreiung, mit Experimentierfreude oder mit der Umwälzung tradierter Geschlechterrollen assoziiert. Dabei brachten schon vorangegangene Revolutionen die Beziehungen zwischen den Geschlechtern ins Wanken. Bereits im 19. Jahrhundert etwa beobachtete Friedrich Engels: »Es ist eine merkwürdige Tatsache, dass mit jeder großen revolutionären Bewegung die Frage der freien ›Liebe‹ in den Vordergrund rückt.«[2]

Die Oktoberrevolution brach die Fesseln der alten repressiven Sexualmoral des zaristischen Russlands. Zum ersten Mal in der Geschichte hatten Frauen das Recht und erhielten auch die nötige materielle Unterstützung, um ein selbstbestimmtes Leben führen zu können. Zum ersten Mal in der Menschheitsgeschichte war es möglich, dass sich Frauen und Männer auf gleicher Augenhöhe begegneten.

Unmittelbar nach der Revolution wurde eine große Zahl Gesetzesreformen zu geschlechtsspezifischen und sexuellen Fragen auf den Weg gebracht. Im Jahr 1918 führte Kollontai als Ministerin für soziale Volksfürsorge ein neues Ehegesetz ein, das die religiöse Grundlage der Ehe aufhob. Neu war auch, dass die Ehe auf Verlangen eines Ehepartners aufgelöst werden konnte. Diese Liberalisierung des Scheidungsrechts zeigte sofort Wirkung. Bereits 1918 befreiten sich viele Frauen aus missbräuchlichen, lieblosen

[2] Zit. n. Bookmarks (Hrsg.) 1998, S. 6

Ehen. Und mit der Einführung von Gemeinschaftsküchen und Kindergärten, Arbeit und Unterhaltszahlungen, konnten sich Frauen aus der wirtschaftlichen Abhängigkeit von den Ehemännern lösen.

Auch das Leben von homo- und transsexuellen Menschen krempelte die Oktoberrevolution radikal um. Homophobie wurde als Überbleibsel einer sterbenden Gesellschaftsordnung und Sexualmoral geächtet und die rasche Entwicklung neuer Moralvorstellungen und Geschlechterrollen wirkte sich auf die Befreiung homo- und transsexueller Menschen aus.

Cathy Porter zeigt in ihrer Biografie über Alexandra Kollontai, wie sich bereits nach der Revolution von 1905 in Russland eine Schwulenszene entwickelte. Aber mehr noch: Die Bolschewiki schlossen sich der Weltliga für Sexualreform auf sexualwissenschaftlicher Grundlage (WLSR), einer der wichtigsten Zusammenschlüsse homosexueller Emanzipation unter der Leitung des deutschen homosexuellen Sexualforschers Magnus Hirschfeld an und waren ihr größter Förderer.

Begeistert beschrieb der russische Delegierte Grigorii Batkis die »Sexualrevolution in Russland«:

> Die heutige Sexualgesetzgebung der Sowjetrepubliken ist das Werk der Oktoberrevolution. Diese Revolution ist nicht nur als politische Erscheinung, sofern sie dem Proletariat die politische Diktatur sicherte, von Wichtigkeit. Die von ihr ausstrahlenden Umwälzungen erstrecken sich auch auf das übrige Leben. [...] Sie [die Sowjetgesetzgebung] erklärt absolute Nichteinmischung des Staates und der Gesellschaft in geschlechtliche Beziehungen, soweit sie niemandem Schaden bringen und niemandes Interesse verletzten. [...] Gegenüber dem Homosexualismus, der Sodomie und irgendwelcher anderen Formen der sexuellen Befriedigung, die von den europäischen Gesetzgebungen als öffentliches Vergehen gegen die Sittlichkeit hingestellt werden, verhält sich die Sowjetgesetzgebung genauso wie zu dem sogenannten »natürlichen« Verkehr.[3]

Noch heute, 100 Jahre nach der Oktoberrevolution, besitzt das Vermächtnis der Bolschewiki und insbesondere das von Alexandra Kollontai revolutionäre Sprengkraft. Um wirksam für gleichberechtigte Beziehungen kämpfen zu können, war es für Kollontai wichtig zu verstehen, wie sich sexuelle Beziehungen historisch verändern, und wieso in verschiedenen Epochen jeweils ganz bestimmte Rollenbilder und Beziehungsideale vorherrschen.

Wenngleich Kollontai nicht explizit auf gleichgeschlechtliche oder transsexuelle Beziehungen eingeht, sind ihre Schriften aktuell und hilfreich, um sexuelle Unterdrückung im Kapitalismus heute in all ihren Facetten zu verstehen für gleichberechtigte und erfüllende Beziehungen und zu kämpfen.

---

[3] Batkis, 1925

Ist »freie Liebe« im Kapitalismus möglich?

Alexandra Kollontai kämpfte für »freie Liebe« und meinte sexuelle Beziehungen, die frei von Besitzverhältnissen, Ausbeutung, Unterdrückung, Entfremdung und Ungleichheit sind. Zum ersten Mal beschäftigte sich Kollontai im Jahr 1908 in »Die Soziale Grundlage der Frauenfrage« mit der Frage, ob »freie Liebe« zwischen Frauen und Männern im Kapitalismus möglich sei.

Sehr eindrücklich beschrieb sie, dass in der bürgerlichen Klassengesellschaft Abhängigkeit und Unterordnung zwischenmenschliche Beziehungen kennzeichnen:

> Sind wir uns nicht der Verderbtheit und der Abnormalitäten bewusst, die sich unter den gegenwärtigen Bedingungen dieses Etikett anheften? Man denke an all die Herren, die Industrieunternehmen besitzen oder leiten, die ihre Arbeiterinnen und die weiblichen Angestellten dazu zwingen, ihre sexuellen Launen zu befriedigen, und die die Drohung der Entlassung nutzen, um ihre Ziele zu erreichen. Praktizieren sie nicht auch auf ihre Weise die »freie Liebe«?[4]

Ausgangspunkt ihrer Überlegungen, ob »ohne Befehle und ohne Ketten zu lieben«[5] im Kapitalismus möglich sei, war für Kollontai also die Frage, ob die Unterdrückung der Frau im Kapitalismus überwunden werden kann. Zu ihrer Zeit reflektierte das zaristische Ehe- und Familienrecht die drastisch untergeordnete Stellung der Frau. Artikel 107 besagte: »Die Frau ist verpflichtet, ihrem Mann als dem Haupt der Familie zu gehorchen, in Liebe, Ehrerbietung und unbegrenztem Gehorsam bei ihm zu verbleiben und ihm jeden Gefallen und jede Abhängigkeit als Hausfrau zu erweisen.«[6]

Das Gesetz erlaubte es dem Mann, seine Frau zu schlagen, und es war Frauen verboten, lesen und schreiben zu lernen. Doch auch die weiter als Russland entwickelten Gesellschaften, darüber war sich Kollontai im Klaren, kamen zur Aufrechterhaltung des Kapitalismus nicht ohne Frauenunterdrückung aus:

> In den meisten Ländern der zivilisierten Welt stellt das bürgerliche Gesetzbuch Frauen in eine mehr oder weniger große Abhängigkeit von ihrem Mann und verleiht ihm nicht nur das Recht, über ihr Eigentum zu verfügen, sondern auch das Recht auf moralische und physische Dominanz über sie.[7]

Für Kollontai war die gesellschaftliche Unterdrückung der Frau nicht individuell lösbar. Daher verlangten gleichberechtigte Beziehungen ihr zufolge

4 Kollontai, 1977a [1909]:, S. 67

5 Kollontai, 1977a, S. 66

6 Batkis, 1925, S. 7

7 Kollontai, 1977a, S. 64

den kollektiven Kampf gegen die Ursachen der Frauenunterdrückung und für eine sozialistische Gesellschaft. Echte Emanzipation der Frauen, so betonte Kollontai, bedarf sowohl ökonomischer und politischer Umwälzung als auch revolutionärer Veränderung der familiären Aufgaben und häuslichen Strukturen.

Erst die Abschaffung der kapitalistischen Produktions- und Herrschaftsverhältnisse schaffen die Voraussetzung für die vollständige Befreiung der Frau und damit für ein freies und gleichberechtigtes Sexualleben. Für die proletarische Frauenbewegung formulierte Kollontai die wesentlichen Unterschiede zur individuellen Rebellion bürgerlicher Frauen:

> Indem sie sich der gesetzlichen und kirchlichen Eheschließung widersetzen, kämpfen die Feministinnen gegen einen Fetisch. Die proletarischen Frauen hingegen führen Krieg gegen die Faktoren, die hinter der modernen Form von Ehe und Familie stehen. In dem Bestreben, die Lebensbedingungen grundlegend zu verändern, wissen sie, dass sie auch zur Reform der Beziehungen zwischen den Geschlechtern beitragen. Hier haben wir den Hauptunterschied zwischen der bürgerlichen und proletarischen Herangehensweise an das schwierige Problem der Familie.[8]

Kollontais Arbeit basiert auf drei Kernprinzipien: Erstens eine rigorose materialistische Analyse der historisch unterschiedlichen Formen von Liebe und Sexualität sowie deren Klassenbasis; zweitens ein unbeugsames Bekenntnis zur Rolle und Wichtigkeit der Kollektivität der Arbeiterinnen und Arbeiter, um die neue Gesellschaft aufzubauen und die zwischenmenschlichen Beziehungen zu gestalten; drittens die feste Überzeugung, dass echter sozialer Wandel die dialektische Wechselbeziehung zwischen ideologischem Kampf und wirtschaftlichem Wandel beinhaltet.[9]

Beziehungen zwischen den Geschlechtern und Klassenkampf

Kollontai orientierte im Kampf für die Frauenbefreiung auf kollektive Kämpfe der Arbeiterbewegung. Sie war überzeugt, dass die Emanzipation der Frauen nicht nur das Ende des Kapitalismus, sondern gleichzeitig auch eine gemeinsame Anstrengung zur Neugestaltung der persönlichen Beziehungen zwischen Frauen und Männern im Kampf für soziale Veränderungen erforderte.

---

[8] Kollontai, 1977a, S. 68

[9] Ebert, 1999, S. 2

In der Schrift »Die neue Moral und die Arbeiterklasse« argumentierte Kollontai für die Notwendigkeit, die ideologische Auseinandersetzung über gleichberechtigte Verhältnisse und Beziehungen zwischen Frauen und Männern gleichzeitig mit den sozialen und ökonomischen Kämpfen zu führen. Kollontai schrieb die Broschüre im Jahr 1911 vor dem Hintergrund, dass in Europa wie Russland eine neue, weibliche Arbeiterklasse entstand. Durch die Industrialisierung stieg die Zahl der berufstätigen Frauen in Russland von 1860 bis 1911 rapide an. Mit steigender Erwerbstätigkeit bekamen Frauen, deren Mütter und Großmütter zuvor in der häuslichen Isolation steckten und die in der Regel nur über ihren Ehemann mit der Gesellschaft verbunden waren, Zugang zu neuen Möglichkeiten und Formen kollektiver Gegenwehr. Frauen stellten zunehmend Sexismus und ihre angebliche »Minderwertigkeit« sowie ihre untergeordnete Rolle in Gesellschaft und Familie infrage. Und sie stellten Forderungen nach gleichberechtigten Lebensweisen von Frauen und Männern. Zugleich blieben jedoch die alten Rollenbilder der Arbeitsteilung der Geschlechter, die die Frau in den Bereich der familiären Versorgung verbannten, sowie ihre Rechtlosigkeit, Abhängigkeit und Bevormundung in Staat, Gesellschaft und Familie bestehen. Es entstand eine wachsende Kluft zwischen ökonomischer Basis und ideologisch-politischem Überbau, die explosiv war:

> Die sich vor unsren Augen vollziehende komplizierte Evolution der ökonomisch-sozialen Beziehungen, die alle unsere Vorstellungen von der Rolle der Frau im sozialen Leben umkehrt und alle Pfeiler der bourgeoisen Geschlechtsmoral ins Wanken bringt [...].[10]

Kollontai beeindruckte nachhaltig, dass die politischen Massenstreiks von 1905 in Russland und die kollektiven Kampferfahrungen von Frauen und Männern dazu beitrugen, auch sexuelle Beziehungsmuster und Rollenbilder durcheinanderzuwirbeln. Zugleich aber erhielt sie in den Kämpfen von 1905 eine Vorstellung davon, wie Macht- und Unterdrückungsverhältnisse, die sich in den Beziehungen zwischen Männern und Frauen widerspiegelten, die Organisierung speziell von Arbeiterinnen als Teil der revolutionären Klasse behinderten. Sie wies darauf hin, dass die herrschende Moral als Teil der Ideen der herrschenden Klasse die Kampfmoral der revolutionären Klasse insgesamt untergräbt, indem sie statt zu deren Einheit zu ihrer Spaltung beiträgt.

> Für die Arbeiterklasse bedarf es zur Erfüllung ihrer Mission nicht einer Dienerin des Mannes, nicht eines unpersönlichen Hausgeschöpfes, das mit passiven, weiblichen Tugenden ausgestattet ist, sondern einer gegen Sklaverei jeder Art

[10] Kollontai, Alexandra, 1977d, S. 79

sich aufrichtenden, rebellierenden Persönlichkeit, eines aktiven, bewussten, gleichberechtigten Mitglieds der Gemeinschaft der Klasse.[11]

In ihrem Artikel »Die Geschlechtsbeziehungen und der Klassenkampf«, den sie im Jahr 1918 als erste Schrift nach der Revolution veröffentlichte, beschäftigte sie sich intensiv mit der Frage, wie Moralvorstellungen und Klassenkampf sich wechselseitig beeinflussen, und kritisierte die mechanische, vulgärmarxistische Vorstellung, dass vor der vollständigen Veränderung der ökonomischen Basis kein Platz für neue, solidarische und gleichberechtigte Ideen zwischen Frauen und Männern sei. Dem stellt sie eine dialektische Wechselbeziehung zwischen ideologischem Kampf und wirtschaftlichem Wandel gegenüber:

> Als ob die Ideologie irgendeiner Klasse sich erst dann bildet, wenn die Umwandlung in den sozialökonomischen Verhältnissen schon stattgefunden hat, indem sie so die Herrschaft dieser Klasse befestigt! Die ganze historische Erfahrung lehrt uns, dass die Herausarbeitung der Ideologie sozialer Gruppen und demzufolge auch ihre Sexualmoral schon während des schweren Kampfes dieser Gruppe mit den feindlichen gesellschaftlichen Kräften vollzieht.[12]

In diesem Sinne betonte Kollontai in ihren »Betrachtungen über mein Leben« (Notizen aus den letzten Jahren 1946–1951), dass die volle Gleichberechtigung nicht erreicht werden könne ohne die Beseitigung der Grundlagen der bürgerlichen Moral.[13]

Liebe, Sexualität, Ehe und Familie in historischer Perspektive

Ausgangspunkt von Kollontais Analyse sexueller Beziehungen war, dass selbst die intimsten und scheinbar individuellen Aspekte unseres Lebens – wie wir unser Geschlecht und unsere Sexualität ausdrücken – durch die gesellschaftlichen Realitäten bedingt und geprägt sind. In ihrem Artikel »Ein Weg dem geflügelten Eros« zeichnete sie nach, wie sich das Ideal von Liebesbeziehungen in der gesellschaftlichen Entwicklung veränderte. Sie untersuchte die ihr zugänglichen historischen Forschungsergebnisse[14] daraufhin,

[11] Kollontai, 1977f, S. 48–49

[12] Kollontai, Alexandra, 1977d, S. 83

[13] Kollontai, 1979i [1951], S. 12

[14] Kollontai selbst hat keine eigene historische Forschungsarbeit betrieben. In ihren Schriften beruft sie sich auf die zur damaligen Zeit vorhandenen Erkenntnisse.

welche Formen Ehe und Familie je nach Epoche annahmen und welche Moralvorstellungen jeweils vorherrschten.

> Vergessen Sie nicht, mein junger Freund, dass sich die Liebe unaufhörlich verändert und umgestaltet, zusammen mit der Veränderung der kulturellen und wirtschaftlichen Basis der Menschheit.[15]

Für Kollontai war Sexualität zwar ein natürliches menschliches Bedürfnis, die Formen seiner Befriedigung unterlagen jedoch gesellschaftlich-historischen Normen, die ihrerseits in Übereinstimmung mit den wirtschaftlichen Beziehungen einem ständigen Wandel unterworfen waren. Sie widerlegte damit einen weit verbreiteten Mythos, indem sie bewies, »dass die Liebe ganz und gar nicht nur eine ›private Sache‹ ist, wie das auf den ersten Blick zu sein scheint«.[16]

Im Gegenteil, so schrieb sie:

> Es wird Zeit, offen anzuerkennen, dass Liebe nicht nur ein mächtiger Faktor der Natur ist, eine biologische Kraft, sondern auch ein sozialer Faktor. [...] Dass die Liebe im Allgemeinen ganz und gar nicht [...] eine Angelegenheit nur zweier liebender Herzen ist [...], ist daraus ersichtlich, dass man auf allen Stufen der historischen Entwicklung der Menschheit Normen (Regeln) aufgestellt hat, die Folgendes bestimmt haben: wann und unter welchen Bedingungen Liebe legal war (d.h. den Interessen des jeweiligen Kollektivs gerecht wurde), und wann sie Sünde, Verbrechen war (d.h. den Aufgaben der jeweiligen Gesellschaft widersprach).[17]

Sexualität, Liebe, Ehe und Familie sind, so Kollontai, soziale und historische Kategorien und eng mit moralischen Konventionen verbunden. Sowohl die Antike als auch der Feudalismus trennten die emotionale Liebe von der Ehe. In der Antike etwa zählte die Freundschaft unter Männern – »die Treue bis ans Grab«[18] – als wichtigste moralische Tugend. Die gleichgeschlechtliche Liebe zu jungen Männern wurde in Liedern und Gedichten verehrt und war der Ehe höhergestellt, die auf dem Prinzip der Vernunft basierte. In der feudalistischen Gesellschaft bestand das Liebesideal dagegen nicht in der homosexuellen Liebe, sondern in der platonischen – lediglich geistigen – Liebe des Ritters »zur unerreichbaren Dame seines Herzens«.[19]

---

[15] Kollontai, 1979g, S. 125

[16] Kollontai, 1979g, S. 116

[17] Kollontai, 1979g, S. 109

[18] Kollontai, 1979g, S. 110

[19] Kollontai, 1979g, S. 111

Erst im Kapitalismus entwickelt sich ein Liebesideal der heterosexuellen Liebe, das emotionale Gefühle und Sexualität in der monogamen Ehe vereint. Kollontai schreibt dazu:

Die bürgerliche Moral verteidigte das Recht zweier liebender Herzen, eine Verbindung sogar gegen die Familientradition einzugehen. Sie verspottete die geistige Liebe und den Asketismus und proklamierte die Liebe als die Grundlage der Ehe.[20]

Kollontai bezieht sich auf Schriften von Marx und Engels und betonte, dass jede Epoche in der Geschichte der Menschheit ihr eigenes Ideal der Ehe und ihre eigene sexuelle Moral hervorbringt. Jedoch nicht unabhängig, sondern in Abhängigkeit vom jeweiligen Wirtschaftssystem, also der jeweiligen Entwicklung der Produktivkräfte und Produktionsverhältnisse. Engels beschreibt in seinem Werk »Ursprung der Familie, des Privateigentum und des Staates« Veränderungen des Familienzusammenhangs und die Entstehung der Klassenteilung in der Geschichte der Menschheit. So entwickelt er ein historisch materialistisches Verständnis von Familienstruktur und Geschlechterverhältnissen. Über die Ehe in der Klassengesellschaft schreibt er:

> Sie ist gegründet auf die Herrschaft des Mannes, mit dem ausdrücklichen Zweck der Erzeugung von Kindern mit unbestrittener Vaterschaft, und diese Vaterschaft wird erfordert, weil diese Kinder dereinst als Leibeserben in das väterliche Vermögen eintreten sollen.[21]

Setzte sich eine neue Klasse und damit eine neue Gesellschaftsform mit neuen spezifischen Ansprüchen durch, was der Familienzusammenhang zu leisten hat, so entwickelten sich neue Funktionen der Familie und damit einhergehend auch neue Lebensregeln für sexuelle Beziehungen und Rollenbilder. In diesem Sinne verstand Kollontai die sexistische Doppelmoral gegenüber der Frau in Klassengesellschaften in der wirtschaftlichen Funktion der Familie begründet.

In Klassengesellschaften wie der Antike, dem Feudalismus und im Kapitalismus ist für Männer Sexualität auch außerhalb der Ehe möglich. Frauen jedoch wurden mit Entstehung von Klassengesellschaften unter das Diktat der Monogamie gestellt. Mit der Entwicklung der Produktionsmittel und Steigerung der Produktivität in Bereichen, in denen vorwiegend Männer tätig waren, veränderte sich die gesellschaftliche Rolle der Frau. Das entstandene Mehrprodukt, der erworbene Reichtum, wurde nun in männlicher Linie vererbt. Engels bezeichnet dies als die »weltgeschichtliche Niederlage des weibli-

[20] Kollontai, 1979g, S. 115

[21] Engels, 1975 [1884], S. 65

chen Geschlechts«.[22] Es entstand die patriarchale Familie unter Vorherrschaft des männlichen Haushaltsvorstands – des Vaters oder Ehemanns.

Kollontai sprach von »sexueller Krisis«[23], die immer wieder in der Geschichte auftrete. Sie bezeichnete damit historische Phasen, in denen sich die Moralvorstellungen bezüglich Sexualbeziehungen verändert haben. Solche Phasen hat es in der menschlichen Geschichte häufiger gegeben, sei es in der Renaissance oder in der Entstehungsphase des Kapitalismus. In diesen wurden immer wieder neue Verhaltensnormen für moralisches und sexuelles Verhalten entworfen, weil die alten Normen die neue Entwicklung nicht unterstützten oder in scharfem Gegensatz dazu standen. Ihre Entwicklung verlief nicht linear und automatisch, sondern – vor allem in Übergangsperioden – widersprüchlich und ungleichzeitig.

Moralvorstellungen, die teils Hunderte Jahre alt sind, verschwinden nicht einfach, sondern in harten Kämpfen; selbst wenn die ökonomischen Grundlagen der alten Moral beseitigt werden. »Die Tradition aller toten Geschlechter lastet wie ein Alp auf den Gehirnen der Lebenden«, hatte Karl Marx schon geschrieben, als er die Klassenkämpfe in Frankreich analysierte. Dennoch bewirken nach Marx Veränderungen in der »ökonomischen Basis« einer Gesellschaft – den Produktionsverhältnissen, schließlich auch Veränderungen im ideologischen und institutionellen Überbau einer Gesellschaft, darunter Moralvorstellungen, Familiengesetze und so weiter. Denn wenn die ökonomischen Grundlagen, die eine bestimmte Moral tragen, beseitigt sind, ist es für neue Vorstellungen leichter, sich gegen die alten durchzusetzen.

Das aufstrebende Bürgertum begann, seine Ideologie und Moralphilosophie bereits vor dem Sturz der feudalistischen Monarchien zu entwickeln:

Die Bourgeoisie hat der Moral als Waffe im Klassenkampf riesige Bedeutung verliehen. Von dem Zeitpunkt an, als die aufkommende bürgerliche Klasse den Weg des offenen Kampfes mit dem absterbenden Feudalismus einschlug, d. h. in der Epoche des blutigen Kampfes der Reformation (der Ideologen der Bourgeoisie) mit dem Katholizismus (mit den Ideologen und Vertretern der feudalistischen Welt), begann die Bourgeoisie ein eigenes festgefügtes Moralsystem herauszuarbeiten, das den moralischen Begriffen des Standes der Grundbesitzer und Ritter widersprach.[24]

Moral, so führte Kollontai aus, dient als »Waffe im Klassenkampf« und »wird es so lange geben, wie es Klassen miteinander entgegengesetzten Inter-

---

22 Engels, 1975 [1884], S. 61

23 Kollontai, 1977d, S. 69

24 Kollontai, 1979e, S. 80

essen gibt, wie es einen Klassenkampf geben wird.«[25] Gleichzeitig wird sie nicht müde zu betonen, dass sowohl die herrschende Klasse als auch die unterdrückte Klasse unterschiedliche Interessen und somit auch unterschiedliche Moralvorstellungen haben. Der russische Revolutionär Trotzki drückt diesen Gedanken sehr treffend in seiner Schrift „Ihre Moral und unsere" aus.[26]

Familie und Sexualität im Kapitalismus

Wesentlich zum Verständnis sexueller Beziehungen im Kapitalismus ist für Alexandra Kollontai die Rolle der Familie in der Gesellschaft. Ausführlich setzt sie sich in ihrem Artikel »Thesen zu einer kommunistischen Moral in den ehelichen Beziehungen« damit auseinander, wie der Kapitalismus die feudalistische Familie im Dienste der Kapitalakkumulation von Grund auf umformt. Familie und Ehe sind historische Kategorien:

Die Form der Ehe und der Familie wird also durch das Wirtschaftssystem der jeweiligen Epoche bestimmt, und sie verändert sich mit der Veränderung der wirtschaftlichen Basis der Gesellschaft. Die Familie ist, ebenso wie Regierung, Religion, Wissenschaft, Moral, Recht und Sitten, Teil des Überbaus, der sich aus dem Wirtschaftssystem der Gesellschaft ableitet.[27]

Im Feudalismus wurde die Zugehörigkeit zu einer gesellschaftlichen Klasse von Generation zu Generation weitervererbt, die verschiedenen Kasten von Leibeigenen, Bauern, Handwerkern und Adel galten als »gottgegeben«, ihre Grenzen waren nahezu unüberwindbar. Die Macht der Fürstentümer basierte auf ihrem Reichtum an Grund und Boden sowie der Ausbeutung der ihnen hörigen Bauern und Leibeigenen. Die adeligen Grund- und Lehnsherren lebten selbst vom Ertrag ihrer Ländereien und sicherten von dem erwirtschafteten Mehrprodukt ihre Privilegien und die ihrer Adelsgeschlechter.

Der materielle Fortbestand jeder einzelnen Adelssippe hing unmittelbar vom Erhalt ihrer Reichtümer ab. Die Mehrung und Weitergabe erfolgte durch Heirat innerhalb der Klasse des Adels und die Geburt »blaublütiger« Nachfolger. Ähnliches galt für die Bauern- und Handwerkerfamilie als einer Wirtschaftseinheit. Im Feudalismus hatten emotionale Anziehung und Liebe

[25] Kollontai, 1979e, S. 79

[26] Trotzki, 1967 [1938]

[27] Kollontai, 1977i [1921], S. 225

daher keinerlei Bedeutung für die Partnerwahl bei der Eheschließung. In ihrem Artikel »Ein Weg dem geflügelten Eros« von 1921 fasst Kollontai das zusammen:

Die bäuerliche Familie ist im Unterschied zur städtischen Familie der industriellen Bourgeoisie vor allem eine Wirtschafts- und Arbeitseinheit. Die bäuerliche Familie wird so dauerhaft von wirtschaftlichen Interessen und Überlegungen zusammengekettet, dass seelische Bindungen eine untergeordnete Rolle spielen. In der Handwerkerfamilie des Mittelalters war davon bei der Eheschließung auch nicht die Rede. Bei den Handwerkszünften war die Familie eine Produktionseinheit, die sich auf die wirtschaftliche Grundlage der Arbeit stützte.[28]

Kollontai stellte dar, dass in vorkapitalistischen Klassengesellschaften die familiären und ehelichen Beziehungen umso stärker und stabiler waren, je mehr die Familie als geschlossene Produktionseinheit wirtschaftliche Funktionen übernahm. So produzierten in der feudalistischen Bauern- und Handwerkerfamilie alle Familienmitglieder gemeinsam und sorgten gleichzeitig auch für ihr gegenseitiges Überleben. Produktion und Reproduktion fielen zusammen. Außerhalb der Familie war ein Überleben für den Einzelnen nicht möglich.

Mit dem Übergang vom Feudalismus zum Kapitalismus wurde die feudalistische Familie als ökonomische Grundeinheit zerstört. Die einzelnen Familienmitglieder waren nun gezwungen, in freier Lohnarbeit ihre Arbeitskraft als Arbeiterinnen und Arbeiter zu verkaufen und vom erhaltenen Lohn zu überleben. Die Familie verwandelte sich von einer Produktionseinheit zu einer reinen Versorgungseinheit. Produktion und Reproduktion fielen auseinander.

In Anlehnung an Engels' Schrift »Ursprung der Familie, des Privateigentum und des Staats« betonte Kollontai, dass die Familie zur Stabilisierung eine neue ideologische Verbundenheit benötigte. So kam die Liebe zu ihrer Rolle, die sie bis heute erfüllt: Die kapitalistische Sexualmoral erklärt Sex und Liebe zu gleichbedeutenden Begriffen und vereint sie in der monogamen Ehe.

Luther, und mit ihm alle Denker und Politiker der Renaissance und der Reformation (15./16. Jahrhundert) berücksichtigten und verstanden sehr wohl die soziale Kraft, die dem Gefühl der Liebe eigen ist. Da die revolutionären Ideologen des aufkommenden Bürgertums erkannten, dass der Bestand der Familie [..] eine herzliche Verbundenheit ihrer Mitglieder nötig

[28] Kollontai, 1979g, S. 114f

hatte, verkündeten sie ein neues moralisches Ideal der Liebe: Liebe ist die Vereinigung zweier Prinzipien – des Körperlichen und des Seelischen.[29]

Während die bürgerliche Familie im Kapitalismus auf Privateigentum gründete, entstand die Arbeiterfamilie aus dem Elend der Arbeiterschaft in den Industriegebieten des Frühkapitalismus und der Notwendigkeit, die in der Arbeit verausgabten Kräfte wiederherzustellen sowie die nächste Generation von Arbeiterinnen und Arbeitern großzuziehen, da der Staat selbst keine entsprechenden öffentlichen Einrichtungen zur Verfügung stellt. Elemente bürgerlicher Ideologie von Familie und der Rolle der Frau darin wurden in das Proletariat getragen. Auf diese Weise wurde für die Kapitalistenklasse die Familie zu einer günstigen Einrichtung zur Wiederherstellung der Ware Arbeitskraft. Dadurch wurde die Grundlage für Frauenunterdrückung im Kapitalismus geschaffen: Die Kleinfamilie als Grundreproduktionseinheit der Arbeitskraft ist materielle Quelle für die Unterdrückung der Frau im Kapitalismus.

Die Funktion der Familie fasst Kollontai folgendermaßen zusammen:

In der Ära des Privateigentums und des bürgerlich-kapitalistischen Wirtschaftssystems stützen sich Ehe und die Familie auf a) materielle und finanzielle Überlegungen, b) wirtschaftliche Abhängigkeit des weiblichen Geschlechts von dem Ernährer der Familie, c) die Notwendigkeit, die nächste Generation großzuziehen.[30]

Das bürgerliche Familienideal der heterosexuellen Kleinfamilie versteht den Mann als Ernährer sowie Repräsentanten, während sich die Frau um Haushalt und Kinder zu kümmern habe. Sex war offiziell nur in der Ehe erlaubt. In der Praxis jedoch sah und sieht bis heute das Familienleben anders aus.

Bekannt ist Kollontai dafür, dass sie immer wieder die Verlogenheit der bürgerlichen Sexualmoral entlarvte und deren repressive Seite kritisierte:

> Heuchelei (die äußerliche Beachtung des Anstands und die tatsächliche Verderbtheit) und die Doppelmoral (ein Moralverhalten des Mannes und ein anderer für die Frauen) sind die beiden Säulen der bürgerlichen Moral.[31]

Die Kehrseite der bürgerlichen Familie und dieser restriktiven Sexualmoral sei die Prostitution, »der unvermeidliche Schatten der offiziellen Einrichtung der Ehe«.[32]

---

[29] Kollontai, 1979g, S. 114

[30] Kollontai, 1977i, S. 225

[31] Kollontai, 1977i, S. 228

[32] Kollontai, 1977h [1921], S. 262

Und in ihren Vorlesungen zur Lage der Frau in der gesellschaftlichen Entwicklung etwa fragt sie provokant ihre Studentinnen:

> Habt ihr euch eigentlich schon einmal Gedanken gemacht, warum die bürgerliche Gesellschaftsordnung die unverheiratete Mutter diskriminiert? Die Antwort ist ganz einfach. Wer soll denn für das Kind aufkommen, wenn das Liebesverhältnis nicht legalisiert worden ist? Entweder müssen die Eltern des »gefallenen Mädchens« für das Kind aufkommen, was natürlich nicht im Interesse der Familie ist, oder aber die örtlichen staatlichen Stellen müssen für die Kosten aufkommen. Dies ist aber wiederum nicht im Interesse des bürgerlichen Staates, der sich grundsätzlich davor scheut, soziale Aufgaben zu finanzieren.[33]

Das Ideal der heterosexuellen Arbeiterfamilie erweist sich bis heute als überaus vorteilhaft für den Kapitalismus. Durch die geschlechtliche Arbeitsteilung, geschlechtsspezifischen Rollenbilder und unterschiedlichen Bewertungen von männlichem und weiblichem Verhalten werden Frauen und Männer ideologisch gespalten. So wird der männliche Arbeiter als Hauptverdiener eingeladen, sich mit dem Ausbeuter zu identifizieren. Zwar kontrolliert der männliche Arbeiter nicht wie vordem der Patriarch der feudalen Bauernfamilie ein Mehrprodukt. Jedoch kontrolliert er meist den größeren Lohnanteil, von dem die Familie lebt. So kann er sich einbilden, zumindest im eigenen Haus der Chef zu sein.

Gleichzeitig wird die Frau durch das Ideal der fürsorglichen und versorgenden Mutter eher an die Familie und den Haushalt gekettet und leichter von der Außenwelt und von sozialen Bewegungen abgeschnitten. Folge ist die deutliche wirtschaftliche Schlechterstellung der Frau, Doppelbelastung mit Haushalt und Berufstätigkeit und alltäglicher Sexismus bis heute.

Auch wenn die reale Familie in der Praxis selten verwirklicht wird, so besteht ihre Hauptaufgabe weiterhin in der Fürsorge und Versorgung der nächsten Generation von Arbeiterinnen und Arbeitern. Kollontai weist zu Recht daraufhin, dass die Familie oft »als einzige Unterstützung im Leben, als einzige Zuflucht in Zeiten von Not und Unglück«[34] dient. Daher überrascht es nicht, dass sich die Unzufriedenheit meist nicht gegen das Ideal der Familie richtet, sondern eher gegen das Versagen der Realität, dem Ideal zu entsprechen.[35]

Sehr feinfühlig analysiert Kollontai in »Ein Weg dem geflügelten Eros«, wie die bürgerliche Moral sich selbst auf unsere Gefühle, Erwartungen und Vorstellungen von der Liebe auswirken. Schonungslos deckt sie auf, welche

[33] Kollontai, 1993, S. 219

[34] Kollontai, 1977a, S. 70

[35] Harman, 1984, S. 5–6

Gewalt das Dogma der lebenslangen monogamen Ehe den Liebenden antut. So täuscht das bürgerliche Liebesideal vor, dass die Liebe ein grundsätzlich unteilbares Gefühl sei, dass sich für immer und ausschließlich auf einen Menschen des anderen Geschlechts konzentrieren müsse. Gleichzeitig leugnet dieses Ideal die vielfältigen Ausdrucksformen menschlicher Sexualität sowie des Gefühls der Liebe. Gleichgeschlechtliche und wechselnde Partnerschaften werden als minderwertig betrachtet. In der kapitalistischen Gesellschaft, in der das private Eigentum alles ist, bildet sich die Auffassung heraus, auch vom Gefühl der Liebe Besitz ergreifen zu können. Der Partner soll sowohl physisch als auch psychisch immer für den anderen da sein. Diese eine Person soll als Herz in einer herzlosen Welt alle Wünsche und Sehnsüchte nach Wärme, Anerkennung und Verständnis erfüllen.

Die erdrückenden Auswirkungen der kapitalistischen Moral fasst Kollontai in drei Merkmalen zusammen: Eine extreme Individualität mit einem zum Kult gewordenen Egoismus, »die uns beherrschende Vorstellung des Besitzrechtes der beiden Ehehälften aufeinander« und drittens »das uns während der Jahrhunderte anerzogene Vorurteil von der Ungleichheit und Ungleichwertigkeit der Geschlechter auf allen Gebieten und in allen Sphären des Lebens, einschließlich der sexualen«.[36]

Besonders heftig vor Augen treten diese Widersprüche in Phasen gesellschaftlichen Umbruchs und in Klassenkämpfen.

Familie im Kommunismus

Im Jahr 1921 beschreibt Kollontai in ihren Vorlesungen »Die Situation der Frau in der gesellschaftlichen Entwicklung«[37] sehr eindrücklich die revolutionären Veränderungen der familiären Strukturen und Ansätze neuer Lebensweisen. Die 14 Vorlesungen vor Arbeiterinnen und Bäuerinnen an der Swerdlow-Universität sind ein lebensnahes Dokument, wie der Alltag nach völlig neuen Prinzipien umgestaltet wurde und sich dadurch neue Möglichkeiten für gleichberechtigte sexuelle Beziehungen eröffneten.

Die Bolschewiki waren davon überzeugt, dass der Aufbau einer sozialistischen Gesellschaft und damit das Ende der Frauenunterdrückung die Vergesellschaftung von Tätigkeiten zur Wiederherstellung der Arbeitskraft erforderte. Erst wenn die materiellen Voraussetzungen dafür geschaffen wären,

[36] Kollontai, 1977d, S. 70

[37] Kollontai, 1993

dass Frauen gleichberechtigt und ohne Nachteile für sich und ihre Kinder an der gesellschaftlichen Produktion teilnehmen können, könnten sich Frauen der Arbeiterklasse aus der der ökonomischen Abhängigkeit von der Familie befreien. Das Parteiprogramm der Bolschewiki von 1919 nannte die Vergesellschaftung der Hausarbeit durch die Schaffung von Gemeinschaftseinrichtungen als eine wesentliche Aufgabe.

Während ihrer kurzen Amtszeit als Volkskommissarin arbeitete Kollontai ganz praktisch vor allem daran, »die Existenzbedingungen und die Lebensweise der Frauen so zu verändern, dass die Frauen unter den günstigsten Voraussetzungen ihre Kinder zur Welt bringen, und dass die Kinder außerdem die notwendige Fürsorge und Pflege erhalten, die ihre Gesundheit und Entwicklung garantieren«[38]. Sofort nach der Revolution wurde ein gesetzlich bezahlter Mutterschaftsurlaub eingeführt, das Scheidungsrecht wurde liberalisiert, die Ehe als freiwillige Beziehung festgeschrieben und die Unterscheidung zwischen ehelichen und unehelichen Kindern aufgehoben.

Dadurch entstanden wichtige Voraussetzungen für die Entwicklung neuer Formen des Zusammenlebens. Der Einfamilienhaushalt wurde durch ein kollektives Versorgungssystem ersetzt. Kollontai entwickelte neue Wohnformen mit Gemeinschaftsküchen, öffentlicher Kinderbetreuung und Wäschereien sowie kollektive Wohnkommunen, Familienheime und besonders Wohnungen für alleinstehende Frauen:

> Gerade für die werktätigen Frauen bedeutet ein Leben in einer Wohngemeinschaft eine ungeheure Erleichterung; die gemeinsame Küche, die zentrale Wäscherei, die gesicherte Versorgung mit Brennholz, heißem Wasser und Elektrizität [...].[39]

Während die kapitalistische Gesellschaft die Familie als private ökonomische Einheit für die Versorgung der Arbeiterklasse und ihre Erneuerung aufrechterhält, setzten sich die Bolschewiki zum Ziel, die familiären Beziehungen in der sozialistischen Gesellschaft von jeglichen materiellen Verpflichtungen und Zwängen zu befreien. Dies galt für die Beziehungen zwischen Frau und Mann ebenso wie für Beziehungen zwischen den Eltern und ihren Kindern. Das Überleben der Kinder hing nicht mehr von der Beziehung zwischen den Eltern ab. Die veränderte Sichtweise auf die Kinder entstand aus dem Verständnis, die nächste Generation gemeinsam, in kollektiver gesellschaftlicher Verantwortung zu versorgen und zu erziehen: »Die Unter-

---

[38] Kollontai, 1993, S. 201

[39] Kollontai, 1993, S. 198

haltspflicht für die kommende Generation ist jetzt nicht länger Aufgabe der Familie, sondern Aufgabe des Staates und der Gesellschaft.«[40]

Der Familie im alten bürgerlichen Sinne wird dadurch ihre materielle ökonomische Grundlage entzogen und sie verliert ihre Bedeutung. Öffentliche Volkskantinen versorgten Kinder und Jugendliche mit kostenlosem Mittagessen. Das revolutionäre Russland schrieb gesetzlich fest, dass alle Kinder, ob ehelich oder unehelich, die gleichen Rechte in Beziehung zu ihren Eltern haben.[41]

Gebäude enteigneter Ländereien und leere Regierungsgebäude wurden in Waisenhäuser für obdachlose Kinder und Jugendliche umgewandelt. Häufig erhielten sie zum ersten Mal in ihrem Leben Zugang zu Bildung und Kultur:

> Unsere Arbeiterrepublik hat sich verpflichtet, für die Kinder zu sorgen, unabhängig davon, ob sie aus einer gesetzlich geschlossenen Ehe oder aus einer freien Beziehung stammen. Durch diese Entwicklung ist ein völlig neues Frauen- und Mutterbild entstanden.[42]

Kollontai betonte, dass sich die Lage der Frauen in einer sozialistischen Gesellschaft grundlegend verändert. Ihre Stellung und ihr Ansehen wird endlich »unabhängig von ihrem Familien- und Ehestand«.[43]

Traditionelle Bilder der Minderwertigkeit der Frau verlieren an Boden, Menschen können freiwillig und gleichberechtigt in gegenseitiger emotionaler Verbundenheit zusammenleben, und auch die Frau kann endlich gleichberechtigt am kollektiven Arbeitsprozess und am gesellschaftlichen Leben teilnehmen.

Zum ersten Mal in der Geschichte der Menschheit bestand die Möglichkeit zu sexueller Freiheit, dass Menschen also frei von materiellen Überlegungen und Zwängen in Beziehung zueinander treten konnten. Zum ersten Mal konnten Menschen sich ihre Partner allein auf Grundlage von Zuneigung und Anziehung wählen.[44]

> Bisher handelt es sich um nichts anderes als um einen äußerst bescheidenen Versuch, und trotzdem haben wir bereits jetzt schon erfreuliche Resultate erzielt, die das Familienleben revolutionieren und die Beziehungen zwischen Mann und Frau gründlich verändern.[45]

---

40 Kollontai, 1993, Marburg, S. 200

41 Batkis, 1925, S. 14

42 Kollontai, 1993, S. 224

43 Kollontai, 1977i, S. 226

44 Egan, 2017, S. 36

45 Kollontai, 1993, S. 207

Doch die junge russische Sowjetrepublik, deren rückständige Wirtschaft durch einen blutigen Weltkrieg und ab 1918 durch einen Bürgerkrieg geschwächt wurde, hatte nicht genügend Mittel, diese Vorhaben über erste beispielhafte Ansätze hinaus in der Breite umzusetzen. Kollontai schrieb:

> Wir stoßen beim Aufbau dieser neuen proletarischen Lebensformen, die die berufstätige Frauen von ihren Familienpflichten befreien sollen, immer und immer wieder auf dasselbe Hindernis: die wirtschaftliche Not.[46]

Mangel an Waren und Nahrungsmitteln verhinderte eine zentrale Versorgung für die gesamte Gesellschaft. Die Errungenschaften der Anfangsjahre waren angesichts dieser prekären Situation umso beachtlicher: »In den Jahren 1919–20 wurden fast 90 Prozent der gesamten Bevölkerung Petersburgs und 60 Prozent der Bevölkerung in Moskau durch unsere öffentlichen Volkskantinen versorgt.«[47] Diese Leuchtturmprojekte gaben eine Vorstellung davon, was möglich und nötig war.

Sexuelle Beziehungen im revolutionären Umbruch

Kollontais herausragende Stärke bestand darin, den Prozess des revolutionären Aufbruchs in einmaliger Breite und Tiefe darzustellen. Die ersten Jahre nach der Revolution bezeichnete sie als eine Phase des Übergangs, in der die bürgerliche und sozialistische Ideologie miteinander ringen. Neue Lebensweisen und Gewohnheiten entstanden und gerade bei Fragen zum Familienleben, zur Moral, zur Beziehung von Frau und Mann oder zur Sexualität brachen Konflikte auf. Menschen fingen an, auch öffentlich über sexuelle Beziehungen und Bedürfnisse zu diskutieren, und probierten neue Formen des Zusammenlebens aus.

Durch die Revolutionierung der ökonomischen und politischen Gesellschaftsbereiche wurden sämtliche Vorstellungen und Einstellungen in den Köpfen der Menschen durcheinandergewirbelt: »Wir sind im Umbruch: Das Alte passt nicht mehr, das Neue entsteht erst.«[48]

Besonders die jungen Frauen und Männer des kommunistischen Jugendverbands (Komsomol) probierten neue sexuelle Möglichkeiten aus und beschäftigten sich mit veränderten Liebes- und Lebensformen. Kollontai war begeistert von den Diskussionen unter der revolutionären Jugend. In ihrer

---

[46] Kollontai, 1993, S. 201

[47] Kollontai, 1993, S. 195

[48] Kollontai, 1979f [1922], S. 69

Artikelserie »Briefe an die arbeitende Jugend« reagierte sie auf Fragen junger Genossinnen und Genossen: Wie soll das Ideal der Liebe in der Arbeiterklasse aussehen? Was für Erlebnisse macht die proletarische Ideologie zur Grundlage der Beziehungen zwischen den Geschlechtern? In der Zeitschrift Molodaja gvardija (Junge Garde) des kommunistischen Jugendverbands (Komsomol), dem Arbeiter- und Bauernjugendliche angehörten, erschienen dazu vier Artikel: »Wie soll ein Kommunist sein?«, »Moral als Instrument von Klassenherrschaft und Klassenkampf«, »Vom ›Drachen‹ und dem ›weißen Vogel‹« und »Ein Weg dem geflügelten Eros«.

In ihren »Briefen an die arbeitende Jugend« betonte Kollontai, dass die Frau in der Gesellschaft nur dann frei und gleichberechtigt sei, wenn ausgehend von den Veränderungen in der ökonomischen Basis auch eine Revolution in den familiären Beziehungen, ihren Gewohnheiten, ihrem Bewusstsein und ihren Erwartungen erfolgte. Zur Selbstbefreiung der Arbeiterklasse war also die permanente Auseinandersetzung mit der bürgerlichen Ideologie, die auch nach der Revolution noch in allen gesellschaftlichen Bereichen im Bewusstsein der Menschen wirkte, notwendig.

Kollontai war sich dessen bewusst, dass die Revolution nicht automatisch das Ende aller Unterdrückung mit sich brächte. Dabei war sie keineswegs die einzige führende Genossin der Bolschewiki. Lenin etwa beschrieb laut Clara Zetkin die ideologische Umbruchphase in einem Gespräch mit ihr über die »sexuelle Frage« folgendermaßen:

> In der Atmosphäre der Kriegsauswirkungen und der begonnenen Revolution lösen sich [...] die alten ideologischen Werte auf und verlieren ihre bindende Kraft. Die neuen Werte kristallisieren sich langsam, unter Kämpfen heraus. Auch in den Beziehungen von Mensch zu Mensch, zwischen Mann und Frau, revolutionieren sich die Gefühle und Gedanken. [...] Die Dinge sind noch in vollster chaotischer Gärung. [...] Es ist ein langsamer und oft sehr schmerzhafter Prozess des Vergehens und Werdens. Gerade auch auf dem Gebiet der sexuellen Beziehungen, der Ehe, der Familie. Der Verfall, die Fäulnis, der Schmutz der bürgerlichen Ehe mit ihrer schweren Lösbarkeit, ihrer Freiheit für den Mann, ihrer Versklavung für die Frau, die ekelhafte Verlogenheit der sexuellen Moral und Verhältnisse erfüllen die geistig Regsamsten und Besten mit tiefem Abscheu.[49]

Auch Trotzki erkannte, dass sich die Familie Veränderungen gegenüber als besonders resistent erwies und den bewussten Kampf um Ideen erfordert. Im Jahr 1923 veröffentlichte er die Broschüre »Fragen des Alltagslebens«, in der er konkrete Probleme der Familie im revolutionären Umbruchprozess plastisch darstellte:

---

[49] Zetkin, 1960, S. 138

Das häusliche Leben ist konservativer als die Ökonomie, und einer der Gründe liegt darin, dass es noch weniger bewusst ist als die Ökonomie. [...] Im häuslichen Leben ist die Arbeiterklasse in viele kleine Zellen, die Familien, geteilt. Der Wechsel der politischen Herrschaft, und sogar der Wandel der wirtschaftlichen Ordnung des Staates – die Übernahme der Fabriken in die Hände der Arbeiter – haben sicherlich Einfluss auf die Familienverhältnisse, jedoch nur indirekt und äußerlich und ohne die Formen der häuslichen Tradition der Vergangenheit wirklich anzutasten.[50]

Alte Rollenbilder und -stereotype waren in der Revolution nicht komplett verschwunden. So veröffentlichte die kommunistische Frauenzeitung Rabotniza (Die Arbeiterin) Anfang der 1920er Jahre wiederholt Artikel, in denen aktive Arbeiterinnen über unglückliche Ehen, sexuelle Übergriffe auf Frauen durch ihre Ehemänner oder durch ihre Meister oder Kollegen am Arbeitsplatz berichteten. Auch in der zeitgenössischen Literatur wurde die gesellschaftliche Umbruchsituation nach der Revolution 1917 ausführlich thematisiert. Lebendig beschreibt Kollontai, wie in zahlreichen Romanen junge Frauen um eine gleichberechtigte Lebensweise ringen und »gegen die moralische Gefangenschaft« protestieren.[51]

Nach dem Sturz des Zaren blieben nicht nur in den Köpfen männlicher Kollegen und Genossen alte Rollenbilder noch immer wirkmächtig, sondern auch in den Köpfen von Frauen:

> Altes und Neues ringt in den Seelen der Frauen in dauernder Feindschaft. Die zeitgenössischen Frauen haben daher einen Kampf nach zwei Fronten zu führen: mit der Außenwelt und mit den tief in ihnen selbst sitzenden Neigungen ihrer Urgroßmütter. Kollontai betont, dass zwar schon die neuen Gedanken in uns geboren seien, »aber die alten sind noch nicht abgestorben, in uns sitzen die Erlebnisse der vergangenen Generationen noch fest, obwohl wir schon den Intellekt der neuen Frau, ihre Willenskraft besitzen.[52]

Für Kollontai gehörte die Befreiung von den inneren »moralischen Fesseln«, durch die die innere Freiheit und Selbstständigkeit bedroht wird, entschieden zu dem Prozess der Emanzipation, der mit der Revolution erst seinen Anfang nahm.

Das darf aber nicht den Blick auf die gewaltigen Veränderungen im Zuge der Revolution verstellen. Sexualität und Rollenbilder veränderten sich rapide. Doch wenn auch die bürgerliche Moral durch die Revolution zurückgedrängt werden konnte, so war es für Kollontai klar, dass eine neue

---

50 Trotzki, 1973a [1923], S. 15

51 Kollontai, 1977f, S. 39

52 Kollontai, 1977f, S. 48

kommunistische Moral, die das Kollektiv zusammenhielt, erst dabei war, sich zu entfalten.[53]

Sie entwickelte erste theoretische Überlegungen zu einer neuen kommunistischen Moral, die sie bewusst der bürgerlichen Moral entgegenstellte. Besonderen Wert legte sie bei der Ausgestaltung der neuen Lebensregeln darauf, gerade weiblichen Stimmen Gehör zu verschaffen, insbesondere weil sie im Kapitalismus weitgehend ungehört und unberücksichtigt waren.

Moral, sexuelle Beziehungen und die kommunistische Gesellschaft

In ihrer Schrift »Ein Weg dem geflügelten Eros« beschäftigt sich Kollontai ausführlich damit, welche moralischen Vorstellungen und Empfindungen sexuelle Beziehungen in der künftigen kommunistischen Gesellschaft prägen werden. Sie untersucht konkrete Erfahrungen aus vergangenen Kämpfen und während des revolutionären Umbruchprozesses auf Ansätze, wie Männer und Frauen ihre Liebesbeziehungen und ihr Zusammenleben neu gestalten werden.

Eingedenk der Erkenntnis, dass sich Beziehungsmuster in der Geschichte abhängig vom Stand der Entwicklung der Produktivkräfte und der Produktionsverhältnisse unaufhörlich verändern und umgestalten, entwickelt sie Eckpunkte einer neuen, wie sie es nennt »kommunistischen Moral« und neuer Formen des Zusammenlebens. An den Ausgangspunkt ihrer Analyse stellt die Marxistin die notwendigen und möglichen wirtschaftlichen, politischen und sozialen Unterschiede der künftigen gegenüber der kapitalistischen Gesellschaft und ordnet die Erfordernisse an die neue Sexualmoral entsprechend ein. Während der Kapitalismus auf Privateigentum und Konkurrenz basiert, gründet die kommunistische Gesellschaft auf dem Prinzip der »Solidarität und Zusammenarbeit«.[54]

Mit der Revolution werden die Produktionsmittel kollektiviert, die Produktion wird gemeinschaftlich organisiert und der gesellschaftliche Reichtum wird demokratisch verteilt. Nicht das Streben nach Profitmaximierung, sondern die Befriedigung der Bedürfnisse der Menschen ist Motor der Entwicklung. Deshalb ist es auch Aufgabe des gesellschaftlichen Kollektivs, für die Fürsorge sowohl der Erwerbstätigen als auch der Kinder und der alten Men-

53 Kollontai, 1979f, S. 69

54 Kollontai, 1979g, S. 116

schen aufzukommen. Eine wichtige Aufgabe besteht darin, die gesamten Aufgaben der Reproduktion zu vergesellschaften. In kommunistischen Gesellschaften wird der Familie im alten bürgerlichen Sinne die ökonomische Grundlage entzogen und mit ihr auch der Unterdrückung der Frau. Befreit von der Last der Hausarbeit kann die Frau nun auch ökonomisch gleichberechtigt mit dem Mann am Arbeitsprozess teilnehmen. Ihre veränderte gesellschaftliche Rolle ermöglicht es, dass auch traditionelle Bilder von der Minderwertigkeit der Frau an Gültigkeit verlieren. Unterschiede in Geschlecht oder Hautfarbe sind in kommunistischen Gesellschaften nicht mehr länger Grundlage für Spaltung, Konkurrenz, Ungleichheit und Unterdrückung.

Indem die kommunistische Gesellschaft menschliche Beziehungen von Ausbeutung und Unterdrückung befreit, ermöglicht sie es Frauen und Männern, Liebe neu zu definieren und sexuelle Beziehungen in bis dahin nie möglicher Art und Weise neu und selbstbestimmt zu leben.

Im Gegensatz zur bürgerlichen Moral setzt die »neue Moral« der Liebe keine formellen Grenzen. Vielmehr gesteht sie dem Gefühl der Liebe ihre Vielschichtigkeit zu. Sie geht davon aus, dass Liebe weder notwendigerweise noch dauerhaft auf ein und denselben Menschen bezogen sein muss, noch auf einen Menschen des anderen Geschlechts, noch dass Liebe mit Sexualität einhergehen muss. In diesem Sinne diene die kommunistische Moral der Entwicklung vieler und vielfältiger Bindungen von Liebe und Freundschaft unter den Menschen. Und solange kein Mensch zu Schaden komme, sei es nur wichtig, dass niemand seine sexuellen Bedürfnisse zurückhalten müsse.

Kollontai drückt diese Gedanken folgendermaßen aus:

> Die neue kommunistische Gesellschaft wird auf dem Prinzip der Kameradschaft und Solidarität aufgebaut. Aber was ist Solidarität? Das ist nicht nur das Bewusstsein von der Gesamtheit der Interessen, sondern auch der geistig-seelische Zusammenhalt, der sich zwischen den Mitgliedern des Arbeitskollektivs herstellt. […] Aber all diese Empfindungen gegenseitiger Sympathie – Sensibilität, Mitgefühl, Verständnis – entspringen einer gemeinsamen Quelle: der Fähigkeit zu lieben. Lieben nicht im engen geschlechtlichen, sondern im weiten Sinne des Wortes.[55]

Wenngleich Kollontai nicht explizit gleichgeschlechtliche Beziehungen benennt, so beziehen ihre Ansichten über eine befreite und selbstbestimmte Sexualität zweifellos Homo- sowie Transsexualität mit ein. Barbara Kirchner, schreibt dazu in ihrem Vorwort zur Kollontais »Autobiographie einer sexuell emanzipierten Kommunistin«:

[55] Kollontai, 1979g, S. 117

> Dass Alexandra Kollontai über Homosexualität in ihren entscheidenden Schriften kaum ein Wort verlor, […] soll niemanden darüber hinwegtäuschen oder vergessen lassen, dass sie in Magnus Hirschfelds Weltliga für Sexualreform, auf einer der wichtigsten Plattformen der homosexuellen Emanzipation also, explizit engagiert war.[56]

Zusammenfassend entwickelt Kollontai drei Merkmale einer neuen »proletarischen Moral«, die den Interessen und Zielen der Arbeiterklasse entsprechen:

> 1. Gleichheit in den gegenseitigen Beziehungen […], 2. beiderseitige Anerkennung der Rechte des anderen, ohne den Anspruch, ungeteilt die Seele und das Herz des anderen zu beherrschen (das Gefühl des Eigentums, das sich in der bürgerlichen Kultur entwickelt hat), 3. Kameradschaftliche Feinfühligkeit, das Vermögen, sich in die Vorgänge in der Seele des vertrauten und geliebten Menschen hineinzuversetzen und sie zu verstehen (die bürgerliche Kultur forderte diese Feinfühligkeit in der Liebe nur von der Frau).[57]

Von der Verwirklichung dieser Ideale war das revolutionäre Russland aber noch weit entfernt. Die realen Mittel entsprachen nicht den ehrgeizigen Plänen zur Revolutionierung der gesellschaftlichen Ordnung.

So verfügten Frauen kaum über Mittel zur Empfängnisverhütung, um selbstbestimmt über ihren Körper und ihre Sexualität zu entscheiden. Zwar stellten die aktivsten Arbeiterinnen in den Städten ihre Familienbeziehungen infrage. Doch mussten insbesondere Bäuerinnen auf dem Land und die Masse der Frauen ohne ausreichend eigenes Einkommen auch in den Städten fürchten, sexuelle Freiheiten könnten – ohne ausreichende Verhütungsmöglichkeiten – ihr eigenes Leben sowie das Überleben ihrer Kinder gefährden. Eine neue Sexualmoral konnte sich so schwerlich in der Breite der Gesellschaft durchsetzen.

Der Wind dreht sich

Die Jahre ab 1921 lassen sich als eine Zeit des politischen Rückzugs charakterisieren. Die Einführung der Neuen Ökonomischen Politik (NEP) ab 1921 war ein katastrophaler Rückschlag für die Bemühungen zur Gleichstellung der Frau und für die Errungenschaften der Revolution als Ganzes: Rasant steigende Frauenarbeitslosigkeit, Frauenarmut, Kürzung kommunaler

[56] Kirchner, (Hg.), 2012, S. 8

[57] Kollontai, 1979g, S. 124

Ausgaben für öffentliche Einrichtungen wie Küchen, Kinderhäuser oder Wäschereien sowie verlassene Kinder auf den Straßen. Im Jahr 1925 wurden nur noch 20.000 Menschen in Moskau über öffentliche Kantinen versorgt. Und nur noch drei von hundert Kindern bekamen einen Platz in einem Kinderhort. Die Versorgung wurde wieder private Angelegenheit der Familie. In dem Maße, wie der Staat die kommunalen Ausgaben für öffentliche Einrichtungen kürzte, wurde die Frau auf die Aufgaben und Belastungen in Familie und Hausarbeit zurückgeworfen.

Durch die veränderten gesellschaftlichen Rahmenbedingungen brachten einige der vorher progressiven Gesetzgebungen der Revolution nun Nachteile für die Frauen mit sich. Die freie Scheidungspraxis bedeutete für Frauen in dieser Situation, dass sie alleine für die Erziehung aufkommen mussten. Eine Scheidung wurde so für die Frauen zum Vorboten bitterer Not und nicht der persönlichen Freiheit, zumal Männer zu diesem Zeitpunkt nun wieder häufiger die Scheidung von Frauen verlangten als umgekehrt.

Während bis 1923 die politische Atmosphäre bei den Bolschewiki durch eine offene Debattenkultur[58] gekennzeichnet war, begann sich der Wind zu drehen.

Im Jahr 1923 etwa begann die Prawda zwar noch ‚mit einer Artikelserie zu »Fragen des Alltagslebens« und stellte Alkoholismus, Alphabetisierung, grobe Umgangsformen, Familienbeziehungen und andere Themen zur Debatte. Verstetigt wurde die Serie allerdings nicht, »vor allem deshalb, weil der Autor vieler dieser Artikel Trotzki war und ab 1923 der innere Kampf in der Partei ausbrach«. Ab 1923 wurden auch Kollontai und ihre bis dahin anerkannten und geschätzten Beiträge von einer neu aufkommenden rechten Strömung niedergemacht.

Kollontais Analyse einer neuen Moral und einer befreiten Sexualität wurde als gedankenloser, schneller Sex verunglimpft. Auch wurde sie als ultralinke Utopistin und als idealistische bürgerliche Feministin beschimpft. Andere wiederum verzerrten ihr Konzept einer »freien Liebe« und rückten es in die Nähe der Prostitution. Diese Vorurteile und Unterstellungen halten sich hartnäckig bis heute und in zahlreichen Rezeptionen.[59]

Prominentester Kritiker war damals Aaron Salkind, konservativer Sexualwissenschaftler, der an der Swerdlow-Universität für Arbeiter und Bauern

---

[58] Sean Egan beschreibt in seinem Artikel »The Bolsheviks and the Sexual Revolution«, dass die Sexualmoral ein sehr umstrittenes Thema mit einer anscheinend endlosen Vielfalt an Meinungen war. Ein häufiges Thema lautete, dass eine strikte gesetz- liche Regulierung sexueller Bedürfnisse ein Überbleibsel der bürgerlichen Gesellschaft und ein Hindernis für den gesellschaftlichen Fortschritt sei. Egan, 2017, S. 39

[59] Holt (Hg.), 1977, S. 201–204

lehrte. Im Jahr 1923 veröffentlichte er die »Theorie der revolutionären Sublimierung«. Er vertrat eine äußert reaktionäre Sichtweise und lobte mit seiner Theorie die Abstinenz und Sublimierung des Sexualtriebs. Seine Kernthese lautete, dass die durch sexuelle Aktivitäten absorbierte Energie »vergeudet sei, den sozialistischen Bemühungen, der Revolution und dem Proletariat gestohlen" werde[60] In diesem Sinne greift er 1926 Kollontai öffentlich in einem Artikel an: »Ich fürchte, dass wir mit dem Kult des ›geflügelten Eros‹ nur sehr schlechte Flugzeuge bauen können.«[61] In diesem Sinne legte er den Grundstein für eine neue reaktionäre Moral, die ideologisch den Aufstieg Stalins begleiteten sollte. 1934 wurde dann auch Homosexualität erneut wieder gesetzlich mit Gefängnis bis zu 5 Jahren bestraft.

Bereits 1923 erkannte Kollontai die beginnende bedrückende Atmosphäre, die die Parteidebatte zu ersticken begann:

> Würden die Genossen doch nur aufhören, es für notwendig zu erachten, sich auf jeden zu stürzen, der etwas Neues sagt, würden sie doch ihre polemische Begeisterung etwas dämpfen und nicht mehr jeden „Maulwurfshügel" in eine „Abweichung" und „grundlegende Differenz" verwandeln.[62]

Im Jahr 1924 führte schließlich die neu entstandene rechte Parteibürokratie auch ein Gespräch an, das Clara Zetkin laut ihrer Niederschrift mit Lenin im Herbst 1920 führte, um Kollontai der »Glas-Wasser-Theorie«[63] zu überführen. Und nicht genug damit zitieren auch die Feministinnen Monika Israel[64] und Annemarie Tröger[65], die Kollontais Vorlesungen und eine Artikelsammlung von Kollontai auf Deutsch herausgegeben haben, aus diesem Gespräch. Wobei sie es dafür verwenden, um Lenin als prüden Philister zu verunglimpfen und Kollontai zur idealistischen Einzelkämpferin gegen die männliche bolschewistische Führung zu degradieren.

Weder in den Zitaten von Lenin noch in den Erinnerungen von Clara Zetkin[66] gibt es allerdings namentliche Hinweise auf Kollontai. Auch ist uns in den Schriften von Kollontai keine Stelle bekannt, an der sie selber von einer »Glas-Wasser-Theorie« zur Beschreibung ihrer Ideen spricht. Kollontai

---

60 Israel, 1977, S. 151

61 Holt, 1977, S. 205

62 Holt, 1977, S. 215

63 Als Grundlage für die sogenannten Glas-Wasser-Theorie wird meist nur sehr verkürzt ein Satz von Lenin widergegeben: „Sie kennen gewiss die famose Theorie, dass in der kommunistischen Gesellschaft die Befriedigung des sexuellen Trieblebens, des Liebesbedürfnisses, so einfach und belanglos sei, wie „das Trinken eines Glases Wasser." Zetkin, 1960, S. 139

64 Israel, 1977, S. 148–151

65 Kollontai, 1975 [1921], S. 262

66 Zetkin, 1960

schrieb in ihrem Artikel »Theses on Communist Morality in the Sphere of Marital Relations« 1921, also ein Jahr n a c h Lenins angeblicher Aussage: »Der Sexualakt darf nicht als etwas beschämendes und sündhaftes angesehen werden, sondern als etwas ebenso natürliches wie die anderen Bedürfnisse gesunder Organismen. Wie Hunger und Durst.«[67] Diese einzelne Aussage lässt sich jedoch nur vor dem Hintergrund ihrer gesamten marxistischen Herangehensweise verstehen, Sexualität als historisch bedingt und veränderlich zu erfassen. Und dass es sozialer und politischer Umwälzungen bedurfte, um auch sexuelle Beziehungen von den Fesseln der Abhängigkeit und Unterordnung zu befreien.

Lenin widersprach in dem Gespräch mit Zetkin in keinem Wort den Auffassungen Kollontais. Im Gegenteil, er kritisierte den »Schmutz der bürgerlichen Ehe mit ihrer schweren Lösbarkeit« sowie »die ekelhafte Verlogenheit der sexuellen Moral und Verhältnisse« im Kapitalismus. Er sagte, »Der Kommunismus kann nicht Askese bringen, sondern Lebensfreude, Lebenskraft auch durch erfülltes Liebesleben« Er betonte aber wie auch Kollontai, dass die Sexual- und Ehefrage nicht losgelöst von der sozialen Frage diskutiert werden sollte. Dies stand im Zusammenhang mit seinem Wunsch, eine starke internationale kommunistische Frauenbewegung aufzubauen, eine Forderung, die er in dem Gespräch mehrmals wiederholte.

Hinzu kommt, dass sich Lenin weder in den Jahren vor der Revolution noch während des revolutionären Umbruchprozesses abwertend über Kollontai und Armands Theoriebildung zu einer neuen sexuellen Moral äußerte, sondern im Gegenteil wertschätzend und auf Augenhöhe, wie aus dem Briefwechsel mit Inessa Armand von 1915 deutlich wird.[68] Hinsichtlich der Formulierung einer Forderung nach »freier Liebe« gibt er unter anderem zu bedenken, dass sie zu unpräzise sei und als rein auf den Konsum von Sex bezogen interpretiert werden könnte mit negativen Folgen für die Frau.

In den Jahren nach der Revolution konnte von einer feindseligen Stimmung in der Partei gegenüber Kollontai und ihren Arbeiten über die (sexuelle) Moral, wie wir bereits gezeigt haben, schließlich keinesfalls die Rede sein. Dagegen ähneln die Überlegungen, die Lenin angeblich vertreten haben soll, statt den Auseinandersetzungen, wie sie die Partei 1920 führte, auf Debatten des Jahres 1924, an denen Lenin wiederum gar nicht mehr teilnehmen konnte, da er bereits im Januar 1924 nach längerer Krankheit verstarb:

> [..] selbst wenn es anfangs keine offene Feindseligkeit [gegen Kollontais kommunistische Moralvorstellungen] gab, war das Selbstbewusstsein und die

---

67 Holt, 1977, S. 229

68 Lenin,1962 [1915]

> Vorherrschaft der Rechten im Jahr 1923, als es noch eine Art Debatte über diese Fragen gab, bemerkenswert. Während es erst in den dreißiger Jahren möglich war, die marxistische Lehre über die Familie zu revidieren oder die Notwendigkeit einer völligen Abschaffung der Hausarbeit zu leugnen, wurde der Kampf um die kommunistische Moral (zu der die Begründer des wissenschaftlichen Sozialismus sehr wenig gesagt hatten) Anfang der zwanziger Jahre ausgetragen und verloren. Allem Anschein nach konnte der rechte Flügel in diesem Bereich einige seiner frühesten ideologischen Siege erringen.[69]

Ab 1926 hörte Kollontai auf, sich öffentlich an Diskussionen über die Partei und das weitere Vorgehen in Russland zu beteiligen. Stattdessen veröffentlichte sie Erzählungen, die sich mit dem Leben im revolutionären Umbruch beschäftigten. Weltweit bekannt ist ihre Erzählung »Die Liebe der drei Generationen«[70], in der sie den gesellschaftlichen Prozess von Frauen aus drei Generationen nachzeichnet, die sich in bewusster Auseinandersetzung mit alten Vorurteilen und mit den Erfordernissen der neuen Gesellschaft befanden.

Die Oktoberrevolution war ein riesiger Akt der Selbstbefreiung aller Unterdrückten, von Frauen und Männern. In den ersten Jahren der sowjetischen Regierungspolitik stand im Mittelpunkt, so schnell wie möglich die Bedingungen hierfür zu schaffen. Weltweit wurde Russland zum leuchtenden Beispiel für Frauenbefreiung und die Möglichkeit sexueller Befreiung. Auch wenn die Erfahrungen und Meinungen über konkrete Formen neuer sexueller Beziehungen widersprüchlich und erst im Entstehen waren, so sind vormals unterdrückte Menschen aufgestanden und begannen damit, Gleichberechtigung und befreite sexuelle Verhältnisse selbstständig in einer neuen Gesellschaft zu gestalten. Erst die Niederlage der Revolution und der Aufstieg der stalinistischen Bürokratie brachte die alte bürgerliche Sexualmoral mit ihren erdrückenden Rollenbildern und Vorurteilen zurück und Frauen wurde wieder die doppelte Last von Lohn- und Hausarbeit aufgebürdet.

---

69 Holt, 1977, S. 204–205.

70 Kollontai, 1982a [1923]

Innerparteiliche Opposition

Die Bolschewiki gingen immer davon aus, dass die Revolution in Russland nur Bestand haben könne, wenn sie sich auf andere Länder ausweitet. Bis kurz vor der Februarrevolution wurde unter ihnen sogar mehrheitlich angezweifelt, dass in einem Agrarstaat wie Russland eine sozialistische Revolution überhaupt möglich ist.[1] Sie meinten, dass für den Sozialismus erst die ökonomischen Grundlagen mittels einer längeren Phase der kapitalistischen Entwicklung geschaffen werden müssten. Leo Trotzki durchbrach diese Idee mit seiner Theorie der Permanenten Revolution, wobei in ihr die Unterstützung der Revolution durch die Bauern in Russland und ihre internationale Ausweitung sich gegenseitig bedingende Faktoren waren. Eine sozialistische Revolution in Russland wurde nur als Startpunkt eines weltweiten Prozesses von sozialistischen Revolutionen betrachtet. Der längerfristige Erfolg hing davon ab, ob beispielsweise ein zukünftiges sozialistisches Deutschland gegen Lieferungen von Nahrungsmitteln und Rohstoffen Sowjetrussland mit Maschinen und Fertigwaren versorgen würde.

Als die Revolutionen in anderen Ländern scheiterten und in Sowjetrussland die Industrie verwüstet, die Arbeiterklasse dezimiert und die Städte durch Krieg und Hungersnot entvölkert wurden, da gerieten die großen Hoffnungen auf den Aufbau des Sozialismus immer schärfer in den Widerspruch zu den realen Gesellschaftsverhältnissen. Das Bündnis zwischen Bauern und Arbeitern zerbrach. Die Strategie der Bolschewiki bestand in dieser Situation darin, Rückzüge und Kompromisse einzugehen, um auf einen günstigeren Moment zu warten, in dem es wieder zu einem revolutionären Aufschwung, vor allem in Europa, käme. Doch Kompromisse ent-

1 Lenin selbst ging lange davon aus, dass das Ergebnis der Revolution in Russland nur eine bürgerlich-demokratische Republik sein könne: Lenin, 1958 [1905], S. 273

sprachen nicht der Strategie Kollontais. Sie lehnte jeden erzwungenen Rückzug an der politischen Front ab.

Brest-Litowsk

Ein frühes Beispiel war der Brest-Litowsker Vertrag vom März 1918, der den Krieg zwischen Russland und den Mittelmächten (Das Deutsche Reich, Österreich-Ungarn und das Osmanische Reich, die im Ersten Weltkrieg Verbündete waren) beendete. Obwohl Kollontai vor und nach der Revolution eine entschiedene Kriegsgegnerin war, gehörte sie nun jenem Teil der Bolschewiki an, der sich dem Abschluss des Vertrages widersetzte. Fast zwei Millionen Bürger Russlands, vorwiegend Bauern, hatten ihr Leben an den Fronten des Ersten Weltkrieges verloren. Die Beendigung des Krieges war daher eine der zentralen Forderungen der Revolution von 1917 gewesen. Wie kam es dazu, dass Kollontai, die noch wenige Monate zuvor gegen den Weltkrieg gekämpft hatte, nun den Friedensvertrag mit Deutschland ablehnte?

Die Bolschewiki hofften darauf, dass die revolutionäre Welle, die Russland seit Anfang 1917 erfasst hatte, sich sehr rasch auch auf Länder des restlichen Europas ausdehnen würde. Wenn die Arbeiterinnen und Arbeiter ihre Regierungen stürzten, so das Kalkül, würde dies den Krieg auf allen Seiten beenden und der russischen Seite schwierige Verhandlungen mit den imperialistischen Mächten ersparen. Diese Hoffnung verwirklichte sich nicht. Die Sowjetregierung war gezwungen, einen Separatfrieden mit den Mittelmächten zu verhandeln. Das Deutsche Reich wollte die Situation nutzen, um seinen Herrschaftsbereich auszudehnen und weite Teile des ehemaligen Russischen Reiches zu besetzen. In den Gebieten, die Russland an das Deutsche Reich abtreten musste, hatte es aber auch revolutionäre Massenbewegungen gegeben, die zu ähnlichen Demokratisierungsprozessen wie im russischen Kernland geführt hatten.

In den Augen vieler Bolschewiki war der Friedensvertrag von Brest-Litowsk daher nichts weiter als ein Verrat an der Revolution. Schon während der Verhandlungen formierte sich Widerstand gegen diesen Vertrag. Angeführt wurde dieser innerhalb der Partei von einer Plattform, die sich »Linke Opposition« nannte und deren Sprecher Nikolai Bucharin war. Sie wandte sich gegen einen Friedensvertrag und trat als Alternative für einen »revolutionären Krieg« gegen Deutschland ein. Sollten deutsche Truppen die westlichen Gebiete besetzen, so sollten sie mit dem Mittel des Guerilla-Krieges zum Rückzug gezwungen werden.

Kollontai unterstützte diese Forderung bereits seit Anfang 1918, obwohl sie zu dieser Zeit noch nicht der »Linken Opposition« beigetreten war. Am 8. Januar erklärte sie auf einer Parteikonferenz, dass Bucharin mit seiner Forderung Recht habe. Im Februar 1918, als sie der Plattform beigetreten war, wiederholte sie ihre Kritik bei einer Sitzung des Zentralexekutivkomitees des Petrograder Sowjets:

> »Genug von diesem Opportunismus! Ihr schlagt uns vor, das gleiche zu tun, das ihr den Menschewiki vorwerft, während des ganzen Sommers 1917 getan zu haben: Kompromisse mit dem Imperialismus einzugehen.«[2]

Wie stark die Ablehnung des Brest-Litowsker-Vertrages unter den Bolschewiki war, sieht man daran, dass zunächst auch Leo Trotzki gegen einen Frieden mit Deutschland war. Erst als die deutsche Armee im Februar 1918 eine erfolgreiche Offensive gestartet hatte, sah er ein, dass ein Kompromiss eingegangen werden müsse. Die russische Verteidigung hatte sich als weitgehend unfähig erwiesen, die deutsche Offensive aufzuhalten. Die Soldaten an der Front waren kriegsmüde, die »Rote Armee« war noch nicht gebildet. Es war vor allem Lenin, der innerhalb der eigenen Partei hart darum kämpfte, von ihr die Zustimmung für einen Kompromiss mit dem Deutschen Reich zu bekommen, auch wenn die Folgen schmerzhaft seien. Seine Idee war, dass ein Friedensschluss den Bolschewiki etwas Zeit und Raum geben könnte, um bis zum Ausbruch der Revolution in Deutschland durchzuhalten. Bei dieser Einschätzung spielte auch die absehbare Konterrevolution in Form eines von weißen Armeen angezettelten Bürgerkriegs eine Rolle, die eine Konzentration der Kräfte erforderte. Lenin konnte sich angesichts der bedrohlichen Lage mit seiner Position durchsetzen. Der Friedensvertrag wurde Anfang März 1918 unterzeichnet. Unmittelbar danach wurde fast die gesamte Ukraine von deutschen Truppen besetzt und eine grausame Militärdiktatur unter Pawlo Skoropadskyj errichtet.

Dies nahm Kollontai nochmals zum Anlass, den Friedensvertrag auf dem 8. Parteitag im März 1918 öffentlich zu kritisieren. Sie unterzeichnete auch eine Resolution der Linken Opposition, die der kompromisslerischen Politik Lenins vorwarf, »den internationalistischen Inhalt der großen Sowjetrepublik zu trüben«.[3] Sie konnte sich auf dem Parteitag jedoch nicht mit ihrer Linie durchsetzen. Weil sie den Friedensvertrag weiterhin ablehnte, wurde sie nicht

2 Zit. n. Clements, 1979, S. 140 (Übersetzung durch Verf.)

3 Zit. n. Clements, 1979, S. 143 (Übersetzung durch Verf.)

mehr in das Zentralkomitee der Partei gewählt. Daraufhin trat sie von ihrem Posten als Volkskommissarin für Soziale Fürsorge zurück.

Konterrevolution und Bürgerkrieg

Kollontai sollte mit ihrer Ablehnung eines Friedensschlusses mit Deutschland nicht Recht behalten. Kurz nach Vertragsabschluss begann der russische Bürgerkrieg. Alle Kräfte, die schon vorher gegen die Räteherrschaft kämpften, betrachteten ihn als Signal, die Konterrevolution zu beginnen. Mit Unterstützung des Landadels und Bürgertums schlossen sie sich nun zusammen, bildeten Freiwilligenarmeen, die schon bald anfingen, die lokalen Rätestrukturen anzugreifen. Der Friedensvertrag gab den Bolschewiki den nötigen Freiraum, sich auf die Verteidigung der Revolution zu konzentrieren. Doch er hatte lediglich die militärische Bedrohung durch Deutschland und die Mittelmächte abgewendet. Im Bürgerkrieg intervenierten nun noch Armeen aus sechs weiteren Ländern. Sie alle griffen auf der Seite der Weißen Armeen in den Bürgerkrieg ein.

Die Bolschewiki bildeten die revolutionäre »Rote Arbeiter- und Bauernarmee«, um die Konterrevolution abzuwehren. Die unmittelbare Bedrohung machte es notwendig, ehemalige zaristische Offiziere, die während der Revolution von den Soldaten verjagt wurden, zurückzuholen. Sie verfügten über einen militärischen Wissens- und Erfahrungsschatz, den die revolutionären Arbeiter (noch) nicht hatten. Gegen diese Maßnahme gab es starken Widerstand unter den Bolschewiki, die die Ideale der Revolution verraten sahen.

Einer von ihnen war Pawel Dybenko, Kollontais Freund und späterer zweiter Ehemann. Er war seit 1907 in der sozialistischen Bewegung Russlands aktiv, hatte vor der Revolution einen Matrosenaufstand angeführt und kurz nach der Oktoberrevolution mit revolutionären Soldatenbrigaden den Aufstand rechtsgerichteter Kosaken unter General Krasnow abgewehrt. Danach war er federführend am Aufbau der Roten Armee beteiligt. Wie Kollontai hatte er den Brest-Litowsker-Vertrag abgelehnt und im März 1918 weigerte er sich, mit einem ehemaligen zaristischen Offizier bei der Verteidigung der Stadt Narva zusammenzuarbeiten. Er desertierte während der Verteidigung der Stadt und wurde daraufhin vor ein Kriegsgericht gestellt. Es war auch der Intervention Kollontais zu verdanken, dass er kurze Zeit später freigelassen wurde.

Viele politisch bewusste Arbeiterinnen und Arbeiter hatten ihre Fabriken verlassen, um in der Roten Armee zu kämpfen. Doch die Situation erforderte eine funktionierende Industrie. Der Bürgerkrieg machte es notwendig, Entscheidungsprozesse zu straffen. Die Belegschaften in den Fabriken wurden angehalten, Managements zu wählen, die die Fabriken, die sich in einem heillosen Durcheinander befanden, am Laufen zu halten. Lenin schlug vor, hierfür auch kapitalistische Managerinnen und Manager wiedereinzustellen, die von den Arbeiterinnen und Arbeitern vertrieben wurden, als diese im Herbst 1917 die Verwaltung ihrer Betriebe selbst übernahmen. Er nahm an, dass dies eine temporäre Maßnahme sei, bis die Konterrevolution abgewendet und das Proletariat soweit ausgebildet sei, die Verwaltung in die eigenen Hände zu nehmen.

Doch stieß auch dieses Vorgehen auf Widerstand innerhalb der Bolschewiki, vor allem bei der Linken Opposition, der auch Kollontai angehörte. Sie lehnte es ab, Abstriche am demokratischen Ideal der vollständigen Arbeiter-Selbstverwaltung zu machen, ein Ideal, das ein zentrales Anliegen der Bolschewiki in der Russischen Revolution gewesen war. Dass Kollontai in dieser Auseinandersetzung nicht selbst das Wort ergriff, lag auch daran, dass sie in dieser Zeit mit der Verteidigung Dybenkos beschäftigt war.

Während der Bürgerkrieg immer bedrohlichere Ausmaße annahm, traten im Sommer 1918 Sozialrevolutionäre in einen Aufstand gegen die Rätemacht. Die Sozialrevolutionäre waren eine kleinbürgerliche Partei, die ihre größte Basis unter dem mittleren Bauerntum hatte. Ihr Aufstand hatte das Ziel, das Land zurück in den Krieg gegen die Mittelmächte zu führen. Um eine deutsche Kriegserklärung zu erreichen, verübten sie auch einen Anschlag auf den deutschen Botschafter in Moskau. Der Aufstand wurde aber niedergeschlagen und etwa 650 Sozialrevolutionäre verhaftet. Die Anführer des Aufstands wurden mit »höchst ungewöhnlicher Nachsicht«[4] behandelt. Weder die Partei noch ihre Zeitung wurden verboten. Jedoch wurden ihre Mitglieder aus den Räten und aus der Tscheka (der Militärorganisation der Räte zur Abwehr der Konterrevolution) ausgeschlossen.

Kollontai kritisierte diese Maßnahmen, da sie sie mit den Zielen des Rätesystems als unvereinbar betrachtete. Die Räteherrschaft sollte die höchste Form der Demokratie darstellen. Abstriche an diesem Ideal ließ Kollontai nicht gelten. Jacques Sadoul, ein französischer Kommunist und Journalist, der Alexandra Kollontai nahestand, fasste die Haltung Kollontais folgendermaßen zusammen:

> [Sie] möchte die Flamme des maximalen Ideals in all seiner Reinheit erhalten. Sie hat sich kopfüber in die Opposition geworfen, kritisiert die brutalen Maßnahmen ihrer Genossen gegen die Anarchisten und ist empört über die Zuge-

[4] Pipes, 1992, S. 514

ständnisse an die gemäßigte und bürgerliche Opposition, die die Regierung jeden Tag zulässt.[5]

Als sich der Bürgerkrieg brutalisierte und die Weißen immer stärker wurden, beendete Kollontai ab Sommer 1918 ihre öffentliche Kritik an den Entartungstendenzen der Revolution und ihre innerparteiliche Oppositionstätigkeit. Sie konzentrierte sich in den folgenden zwei Jahren auf ihre Tätigkeit in der Frauenabteilung des Zentralkomitees und setzte sich aktiv für eine Verbesserung der Lage der Frauen ein, zunächst als Mitglied und später, nach dem Tod Inès Armands, als deren Vorsitzende. Zudem leistete sie politische Arbeit in der schwer umkämpften Ukraine und motivierte mit ihren Reden die Arbeiter im Kampf gegen die Konterrevolution.

»Arbeiteropposition«

Die Folgen des Bürgerkrieges waren für Russland schlimmer als jene des Ersten Weltkriegs. Schätzungsweise 7,5 Millionen Bürger Russlands hat er das Leben gekostet. Die Weißen plünderten und brandschatzten Dörfer, die sie der Sympathie mit den Bolschewiki bezichtigten. Judenpogrome waren integraler Bestandteil der weißen Kriegsführung. Die Rote Armee war gezwungen, Lebensmittel mit Gewalt von den Bauern zu akquirieren. Hungersnöte und Epidemien plagten das Land. Im Januar 1919 schrieb Kollontai über ihre eigene Versorgungssituation, dass sie sich hauptsächlich von Äpfeln ernährte, die sie mit heißem Wasser übergoss, damit sie weicher und schmackhafter seien. Als Mitarbeiterin der Frauenabteilung beim Zentralkomitee hatte sie das Privileg, täglich ein warmes Essen zu erhalten, das sie sich mit ihrer Sekretärin teilen musste: »Wir bekommen nur eine dünne Suppe oder manchmal eine Plinse aus Kartoffelschalen.«[6]

Im Sommer 1919 sah es nicht so aus, dass die Rote Armee den Krieg gewinnen würde. Die weißen Armeen hatten Moskau umzingelt, fast die gesamte Ukraine besetzt und standen kurz vor der Einnahme Petrograds. Vom Norden her belagerten britische, amerikanische und französische Truppen die Hauptstadt. Doch die Rote Armee schaffte bis 1920 das Unmögliche und konnte die Weißen zurückdrängen. Sie gewann den Krieg, aber der Preis war schrecklich. Neben den menschlichen Opfern und physischen Verwüs-

[5] Zit. n. Clements, 1979, S. 146 (Übersetzung durch Verf.)

[6] Kollontai, 1980e [1921], S. 486

tungen hatte der Krieg die Voraussetzungen, eine sozialistische Demokratie aufzubauen, noch weiter vernichtet.

Als abzusehen war, dass die Bolschewiki den Bürgerkrieg gewinnen würden, brachen die parteiinternen Konflikte wieder aus, die der Krieg überdeckt hatte. Die Konflikte drehten sich um die Frage, wie das politische und wirtschaftliche System nach dem Ende Krieges ausgestaltet werden sollte. Es bildeten sich fünf verschiedene Fraktionen, darunter die »Demokratischen Zentralisten« und die »Arbeiteropposition«.[7] Der »Arbeiteropposition« hatte sich auch Alexandra Kollontai angeschlossen. Sie bildete mit den Führern der Metallarbeitergewerkschaft, Alexander Schljapnikow und Sergei Medwedew, die Führung dieser Fraktion. Wie andere führende Bolschewiki auch – etwa Lenin – kritisierten sie die bürokratischen Entartungen des Rätesystems. Ihre Antwort darauf bestand jedoch aus zwei Forderungen, die von den anderen Fraktionen nicht geteilt wurden: erstens eine Aufhebung der Parteiverbote und zweitens eine Übertragung der Verwaltung der Wirtschaft in die Hände der Gewerkschaften.

Die Anhänger der »Arbeiteropposition« wollten damit zum ursprünglichen Gesellschaftskonzept zurück, für das die Bolschewiki gekämpft hatten. Dieses sah ein System der demokratischen Selbstverwaltung mittels Räten auf betrieblicher, lokaler und nationaler Ebene vor. Auf allen Ebenen sollten unterschiedliche sozialistische Parteien ihre Positionen frei vertreten und gegeneinander bei Sowjetwahlen konkurrieren können. Der Bürgerkrieg hatte die Grundlagen für diese Utopie allerdings unterminiert. Viele Arbeiterräte existierten nur noch auf dem Papier oder deren Mitglieder waren durch Parteiarbeiter ersetzt worden. Die politisch bewusste Arbeiterklasse, die seinerzeit die Macht über die Räte ausgeübt hatte, wurde bei der Verteidigung der Revolution aufgerieben. Die Verwaltung der Betriebe war aus der Not heraus durch Managements ersetzt worden, Bürokratinnen und Bürokraten, die meistens über die Partei in ihre Positionen gewählt worden waren. Während des Bürgerkriegs hatte sich zudem eine Ein-Parteien-Herrschaft der Bolschewiki entwickelt, ohne dass dies von ihnen ursprünglich beabsichtigt war.[8] Die Partei vertrat den Arbeiterstaat und da die Industriebetriebe verstaatlicht waren, lag die Verwaltung der Wirtschaft de-facto in ihren Händen.

---

7 Vgl. Rosmer, 1989, S. 119

8 Nach der Oktoberrevolution wurde die Tätigkeit von Parteien zunächst nicht eingeschränkt. Selbst Parteien, die die Räteherrschaft bekämpften, konnten ihre Meinungen frei vertreten und an Wahlen zu Sowjets teilnehmen. Erst als diese Parteien zum bewaffneten Kampf übergegangen waren, wurde ihre Tätigkeit eingeschränkt und schließlich verboten.

Die Auseinandersetzung spitzte sich Anfang März 1921 auf dem 10. Parteitag zu. Kollontai hatte für diesen ein Manifest geschrieben, in dem sie die Forderungen ihrer Fraktion ausführlich darlegte. Die Arbeiterklasse, schrieb sie, spiele in der Sowjetrepublik eine immer geringere Rolle und sei immer weniger imstande, die Maßnahmen seiner eigenen Regierung zu beeinflussen. Sie leite immer weniger die Politik und die Arbeit, und beherrsche immer weniger »die Gedanken der Zentralorgane des proletarischen Staates.«[9] Kollontai forderte eine Übertragung der Macht auf die Gewerkschaften als ersten Schritt hin zu einer pluralistischen Arbeiterdemokratie wie sie oben beschrieben wurde.

Doch wie sollte eine Arbeiterselbstverwaltung aussehen, wenn die politisch bewussten Arbeiter verschwunden und die wirtschaftlichen Grundlagen vernichtet waren? Die neue Arbeiterklasse, die sich nach den Wirren des Bürgerkriegs in den Betrieben wiederfand, wurde durch ehemalige Bauern gebildet, die noch in den ländlichen Strukturen verwurzelt waren. Ihre Ideen orientierten sich eher an den bäuerlichen sozialen Interessen als an ihren eigenen Interessen als Arbeiter. Das Land hatte durch die Zerstörung der Industrie während des Bürgerkriegs gegenüber der Stadt an Bedeutung gewonnen. Die Bauernschaft hatte kein eigenes Interesse an einer nach den Bedürfnissen der Konsumenten ausgerichteten Planwirtschaft. Ihnen ging es darum, möglichst frei von äußeren Zwängen das eigene Stück Land zu bebauen. Die zerstörte Industrie bot auch keinen Raum, die Bauern materiell zu befriedigen. Die Aussichten, dies kurzfristig zu ändern, waren schlecht, denn trotz des Sieges über die Weißen verblieb Russland international in Isolation. In Westeuropa hatten Revolutionen zwar stattgefunden, sie endeten aber nicht erfolgreich.

Die von Kollontai geforderte Aufhebung des Parteiverbots und die Übertragung der Macht von der Partei auf die Gewerkschaften hätte in der konkreten Situation das Ende des Arbeiterstaates bedeutet, so degeneriert dieser auch gewesen sein mag.[10] Die Bolschewiki standen mit dem Rücken zur Wand. Entweder hätten sie, wie es Kollontai vorschlug, die Zügel aus der Hand gegeben, mit der Konsequenz, dass in Russland eine Partei an die Macht gekommen wäre, die die kapitalistischen Gesellschaftsverhältnisse wiederhergestellt hätte. Oder sie konnten die Hülle des Rätesystems verteidigen, mit der Konsequenz, demokratische Grundsätze über Bord zu werfen und eine bürokratische Herrschaft zu legitimieren, die wenig mit Sozialismus zu tun hatte. Die Bolschewiki entschieden sich für das zweite Übel, mit der

[9] Kollontai, 1921

[10] Vgl. zur Degeneration des Arbeiterstaates: Maas, 2017, S. 113 ff.

Hoffnung, solange durchzuhalten, bis es im Westen zu einem erneuten revolutionären Aufschwung käme und sich die Rahmenbedingungen in Russland verbessert hätten.

Kollontai hatte 250.000 Ausgaben ihres Manifestes drucken und einen Teil davon im Vorfeld unter den Delegierten verteilen lassen. Lenin kritisierte in einer langen Rede die Positionen der »Arbeiteropposition«, teils mit drastischen Worten. In ihr Tagebuch schrieb Kollontai:

> Die Arbeiteropposition steht als eigenständige Gruppe da. Ich verteile eilig meine Broschüre. Die Atmosphäre ist angespannt - der Kronstädter Aufstand war nur wenige Tage zuvor, und der Kongress wird durch diese Ereignisse belastet. Jetzt liegt meine Broschüre in Lenins Händen. Er blättert sie gereizt durch und schüttelt den Kopf in Missbilligung. Dann brach der Sturm aus. Für eine dreiviertel Stunde wetterte Lenin gegen die Arbeiteropposition und meine Broschüre.[11]

Kollontai erhielt danach die Möglichkeit, in einer eigenen Rede ihre Postion darzustellen. Doch ihre Forderungen erhielten keine Zustimmung von den Delegierten. Sie lehnten nicht nur ihre Forderungen ab, sondern fassten auch noch den Beschluss, länger angelegte Fraktionen innerhalb der Partei zukünftig zu verbieten, wenngleich es weiterhin möglich war, seine Meinung frei zu äußern. Stalin sollte sich auf diesen Beschluss beziehen, als er später die innerparteiliche Demokratie vernichtete und Oppositionelle verfolgen lies.

Kronstadt

Um zu verstehen, warum die Bolschewiki sich für eine Aufrechterhaltung der Parteiverbote und ein Verbot von Fraktionen entschieden, ist es wichtig, sich die Situation vor Augen zu führen, in der sie sich 1921 befanden. Nach dem sie die Weißen zurückgeschlagen hatten, brachen umso heftiger die Konflikte mit den Bauern aus. Während des Bürgerkriegs hatten diese zwar die Bolschewiki noch unterstützt, denn sie wussten, wenn die Weißen gewin nen, würden sie ihr Land wieder an die Großgrundbesitzer verlieren. Daher akzeptierten sie sogar zeitweise eine Politik, die Lenin als »Kriegskommunismus« bezeichnete: Um die Städte vor dem Aushungern zu bewahren und die Rote Armee zu erhalten, waren die Bauern verpflichtet, ihre landwirtschaftlichen Produkte bis auf einen kleinen Teil abzuliefern.

[11] Zit. n. Porter, 1980, S. 369 (Übersetzung durch Verf)

Doch es war ein pragmatisches Bündnis auf Zeit, nicht aus Überzeugung. Als die Weißen keine Gefahr mehr darstellten, hatten die Bauern ihr Ziel erreicht. Eine Fortführung des »Kriegskommunismus« machte keinen Sinn für sie, auch wenn die Städte weiterhin hungerten und die Rote Armee an entfernten Fronten weiterkämpfte. Daher wandte sich ein großer Teil von der Roten Armee ab und unterstützte lokale Bauernführer, die mit eigenen Armeen gegen die Bolschewiki kämpften. Die Bauern wurden dabei von anderen Parteien unterstützt, die die Marktwirtschaft wiederherstellen wollten. Dies waren vor allem die Menschewiki, die Kadetten und die Sozialrevolutionäre.

Der Konflikt spitzte sich im Frühjahr 1921 zu, genau als in Moskau der 10. Parteitag der Bolschewiki stattfand und die Delegierten über die Vorschläge Kollontais über die Aufhebung der Parteiverbote und die Übertragung der Macht auf die Gewerkschaften diskutierten. Menschewiki und Sozialrevolutionäre hatten in Moskau zu einem Streik gegen die Bolschewiki aufgerufen. Matrosen in Kronstadt, einer militärischen Bastion vor Petrograd, waren daraufhin in einen Aufstand getreten. Einst war Kronstadt ein Hort revolutionärer Soldaten. Die Kronstädter Matrosen waren federführend an der Oktoberrevolution beteiligt. Doch kämpften diese anschließend im Bürgerkrieg gegen die Weißen. Die Matrosen von Kronstadt im Jahr 1921 rekrutierten sich aus der Bauernschaft und vertraten deren soziale Interessen. Hinter »demokratischen« Forderungen versteckt, begehrten sie die volle Aktionsfreiheit der Bauern über ihr Land und das Ende der Ablieferungspflicht für landwirtschaftlicher Produkte. Und sie forderten Neuwahlen, die Aufhebung sämtlicher Parteiverbote, mit dem Kalkül, dass jene Parteien, die ihre Forderungen unterstützten, die Mehrheit bekommen würden.

In Wahrheit hatte der Aufstand einen konterrevolutionären Charakter. Zehntausende, bis an die Zähne bewaffnete Matrosen hatten ihre Gewehre gegen die Partei erhoben, die die Revolution mit hohem Blutzoll verteidigt hatte. Kronstadt liegt auf einer Insel im Finnischen Meerbusen vor Sankt Petersburg, die von großer strategischer Bedeutung ist. Sie schützt die zweitgrößte Stadt Russlands vor einer Eroberung von der Ostsee und dient bis heute der Abwehr von Kriegsschiffen und einer drohenden Intervention in das russische Kernland. Der Meerbusen ist im Winter zugefroren und begehbar. Die meuternden Soldaten hätten nach Petrograd laufen und die Stadt einnehmen können. Die Rote Armee war an entfernten Fronten im Einsatz. Auch wenn die Weißen schon geschwächt waren, war der Bürgerkrieg keineswegs vorbei. Die Bolschewiki waren daher gezwungen, den Aufstand niederzuschlagen.

Die Niederschlagung wurde häufig, auch auf der Linken, als Beispiel für den undemokratischen Charakter der Bolschewiki herangezogen. Lenin und Trotzki hätten mit ihm endgültig den Weg in die Diktatur geebnet. Der linke Historiker Helmut Bock bezeichnete die Niederschlagung als die »Ursünde der bolschewistischen Revolution«. Gleichzeitig hält sich der Mythos, Alexandra Kollontai hätte den Aufstand unterstützt oder mit ihm sympathisiert, ein Mythos den auch Bock in seinem Artikel kolportiert.[12] Dieser Mythos hat sicherlich zwei Ursachen. Erstens ähnelten die Forderungen Kollontais nach einer Aufhebung der Parteiverbote den Forderungen der Kronstädter Matrosen. Zweitens hatte Lenin Kollontai und der »Arbeiteropposition« vorgeworfen, mit ihrem Fraktionskampf den Konflikt angeheizt zu haben. Die Wahrheit ist, dass auch Kollontai den konterrevolutionären Charakter, den dieser Aufstand hatte, zweifellos erkannt hatte. Sie erklärte auf dem 10. Parteitag im Namen der »Arbeiteropposition«: »Wir gehören zu den ersten Freiwilligen, die gegen die Rebellen kämpfen«.[13] Mehr als 200 Delegierte, darunter viele Mitglieder der »Arbeiteropposition« und der »Demokratischen Zentralisten«, meldeten sich freiwillig für die Niederschlagung des Aufstandes.

Kollontai und ihre »Arbeiteropposition« folgten mit der Forderung nach Demokratisierung dem Ideal der demokratischen Planwirtschaft. Die Kronstädter Matrosen bezweckten ein ganz anderes Ziel: die Wiedereinführung der Marktwirtschaft mit möglichst wenig Reglementierungen gegenüber dem bäuerlichen Landbesitz und Privateigentum.

Neue Ökonomische Politik

Der »Kriegskommunismus« hatte mit Kommunismus nichts zu tun. Er beruhte auf dem kriegsbedingten Mangel an Konsumgütern und der Notwendigkeit, die gesamte Produktion im Rahmen einer Kommandowirtschaft planmäßig auf den Krieg auszurichten. Wirklicher Kommunismus beruht dagegen auf der demokratischen Produktion und Verteilung eines Überflusses. Viele Bolschewiki betrachteten die Prinzipien des »Kriegskommunismus« trotz allem nicht als zeitlich auf den Krieg begrenzte Phase. Sie hofften, dass sie das System der staatlichen Lenkung nach dem Krieg zu einem demokratischen Planwirtschaftssystem weiterentwickeln könnten. Eine Hungersnot nach dem Ende des Bürgerkriegs war aber der deutlichste Beweis dafür, dass

12 Bock, Helmut, 2011: Die Ursünde der bolschewistischen Revolution: Der Kronstädter Matrosenaufstand 1921, Neues Deutschland 05.03.2011

13 Gietinger, 2011, S.66

das System in einem Agrarland nicht funktionierte. Schon gar nicht, wenn es ohne Hilfe vom Ausland isoliert blieb.

Nach Beendigung des Bürgerkriegs war die Industrieproduktion auf ein Fünftel der Vorkriegsproduktion zurückgefallen, die Stahlerzeugung von 4,2 Millionen Tonnen auf 183.000 Tonnen gesunken. Die Bauern bekamen keine Güter mehr aus der Stadt, doch sie sollten alles, was sie produzierten, den Arbeitern in den Städten abgeben? Dieses System machte für sie keinen Sinn. Erst versteckten sie ihr Getreide. Die Arbeiter schickten bewaffnete Kommandos und nahmen sich das Getreide mit Gewalt. Dann begannen die Bauern sich zu wehren und traten in den Aufstand. Die Arbeiter schlugen die Aufstände nieder. Schließlich traten die Bauern in den Saatstreik, kehrten zur Subsistenzwirtschaft zurück. Sie hatten das Interesse an der gesellschaftlichen Produktion verloren. Dies führte zu einem dramatischen Rückgang der Getreideproduktion.[14]

Der Kronstädter Aufstand gab den Bolschewiki 1921 den Anlass, eine deutliche Wende in der Wirtschaftspolitik zu vollziehen. Der »Kriegskommunismus« wurde durch die »Neue Ökonomische Politik« (NEP) ersetzt. Diese beinhaltete eine Liberalisierung der Landwirtschaft, des Handels und der Industrie. Um die Bauern zu befrieden, wurde ihnen ein zentrales Zugeständnis gemacht: Sie durften ihr Getreide behalten und Handel treiben. Das sollte die Bauern befrieden und gleichzeitig motivieren, mehr zu produzieren. Die NEP führte in relativ kurzer Zeit zu beeindruckenden Erfolgen. Bereits 1923 begann die Industrieproduktion spürbar zu steigen und wuchs dann Jahr für Jahr in einem sehr hohen Tempo. Von 1922 auf 1923 verdoppelte sie sich und erreichte 1926 bereits das Vorkriegsniveau. Gleichzeitig stieg auch die landwirtschaftliche Produktion.

Trotz der Erfolge gab es innerhalb der Bolschewiki starken Widerstand gegen die NEP. Zu ihnen gehörten auch Kollontai und die »Arbeiteropposition«. Denn die NEP hatte weitreichende soziale Folgen, die insbesondere die Frauen zu spüren bekamen.

Der »Kriegskommunismus« hatte auf zwei Säulen beruht: Der Ausweitung der »proletarischen Naturalwirtschaft« und der Einführung einer allgemeinen Arbeitspflicht. Das Prinzip der Naturalwirtschaft bestand darin, den Geldlohn durch Naturalien zu ersetzen. Die Arbeiter bekamen nur einen geringen Teil ihres Lohnes als Geld ausbezahlt, im Gegenzug wurde ein Großteil der Daseinsvorsorge, wie Nahverkehr, Gas, Licht, Kleidung, Lebensmittel und Wohnung kostenlos oder zu einem sehr niedrigen Preis zur Verfügung gestellt.

[14] Trotzki, 2009, S. 71 ff.

Die Arbeitspflicht bedeutete, dass arbeitsfähige Frauen, sofern sie nicht schwanger waren, zur Aufnahme einer Erwerbstätigkeit verpflichtet wurden. Sie wurden während des Krieges in allen Bereichen des Arbeitsmarktes benötigt, um die männlichen Arbeiter zu ersetzen. Die wachsende Berufstätigkeit bot ihnen die Chance, sich von den Fesseln des Heimes und der Familie zu befreien. Damit Frauen in der Produktion eingesetzt werden konnten, mussten sie von der Reproduktionsarbeit entlastet werden. Kollontai versuchte dies durch praktische Schritte durchzusetzen. Der von ihr geförderte Aufbau von Kindertagesstädten, öffentlichen Wäschereien und Kantinen war keine Maßnahme, die auf die Situation während des Bürgerkriegs beschränkt sein sollte. Die Vergesellschaftung der Reproduktionsarbeiten war ein elementarer Bestandteil der Frauenbefreiung. Dennoch fiel sie mit der praktischen Notwendigkeit zusammen, die sich in der Zeit des Krieges stellte. Kollontai erhielt daher viel Unterstützung für ihre Maßnahmen. Tatsächlich wurden in der Zeit nach der Revolution die größten Fortschritte auf dem Gebiet der Frauenbefreiung erreicht.[15]

Die NEP ersetzte das System der staatlichen Zuteilung durch den Markt. Die Naturalwirtschaft wurde wieder durch das Lohnprinzip ersetzt, die Arbeitspflicht wurde aufgehoben, die kostenlose Daseinsvorsorge zurückgefahren. Die Industrie wurde angewiesen, effizienter zu arbeiten, um die Bauern mit günstigen Industrieprodukten zu versorgen. Hierfür gestand man ihr marktwirtschaftliche Managementmethoden zu.

> Die direkte kommunistische Verteilung haben wir nicht einführen können. Dazu mangelte es an Fabriken und deren Ausrüstungen. Wir müssen also durch den Handel liefern, aber nicht schlechter liefern, als es der Kapitalist getan hat.[16]

Was dies konkret für Frauen bedeutete, hat Monika Israel herausgearbeitet.[17] Die Aufhebung der Arbeitspflicht und die Einführung marktwirtschaftlicher Methoden in der Industrie führte zu einer massenhaften Arbeitslosigkeit, die in erster Linie die Arbeiterinnen traf. Sie waren die ersten, die von den Betriebsleitern entlassen wurden, vor allem, weil sie Anspruch auf umfangreichere Sozialvergünstigungen (z.B. Mutterschaftsleistungen, Arbeitsschutz usw.) hatten und den Betrieben zusätzliche Kosten verursachten. Die Rückkehr der Soldaten aus dem Krieg erhöhte den Druck auf die weiblichen Arbeiter noch. Um einen Anreiz zur Einstellung arbeitsloser Frauen zu geben, akzeptierten die Gewerkschaften 1921 sogar eine Aufweichung der Schutzgesetze für Frauen. Die Vernachlässigung der öffentlichen

---

15 Vgl. McDermid / Hillyar, 1998, S. 183 ff.

16 Lenin, 1962 [1922], S. 292

17 Israel, 1977, S. 98 ff.

Dienstleistungen führte zu einem Mangel an Kindergartenplätzen, Volkskantinen, Wäschereien und der medizinischen Versorgung. Die entlassenen Frauen wurden wieder in ihre herkömmliche Hausfrauen- und Mutterrolle verbannt. Die Rückkehr zum Lohnprinzip in Verbindung mit den Entlassungen und der wieder privatisierten Reproduktion machte sie wieder abhängig von ihren Ehemännern. Selbst wenn sie ihren Arbeitsplatz behielten, waren sie wieder vermehrt verantwortlich für die Versorgung der Familie.

Das kapitalistisch orientierte System der NEP war ohne Zweifel frauenfeindlich, da es die meisten Frauen wieder in ihre traditionelle Domäne zurückdrängte. Es beförderte auch die soziale Differenzierung und die Entstehung eines gehobenen Kleinbürgertums im Bereich der Verwaltung und Industrie (Ingenieure, Parteimanager) und im Bereich des Handels (die sog. »Nepmänner«). Dieses Kleinbürgertum vertrat in den Fragen der Gleichberechtigung rückschrittliche Ansichten.

Die NEP untergrub somit die Anstrengungen zur Befreiung der Frau und Ideen zu einer neuen Sexualmoral, für die Kollontais so leidenschaftlich gestritten hatte. Sie war die materielle Grundlage der Rückkehr eines konservativen Frauen- und Familienbildes nach dem Aufbruch in der revolutionären Umwälzung 1917. Zudem war auch Kollontai selbst betroffen, da die Finanzierung und Ausstattung der Frauenabteilung (Shenotdel) bei der Partei gekürzt wurde. Kollontai kritisierte die NEP daher bitterlich. Schon in ihrem Manifest »Was will die Arbeiteropposition« hatte sie über die »kaufmännische NEP mit ihren Konzessionen und Auswüchsen« geschimpft, und davon, dass der »NEP-Kapitalismus« eine Abweichung vom »geraden Klassenwege« darstelle.[18] Im Juni 1921 wiederholte sie ihre Kritik in einer Rede auf dem dritten Weltkongress der Komintern in Moskau und bezeichnete die NEP als einen Affront gegen die revolutionäre Klasse.

Rückzug

Nachdem Kollontai in der eigenen Partei gescheitert und der 10. Parteitag die Forderungen der »Arbeiteropposition« verworfen hatte, nutzte sie die Komintern als Tribüne, um für die Forderungen der »Arbeiteropposition« zu werben. Danach wurde ihre Kritik in vielen Ländern gegen ihren Willen für antikommunistische Zwecke missbraucht. Dies isolierte sie in der eigenen

[18] Kollontai, 1921

Partei weiter. Viele Bolschewiki warfen ihr nun Verrat vor, weil sie interne Probleme in die ganze Welt getragen hatte.

Frustriert hiervon und von ihrer zunehmenden Isolierung innerhalb der Partei zog sich Kollontai nach dem Sommer 1921 erneut aus der Oppositionstätigkeit zurück, um sich ihrem Thema, der Geschlechterbeziehungen zu widmen. Sie schrieb Artikel für die Jugendzeitung der Partei, Junge Garde, sowie für die Zeitung »Kommunistische Frau«, in denen sie ihre Ideen zur Befreiung der Frau und der Sexualität darlegte. Sie beruhten auch auf Vorlesungen, die sie an der Kommunistischen Swerdlow-Universität in Moskau zum Thema »Die Frau in der gesellschaftlichen Entwicklung« gehalten hatte.[19] In diesen hatte sie die Wurzeln der Frauenunterdrückung diskutiert und die Ehe und die traditionelle Sexualmoral in Frage gestellt. Während ihre Ideen unter der Jugend Anklang fanden, wurden sie von der neuen Arbeiterklasse in Russland, die noch in den bäuerlichen Strukturen verwurzelt war, zunehmend belächelt. Die Zurückdrängung der Frau in ihre Rolle als Mutter im Zuge der NEP tat ihr Übriges.

Im folgenden Jahr, 1922, erhob sie das letzte Mal das Wort für die »Arbeiteropposition«. Ihre Mitstreiter Schljapnikow und Medwedew hatten eine Erklärung vorbereitet, die auch Kollontai unterschrieb. In dieser »Erklärung der 22« wurde die Kritik der »Arbeiteropposition« wiederholt und durch weitere Punkte (z.B. die soziale Zusammensetzung der Partei, die immer weniger aus Arbeitern bestand) ergänzt. Kollontai und Schljapnikow stellten diese Erklärung auf einem hochrangigen Treffen internationaler Führer der Kommunistischen Bewegung im Februar 1922 vor, auf dem auch Clara Zetkin anwesend war. Die Zuhörer ihrer Ausführungen würdigten sie keines Lautes. Die Partei warf den Mitgliedern der »Arbeiteropposition« nun vor, gegen das Fraktionsverbot verstoßen zu haben, das auf dem 10. Parteitag beschlossen worden war.

Das Fraktionsverbot und die NEP bedeuteten große Rückschritte aus der Perspektive einer Arbeiterdemokratie und der Frauenbefreiung. Doch waren es die militärische Belagerung, der Bürgerkrieg, die Isolation und die Armut, die die Bolschewiki zwangen, Abstriche an ihren Idealen zu machen und Kompromisse einzugehen. Die Bauernaufstände in der Endphase des Bürgerkriegs verstärkten das Gefühl der Fragilität und Belagerung und veranlassten die Bolschewiki, die Einheit der Partei hochzuhalten. Lenin bezeichnete die NEP auf dem 11. Parteitag als einen »Rückzug« vom Kommunismus.[20] Er verglich die Situation mit dem geordneten Rückzug

---

[19] Vgl. Kollontai, 1975 [1921]

[20] Porter, 1980, S. 389

einer Armee. Wenn sich eine Armee unter Feindeinwirkung taktisch zurückzieht (eine der anspruchsvollsten Militärmanöver überhaupt), stünden Maschinengewehre an der Seite und wenn der geordnete Rückzug in Panik geriete, würden die Kommandanten den Befehl geben, zu feuern, um die Disziplin aufrechtzuerhalten.[21] Er warf der »Arbeiteropposition« vor, das Gebot der Disziplin in eklatanter Weise gebrochen zu haben. Er verlangte den Parteiausschluss Kollontais, doch die Mehrheit der Delegierten empfand diese Sanktionierung als zu streng.

Die »Erklärung der 22« war ihre letzte kritische Positionierung. Kollontai zog sich daraufhin von jeglicher oppositionellen Tätigkeit und auch von ihrer sonstigen Parteiarbeit zurück. Sie verließ für einige Zeit Moskau und bat das Zentralkomitee der Partei, ihr eine neue Tätigkeit an einem von Moskau entfernten Ort zuzuweisen. Sie wurde auf einen diplomatischen Posten in Norwegen abgeschoben. Die Versetzung hat ihr im Nachhinein wahrscheinlich neben ihrer Bekanntheit als Kämpferin um Gleichberechtigung das Leben gerettet. Die restlichen Mitglieder der »Arbeiteropposition« wurden ausnahmslos nach der Machtübernahme Stalins ermordet. Von allen Mitgliedern des Zentralkomitees der Bolschewiki in der Revolutionszeit war sie die einzige, die den von Stalin entfesselten Großen Terror in den 1930er Jahren überlebt hat.

[21] Lenin, 1962 [1922], S. 268

Stalinismus

Kollontai fiel mit ihrer Arbeit in der Arbeiteropposition in Ungnade. Sie wurde daher 1922 auf einen diplomatischen Posten in Norwegen versetzt. Im Nachhinein hat ihr dies wahrscheinlich neben ihrer Bekanntheit als Kämpferin um Gleichberechtigung das Leben gerettet. Die restlichen Mitglieder der »Arbeiteropposition« wurden ausnahmslos nach der Machtübernahme Stalins ermordet. Von allen Mitgliedern des Zentralkomitees der Bolschewiki in der Revolutionszeit war sie die einzige, die den von Stalin entfesselten Großen Terror in den 1930er Jahren überlebt hat.

Ihre Versetzung in den diplomatischen Dienst zu Beginn der 1920er Jahre war zunächst eine gute Möglichkeit, eine Kritikerin leise in die Isolation zu verbannen. Diese Politik der Isolation verstärkte sich unter Stalin später zu einer Demontage und Verdrehung von Kollontais Beiträgen zur Frauenbefreiung. Der russische Handelsgesandte, Jakow Suritz, schrieb: »Das Zentralkomitee der Partei sandte sie zu uns, um eine ungelegene Persönlichkeit loszuwerden, die sie aus verschiedenen Gründen taktvoll behandeln mussten«, schrieb Suritz's (und später Alexandra's) Privatsekretär Marcel Body.[1]

Kollontais Beiträge und Überlegungen wurden von den neuen Machthabenden attackiert und entstellt: Paulina Winogradskaja, eine ehemalige Kollegin von Kollontai beim Shenotdel, griff die 1923 in Oslo verfassten Erzählungen von Kollontai scharf an, nannte sie »kleinbürgerlich« und antimarxistisch. Das Shenotdel, so Winogradskaja, sollte seine Bemühungen besser darauf konzentrieren, die Macht der Religion, die Bräuche der Vergangenheit, die verlassenen Kinder, Schwangerschaftsabbruch und Prostitution zu bekämpfen anstelle, wie Kollontai es durch ihre Maßnahmen getan hatte, die Familie ersetzen zu wollen. Kollontai, so Winogradskaja, war ganz

[1] Porter, 1980, S. 405, (eigene Übersetzung durch Verf.)

klar keine Marxistin, da für sie der »Kampf der Sexualität« Vorrang über den Klassenkampf hätte. Dies schrieb Winogradsakaya in einer gesellschaftlichen Situation der NEP-Jahre, in der Frauen wegen der stärker werdenden Armut wieder vermehrt auf Schwangerschaftsabbrüche zurückgreifen mussten, der Staat die Kindergärten, kommunalen Essen und Wäschereien zusammenstrich und Frauen sich aus Armut wieder prostituieren mussten.

Über ein Jahrzehnt später waren die Angriffe ähnlich, nun stand eindeutig die für das stalinistische System notwendige Kleinfamilie wieder klar und fest im Zentrum der Frauen- und Familienpolitik:

> 1937 fand es der Soziologe Wolfson notwendig, die »groben, tierischen, antimarxistischen Ansichten« von Kollontai und anderen zu verunglimpfen, um die Tugenden der monogamen Ehe zu würdigen.[2]

Trotz der massiven Angriffe auf Alexandra Kollontai und ihrer Politik dauerte es, so ihre Biografin Cathy Porter lange bis ihre Ideen endgültig von den neuen Machthabenden abgetan werden konnten:

> ihre Ideen zur neuen Frau und dem Absterben der Familie inspirierten nach wie vor zu viele Menschen, als dass sie sofort ausgelöscht werden konnten. Es dauerte zehn Jahre bis sie offiziell als häretisch angesehen wurden.[3]

Schon die Jahre unter der NEP zeigten deutliche Rückschritte in den Errungenschaften, mit denen die Oktoberrevolution Frauen in Richtung Befreiung von ihrer Ausbeutung, Doppelbelastung und Unterdrückung gebracht hatte. Die dazu notwendigen Ressourcen wären nur in einer reichen, weiter entwickelten Gesellschaft als der Russischen möglich gewesen. Schon 1918 hatte Lenin klar formuliert, dass die Russische Revolution auf Dauer nur erfolgreich sein könnte, wenn auch in den anderen Industrienationen die Revolutionen erfolgreich wären:

> Es kann kein Zweifel daran bestehen, dass der Endsieg unserer Revolution eine hoffnungslose Sache wäre, wenn sie allein bliebe, wenn es in den anderen Ländern keine revolutionäre Bewegung gäbe. [...] Unsere Rettung aus all diesen Schwierigkeiten ist, wie gesagt, die Revolution in ganz Europa.[4]

Durch die Zerstörungen des Bürgerkrieges, der Armut, das Zurückholen ehemaliger zaristischer Beamten in den Staatsapparat und das Entstehen einer neuen Bürokratie konnte Stalin seine Machtposition ausbauen. Er

---

[2] Porter, 1980, S. 400, (Übersetzung durch Verf.)

[3] Porter, 1980, S. 434, (Übersetzung durch Verf.)

[4] Lenin, 1960 [1918], S. 71-145, hier S. 81

konnte seine Kontrahenten im Laufe der Jahre und die Opposition gegen seine Politik ausschalten.[5]

Im Gegensatz zum Internationalismus der Russischen Revolution ging Stalin zu einer Politik des »Sozialismus in einem Land« über und begann mit dem ersten Fünf-Jahres-Plan 1928 eine Industrialisierung großen Ausmaßes, um mit den anderen Weltmächten konkurrenzfähig zu sein. Stalin selbst formulierte dieses Ziel so: »Wir sind hinter den fortgeschrittenen Ländern um 50 bis 100 Jahre zurückgeblieben. Wir müssen diese Distanz in zehn Jahren durchlaufen. Entweder tun wir das, oder die anderen werden uns zerschmettern.«[6]

Eine neue herrschende Klasse und mit ihr eine neue Klassengesellschaft entstand. Diese entstehende Gesellschaft beschrieb der britische Marxist Tony Cliff als bürokratischen Staatskapitalismus: Ab Ende der 1920er Jahre handelte es sich in Russland nicht mehr um eine sozialistische Gesellschaft, sondern um eine kapitalistische, eine staatskapitalistische Gesellschaft.[7]

Die Anzahl der berufstätigen Frauen verfünffachte sich, die der Männer stieg »lediglich« um das Zweieinhalbfache unter der stalinistischen Industrialisierung. Diese Entwicklung versuchte Stalin als große Errungenschaft zu verkaufen, waren doch weit mehr Frauen berufstätig als in allen westlichen Ländern. Und sie waren zu großen Teilen nicht in den »klassischen weiblichen« Berufen zu finden, sie arbeiteten im Straßenbau, in der Schwerindustrie, als Schlosserinnen und als Ingeneurinnen:

> Die Revolution von 1917 war kein Wendepunkt in Bezug auf die Arbeit, die Frauen machten. Mit der Revolution Stalins von oben kam es zu tiefgreifenden Veränderungen, die auf die Verabschiedung des ersten Fünfjahresplans für die Industrie im Jahr 1928 und die Ende 1929 in Gang gesetzte Kollektivierung der Landwirtschaft zurückzuführen waren.[8]

Doch war diese Entwicklung nicht die von Stalin behauptete Errungenschaft. Überstunden, doppelte Schichten, Akkordarbeit, Sanktionen in Betrieben bei Nichterreichen des geforderten Pensums, Zwangsarbeit, Erhöhung von Arbeitsunfällen, Aufheben von Arbeitsschutz, keine freien Gewerkschaften, ungleiche Löhne für Frauen und Männer waren wieder an der Tagesordnung. Die Bezahlung während des Mutterschutzes und der Elternzeit war drastisch gekürzt: Nach der Oktoberrevolution entsprach das

---

5 Eine ausführlichere Beschreibung der Entwicklung findet sich bei Bois, 2014, S. 39-99, und etwas kürzer, dafür aber online: Bois, 2008, S. 149-156

6 Stalin, 1976 [1931] S. 27-38, hier S. 36

7 Cliff, 1975

8 McDermid / Hillyar, 1998, S. 3 (Übersetzung durch Verf.)

Mutterschaftsgeld dem vor der Geburt gezahlten Lohn einer Arbeiterin. Nun wurde diese volle Summe nur noch gezahlt, wenn die Frau bisher drei Jahre gearbeitet hatte, davon mindestens zwei an ihrer aktuellen Arbeitsstelle. Wurde dieses Geld nach der Oktoberrevolution für 8 Wochen vor und 8-12 Wochen nach der Geburt gezahlt, verkürzte sich dieser Zeitpunkt auf fünf Wochen vor und vier Wochen nach der Geburt ab dem Jahr 1938.

Schwangerschaftsabbrüche wurden im Jahr 1936 wieder verboten. Und trotzdem sank die Geburtenrate weiterhin, die heimlichen Schwangerschaftsabbrüche stiegen, mit den schlimmen Folgen für Frauen – Verletzungen und Tod durch heimliche Abbrüche, Verhaftungen. Durch die reicher werdenden Frauen aus der Bürokratie, die sich medizinisch sichere Abbrüche kaufen konnten, wurde der Paragraph gegen den Schwangerschaftsabbruch wieder zu einem Klassenparagraphen, der die ärmeren Frauen härter traf als die reicheren.[9]

Die Akkumulation fand wieder um der Akkumulation, die Produktion wieder um der Produktion Willen statt: Konsumgüter und Dienstleitungen, die Schlüssel, um die Doppelbelastung der Frauen zu beenden, hatten nicht mehr eine der höchsten Prioritäten wie nach der Revolution, sondern waren nun nachrangig. Mit dem Ziel der kapitalistischen Konkurrenzfähigkeit ging die Wiederherstellung der kapitalistischen Familie einher. Die Frauen wurden wieder der kapitalistischen Doppelbelastung unterworfen: der Ausbeutung in der staatlichen Industrie und der Last der individuellen Reproduktion im Haushalt.

Klawdija Nikolaewa, die einzige Frau in Leningrad, die 1925 Trotzkis und Sinowjiews Opposition unterstützte, kritisierte die Wohnungsbaupolitik: die neuen Wohnungen wurden alle ohne Gemeinschaftsküchen gebaut, jede Familieneinheit bekam nun eine eigene Küche. Dies unterstützte das Wiedererstarken der privaten Familie und die Doppelbelastung der Arbeiterinnen.

Denn auch wenn es in der UdSSR beispielsweise mehr Kindergartenplätze und mehr Kantinen gab, als in den westlichen kapitalistischen Ländern, so waren dies nur Zugeständnisse, um mehr (weibliche) Arbeitskräfte um der Konkurrenzfähigkeit willen in die Produktion zu holen. Der Großteil der Haus- und Familienarbeit lag wieder auf den Schultern der nun vermehrt arbeitenden Frauen. Die Familie hatte auch die Aufgabe der konservativen Stütze der Gesellschaft – dies betonte Leo Trotzki: »Das gebieterischste Motiv für den heutigen Familienkult ist zweifelsohne das Bedürfnis der Bürokratie nach einer stabilen Hierarchie der gesellschaftlichen Beziehungen

[9] Erst nach dem Tod Stalins im Jahr 1955, in der kurzen Zeit der vorsichtigen Liberalisierung unter Chruschtschow, wurde der Schwangerschaftsabbruch in der Sowjetunion wieder teilweise legalisiert. Der Grund: Die illegalen Abtreibungen hatten zu viele Todesopfer gefordert.

und nach der Disziplinierung der Jugend durch 40 Millionen Stützpunkte der Autorität und Macht.«[10]

Um der fallenden Geburtenrate etwas entgegenzusetzen, verstärkte die herrschende Klasse die Mutterschaftsideologie. Mutterschaftsorden unterschiedlichen Grades mit unterschiedlich hohen finanziellen Zuwendungen – je mehr Kinder desto höher der Orden und die Zuwendung, sollten die Attraktivität vieler Kinder steigern, Alleinlebende, Kinderlose und Familien mit wenigen Kindern wurden mit speziellen Steuern belastet.[11]

> Eine Frau ohne Kinder verdient unser Mitleid, denn sie kennt nicht die vollständige Erfüllung des Lebens. Unseren Sowjetfrauen, vollgültige Bürgerinnen des freiesten Landes der Welt, ist die Gnade der Mutterschaft gegeben.[12]

1946 singt Kollontai in einem Artikel in der Sowjetskaja shenshtschina (Sowjetische Frau) das Lob auf die »Errungenschaften« für Frauen und ihre für den »Sozialismus« wichtige Rolle als Mutter mit:

> Indem unser Staat den Frauen den Zugang zu allen Bereichen der schöpferischen Tätigkeit eröffnet hat, hat er gleichzeitig alle Voraussetzungen geschaffen, damit sie ihrer natürlichen Verpflichtung nachkommen kann - der Mutter zu sein, die ihre Kinder erzieht und die Herrin ihres Hauses [...]
>
> Großfamilien und Alleinerziehende erhalten staatliche Zuschüsse, um ihnen bei der Versorgung und Erziehung ihrer Kinder zu helfen. Im Jahr 1945 zahlte der Staat mehr als zwei Milliarden Rubel an solchen Zuschüssen aus. Der Titel »Mutter-Heldin« wurde allein ... an mehr als 10.000 Frauen verliehen, während der Orden »Ruhm der Mutter« und die »Medaille der Mutterschaft« an 1.100.000 Frauen verliehen wurden.[13]

Das Shenotdel wurde unter Stalins Herrschaft immer stärker entmachtet. Schon unter der Politik der NEP im Jahr 1922 kürzte die Partei dem Shenotdel Gelder und reduzierte ihre Mitarbeiterinnen von vierzig auf 21.[14] Nach dem ersten Fünf-Jahres-Plan war das Motto des Shenotdels zum Internationalen Frauentag 1930 »Einhundert Prozent Kollektivierung«, das die Zwangskollektivierungen der Bauernschaft unterstützte, die zu einem Verhungern von Millionen von Menschen führte. Danach wurde das Shenotdel, die einst für die Befreiung der Frauen stand, aufgelöst.

---

[10] Trotzki, 1990, S. 168

[11] Rosenberg, 1989, S. 95

[12] zitiert nach Cliff, 1984, S. 34

[13] Kollontai, 1984c [1946] (Übersetzung durch Verf.)

[14] Porter, 1980, S. 403 f.

Mit der Mutterideologie und der konservativen Sexualmoral erstarkte auch wieder die Unterdrückung und Kriminalisierung von Homosexualität. 1928 gab es wieder erste Zwangseinweisungen Homosexueller in psychatrische Einrichtungen, ab 1934 wurde Homosexualität mit einer Haft von bis zu fünf Jahren bestraft. Gleichgeschlechtliche Liebe galt nun als konterrevolutionärer Akt.

Mit der neuen Klassengesellschaft erstarkten auch andere Vorurteile wieder, der Antisemitismus stieg, ab Ende der 1930er Jahre gab es wieder erste Pogrome gegen Jüdinnen und Juden.

Die stärker werdende politische Kontrolle, später die stalinistischen Säuberungen mit ihren Schauprozessen, Folterungen und Ermordungen hatten ihre Wirkung auch auf Kollontai: Sie äußerte sich nicht öffentlich gegen Stalin und seine Schreckensherrschaft. Angst, Selbstzensur, das Gefühl, die Errungenschaften der Oktoberrevolution zu verraten, die Isolation taten ihre Wirkung.

So gibt es nur wenig Einblicke, was Kollontai wirklich dachte: »Zensur und Selbstzensur sorgen dafür, dass wir nur sehr wenige Anhaltspunkte haben, mit denen wir ihre Gefühle in diesen schrecklichen Jahren interpretieren können.«[15] Auch Iring Fetcher, der Herausgeber der ersten Ausgabe von Kollontais »Autobiographie einer sexuell emanzipierten Kommunistin« (Berlin 1977), die sie 1926 verfasste, berichtet von Kollontais Selbstzensur:

> Zu den Abschnitten der Autobiographie, die dem selbstkritischen Bleistift der Autorin zum Opfer gefallen sind, gehören fast sämtliche Passagen, in denen sie von der Frauenemanzipation spricht. Aber selbst das, was durch unsere Rekonstruktion wieder sichtbar geworden ist, bleibt weit hinter dem zurück, das sie in Reden und Schriften zu Beginn der zwanziger Jahre geäußert hat.[16]

Helmut Steiner ist in seinen Ausführungen aus dem Jahr 2009 der Auffassung, dass bisher nur wenig über ihre wirklichen Positionen bekannt ist: es gibt »devot gehaltene« Briefe an Stalin und öffentliche Distanzierungen von der Arbeiteropposition, der sie angehört hatte.[17] Zu Beginn des Jahres 1930, schildert Kollontai ihre Hilflosigkeit gegenüber der russischen Führung unter Stalin, so Marcel Body:

> Was kannst du tun? Wie kann man sich dem Apparat widersetzen? Wie kannst du kämpfen oder dich gegen Verletzungen verteidigen? Ich für meinen Teil habe

[15] Porter, 1980, S. 445 (Übersetzung durch Verf.)

[16] Iring Fetcher in seinem Nachwort zu Alexandra Kollontai: Fetcher, 1977

[17] Steiner, 2004, S. 117 und S. 119

meine Prinzipien in eine Ecke meines Gewissens gestellt und führe die mir diktierte Politik so gut ich kann aus.[18]

Kollontai musste als Botschafterin jeden Sommer nach Moskau zurückkehren und an Beratungen teilnehmen. Während der »Säuberungen« in der Partei in den Jahren 1937 und 1938 fürchtete Kollontai, verhaftet zu werden. Denn viele ihrer ehemaligen Mitstreitenden waren schon verschwunden und ermordet worden, u.a. auch Schljapnikow und Dybenko. Viele andere Botschafter wurden in den Jahren nach Moskau zurückgerufen und verschwanden dann.

Einen Grund dafür, dass Kollontai nicht verhaftet wurde, gibt Molotow an: Sie war »uns nicht gefährlich«[19]. Barbara Evans Clements beschreibt in ihrer Biographie über Kollontai, wie diese versuchte, sich zu schützen: Sie »huldigte Stalin in erbärmlicher Weise, sie log über die Vergangenheit«:

> Es gibt nur einen belastenden Artikel aus dem Jahr 1937, einen erstmals im Jahr 1927 veröffentlichten und dann zur Erinnerung an den zwanzigsten Jahrestag der Revolution wieder herausgegebenen Artikel. In der Originalversion beschrieb Kollontai das Treffen, bei dem das Zentralkomitee im Oktober 1917 für einen bewaffneten Aufstand stimmte. Sie präsentierte Dybenko als ungeduldig und voranschreiten wollend, Trotzki als ruhig und eindrucksvoll, das Treffen als angespannt, aber harmonisch. Die Version von 1937 war deutlich anders. Kollontai erwähnt Dybenko jetzt nicht, aber sie lobte Stalin, den sie 1927 ignoriert hatte."[20]

In dem Artikel von 1937 schrieb Kollontai, dass nun angeblich Stalin die Bolschewiki angeführt und den entscheidenden Anstoß gegeben hätte, um die Partei von einem bewaffneten Aufstand de Massen zu überzeugen. Trotzki kam nicht mehr vor, Sinowjew und Bucharin setzte retrospektiv Kollontai unbeteiligt in den Raum.

Die Russische Revolution im Jahr 1917 war ein Meilenstein für die Befreiung der Frauen. Und Alexandra Kollontai war mit ihrer Arbeit als Kommissarin für soziale Fürsorge, später als Leiterin des Shenotdel, mit ihren Schriften und Artikeln mit an der Spitze der Bewegung, die Russland in den Anfangszeiten zum freiesten Land der Welt machten. Der Stalinismus mit seiner Konterrevolution nahm alle Errungenschaften der Oktoberrevolution und reaktivierte die alten Ideologien und die Familie als günstigen Ort der Reproduktion. Das war aber nicht die Politik, für die Kollontai jahrzehntelang gekämpft hatte. Kollontais Ideen und Ansätze können wertvolle Entde-

18 Zitiert nach: Porter, 1980, S. 448 (Übersetzung durch Verf.)

19 Clements, 1997, S. 288 (Übersetzung durch Verf.)

20 Clements, 1979, S. 254f. (Übersetzung durch Verf.)

ckungen und Hilfen für all diejenigen sein, die Welt heute verändern wollen. Das Motto der Revolutionärinnen und Revolutionäre von 1917, das Inessa Armand aussprach, kann dabei eine wichtige Leitlinie sein:

> Wenn die Emanzipation der Frauen ohne Sozialismus undenkbar ist, dann ist der Sozialismus ohne die volle Emanzipation der Frauen undenkbar.[21]

[21] Armand, 1919, S. 155 (Übersetzung durch Verf.)

Quellenverzeichnis

Adamczak, Bini, 2017: Beziehungsweise Revolution. 1917, 1968 und kommende, Berlin

Anonym, 1912: Rezension von A. Kollontai, Aus dem Tagebuch einer Agitatorin, in: Korrespondenzblatt der Generalkommission der Gewerkschaften Deutschlands, S. 69

Armand, Inessa: Kommunisticheskaja partiia i organizatsiia rabotnits, Petrograd-Moskau 1919, S. 41, zitiert nach Barbara Evans Clements, Bolshevik Feminist. The Life of Alexandra Kollontai, London 1979

Batkis, Gregor, 1925: Die Sexualrevolution in Russland, in: Theilhaber, Felix A. (Hg.), 1925: Beiträge zum Sexualproblem, Heft IV, Berlin

Bernstein, Eduard, 1991: Die Voraussetzungen des Sozialismus und die Aufgaben der Sozialdemokratie, Berlin

Bock, Helmut, 2011: Die Ursünde der bolschewistischen Revolution: Der Kronstädter Matrosenaufstand 1921, Neues Deutschland 05.03.2011

Bois, Marcel, 2008: Clara Zetkin und die Stalinisierung von KPD und Komintern; in: Plener, Ulla (Hg.), 2008: Clara Zetkin in ihrer Zeit, Berlin, https://www.rosalux.de/publikation/id/1197/

Bois, Marcel, 2014: Kommunisten gegen Hitler und Stalin, Essen

Bookmarks (Hg.) 1998: Alexandra Kollontai: Alexandra Kollontai on Women´s Liberation, London.

Brie, Michael, 2004: Rosa Luxemburg und Alexandra Kollontai – Parteinahme für einen demokratischen Sozialismus, in: UTOPIE kreativ, H. 162, S. 312-328.

Brossat, Alain Brossat und Sylvie Klingberg, 2016: Revolutionary Yiddishland. A History of Jewish Radicalism, London

Bryant, Louise, 1982 [1918]: Eine Amerikanerin in Russland. Reportagen aus dem Roten Oktober, Köln

Clements, Barbara Evans,1997, Bolshevik Women, Cambridge

Clements, Barbara Evans, 1979: Bolshevik Feminist: The Life of Aleksandra Kollontai, London

Cliff, Tony, 1975: Staatskapitalismus in Russland. Eine marxistische Analyse, Frankfurt

Cliff, Tony, 1981, Alexandra Kollontai: Russian Marxists and Women Workers, in International Socialism, 2:14, London, Autumn 1981, S. 75–104 https://www.marxists.org/archive/cliff/works/1981/xx/kollontai.html#f1

Cliff, Tony, 1984: Class Struggle and Women's Liberation, London

Quellenverzeichnis

Crouch, David, 2003: Bolsheviks and Islam, in: Socialist Review, London, December 2003

Deutscher, Isaac, 1972: Trotzki, 3 Bd., Stuttgart

Draper, Hal, 1966: The Two Souls of Socialism, New Politics 5, no.1, Winter 1966

Ebert, Teresa L., 1999: Alexandra Kollontai and Red Love

Egan, Sean, 2017: The Bolsheviks and the sexual Revolution, in: Irish Marxist Review, 2017, Vol 6, NO17

Elizarova, Anna und Maria Ulianova, 1917: Prawda vom 5. März 1917

Engels, Friedrich, 1975 [1884]: Der Ursprung der Familie, des Privateigentums und des Staats, MEW Bd. 21, Berlin

Englert, Sai, 2012: Die Geschichte des Jüdischen Bunds. In: Rassismus. Meinungsmacher, Ideologien, Gegenkräfte, theorie 21, Frankfurt am Main

Fahndrich, Florian / Vanessa Isabel Rieker / Katrin Schierbach / Vincent Streichhahn / Irmgard Wurdack, 2018: Wer war Clara Zetkin? A Rebels Guide, Berlin

Farnsworth, Beatrice, 1980: Aleksandra Kollontai: Socialism, Feminism and the Bolshevik Revolution, Stanford

Faulkner, Neil , 2017: A People's History of the Russian Revolution, London

Fetcher, Iring, 1977: Nachwort zu Alexandra Kollontai, in: Kollontai, Alexandra, 1977 : Autobiografie einer sexuell emanzipierten Kommunistin, Berlin

Gietinger, Klaus, 2011, Die Kommune von Kronstadt, Berlin

Glickman, Rose L., 1977: The Russian Factory Women, 1880-1914, in: Dorothy Atkinson, Alexander Dallin, Gail Warshofsky Lapidus: Women in Russia, Stanford, California

Glickman, Rose L., 1984: Russian Factory Women. Workplace and Society 1880-1914, London

Goldman, Wendy Z., 1993: Soviet Family Policy and Social Life, 1917-1936, Cambridge/USA

Harman, Chris, 1984: Frauenunterdrückung und Frauenbefreiung, Hannover

Hayden, Carol Eubanks, 1976: The Zhenotdel and the Bolshevik Party, in: Russian History/Histoire Russe III:2

Healey, Dan, 2001: Homosexual Desire in Revolutionary Russia: The Regulation of sexual and Gender dissent, Chicago

Hildermeier, Manfred, 2009: Die Russische Revolution 1905-1921, Frankfurt am Main, Suhrkamp

Hoffrogge, Ralf, 2017: Sozialismus und Arbeiterbewegung in Deutschland und Österreich. Von den Anfängen bis 1914, Stuttgart

Holt, Alix (Hg.), 1977: Alexandra Kollontai – Selected Writings, London und New York

Holt, Alix, 1977b: The Revolution, in: Holt, Alix, 1977 (Hg.): Alexandra Kollontai – Selected Writings, London und New York

Holt, Alix, 1977c: Women and the Revolution, in: Holt, Alix, 1977 (Hg.): Alexandra Kollontai – Selected Writings, London und New York

Israel, Monika, 1977: Probleme der Frauenemanzipation im nachrevolutionären Rußland (1917 -1932), in: Kollontai, Alexandra, 1977: Die neue Moral und die Arbeiterklasse, Münster

Kamp, Marianne, 2015: Debating Sharia: The 1917 Muslim Women's Congress in Russia, in: Journal of Women' History, Number 4, Winter 2015

Karl Marx und Friedrich Engels, Das Kommunistische Manifest, MEW, Band 4, S. 472 und 482

Kirchner, Barbara (Hg.) 2012: Alexandra Kollontai: Autobiographie einer sexuell emanzipierten Kommunistin, Hamburg

Kolakowski, Leszek, 1988: Die Hauptströmungen des Marxismus - Entwicklung. Band 2, Piper, München, S. 130

Kollontai, Alexandra, 1921, Was bedeutet die „Arbeiter-Oppositon“?, online unter: https://www.marxists.org/deutsch/archiv/kollontai/1921/opposition/arbeiter.htm

Kollontai, Alexandra, 1972 [1905]: K Woprosu o Klassowoj Borbe (Zur Frage über den Klassenkampf), in: Коллонтай, Александра, 1972: Избранные статьи и речи, Москва

Kollontai, Alexandra, 1975 [1921]: Die Situation der Frau in der gesellschaftlichen Entwicklung. 14 Vorlesungen vor Arbeiterinnen und Bäuerinnen an der Swerdlow-Universität, Frankfurt am Main

Kollontai, Alexandra, 1977a [1909]: The Social Basis of the Woman Question, in: Holt, Alix, 1977 (Hg.): Alexandra Kollontai – Selected Writings, London und New York

Kollontai, Alexandra, 1977b [1915]: Why was the German Proletariat Silent during the July Days?, in: Holt, Alix, 1977 (Hg.): Alexandra Kollontai – Selected Writings, London und New York

Kollontai, Alexandra, 1977c [1917]: Where is "revolutionary defencism" leading?, in: Holt, Alix, 1977 (Hg.): Alexandra Kollontai – Selected Writings, London und New York

Kollontai, Alexandra, 1977d [1918]: Die Geschlechtsbeziehungen und der Klassenkampf, in: Kollontai, Alexandra, 1977: Die neue Moral und die Arbeiterklasse, Münster

Kollontai, Alexandra, 1977e [1919]: Towards a History of the Working Women's Movement in Russia, in: Holt, Alix, 1977 (Hg.): Alexandra Kollontai – Selected Writings, London und New York

Kollontai, Alexandra, 1977f [1920]: Die neue Frau, in: Kollontai, Alexandra, 1977: Die neue Moral und die Arbeiterklasse, Münster

Kollontai, Alexandra, 1977g [1920]: Die neue Moral und die Arbeiterklasse, Münster

Kollontai, Alexandra, 1977h [1921]: Prostitution and Ways of fighting it, in: Holt, Alix, 1977 (Hg.): Alexandra Kollontai – Selected Writings, London und New York

Kollontai, Alexandra, 1977i [1921]: Theses on Communist Morality in the Sphere of Marital Relations, in: Holt, Alix, 1977 (Hg.): Alexandra Kollontai – Selected Writings, London und New York

Kollontai, Alexandra, 1977j [1926]: Autobiografie einer sexuell emanzipierten Kommunistin, Berlin; Neue Auflage: 2012, Hamburg

Kollontai, Alexandra, 1977k [1926]: On marriage and Everyday Life, in: Holt, Alix, 1977 (Hg.): Alexandra Kollontai – Selected Writings, London und New York

Kollontai, Alexandra, 1977l [1912]: Around Workers' Europe, in: Holt, Alix, 1977 (Hg.): Alexandra Kollontai – Selected Writings, London und New York

Kollontai, Alexandra, 1977m [1916], Working Woman and Mother, in: Holt, Alix, 1977 (Hg.): Alexandra Kollontai – Selected Writings, London und New York

Kollontai, Alexandra, 1979: Der weite Weg. Erzählungen, Aufsätze, Kommentare, Frankfurt am Main

Kollontai, Alexandra, 1979a [1907]: Zwei Richtungen, in: Kollontai, Alexandra, 1979: Der weite Weg. Erzählungen, Aufsätze, Kommentare, Frankfurt am Main

Kollontai, Alexandra, 1979b [1908]: Die Frau als Arbeiterin in der gegenwärtigen Gesellschaft, in: Kollontai, Alexandra, 1979: Der weite Weg. Erzählungen, Aufsätze, Kommentare, Frankfurt am Main

Kollontai, Alexandra, 1979c [1908]: Über die Organisierung der Arbeiterinnen in Rußland (Ob organizacii rabotnic v Rossi, in: Golos social'demokrata – illegales Organ der Menschewiki, 1908, 10-11, S. 10, zitiert nach Krizstina Mänicke-Gyöngyösi: Menschliche Emanzipation und neue Gesellschaft, in: Alexandra Kollontai: Der weite Weg, S. 242

Kollontai, Alexandra, 1979d [1916]: Mutterschutz, in: Kollontai, Alexandra, 1979: Der weite Weg. Erzählungen, Aufsätze, Kommentare, Frankfurt am Main

Kollontai, Alexandra, 1979e [1922]: Moral als Instrument von Klassenherrschaft, in: Kollontai, Alexandra, 1979: Der weite Weg. Erzählungen, Aufsätze, Kommentare, Frankfurt am Main

Kollontai, Alexandra, 1979f [1922]: Wie soll ein Kommunist sein, in: Kollontai, Alexandra, 1979: Der weite Weg, Frankfurt

Kollontai, Alexandra, 1979g [1923]: Ein Weg dem geflügelten Eros, in: Kollontai, Alexandra, 1979: Der weite Weg. Erzählungen, Aufsätze, Kommentare, Frankfurt am Main

Kollontai, Alexandra, 1979h [1923]: Vom „Drachen“ und vom „weißen Vogel“ in: Kollontai, Alexandra, 1979: Der weite Weg. Erzählungen, Aufsätze, Kommentare, Frankfurt am Main

Kollontai, Alexandra, 1979i [1951]: Betrachtungen über meine Vergangenheit, in: Kollontai, Alexandra, 1979: Der weite Weg. Erzählungen, Aufsätze, Kommentare, Frankfurt am Main

Kollontai, Alexandra, 1980: Ich habe viele Leben gelebt. Autobiographische Aufzeichnungen, Berlin

Kollontai, Alexandra, 1980a [1921]: Die Beratung der Komunistinnen, die als Organisatoren unter den Frauen des Ostens wirken, in: Kollontai, Alexandra, 1980: Ich habe viele Leben gelebt, Berlin

Kollontai, Alexandra, 1980b [1927]: Die erste Sozialunterstützung, Kollontai, Alexandra, 1980: Ich habe viele Leben gelebt, Berlin

Kollontai, Alexandra, 1980c [1927]: Die ersten Schritte zum Mutterschutz, in: Kollontai, Alexandra, 1980: Ich habe viele Leben gelebt, Berlin

Kollontai, Alexandra, 1980d [1929]: Wer rettet die Soziale Fürsorge?, in: Alexandra Kollontai, Ich habe viele Leben gelebt, Berlin

Kollontai, Alexandra, 1980e [1921]: Tagebuchaufzeichnungen Januar 1919, in: Kollontai, Alexandra, 1980: Ich habe viele Leben gelebt, Berlin

Kollontai, Alexandra, 1982, 1988, 1992 [1923-1925]: Wege der Liebe. Drei Erzählungen, Frankfurt am Main

Kollontai, Alexandra, 1982a [1923]: Die Liebe der drei Generationen, in: Kollontai, Alexandra, 1982: Wege der Liebe, Frankfurt am Main

Kollontai, Alexandra, 1984a [1913]: , Women's Day, in: Alexandra Kollontai. Selected Articles and Speeches, Progress Publishers, 1984, online unter: https://www.marxists.org/archive/kollonta/1913/womens-day.htm

Kollontai, Alexandra, 1984b [1917]: Our Tasks (Unsere Aufgaben), in: Rabotnitsa, Petrograd 1917, Nr. 1-2, zitiert nach Dies., Selected Articles and Speeches, Progress Publishers

Kollontai, Alexandra, 1984c [1946]: The Soviet Women – a Full and Equal Citizen of Her Country«, in: Alexandra Kollontai: Selected Articles and Speeches, Progress Publishers, zitiert nach: https://www.marxists.org/archive/kollonta/1946/full.htm

Kollontai, Alexandra, 1993 [1921]: Die Situation der Frau in der gesellschaftlichen Entwicklung, Marburg

Kollontai, Alexandra, 2019a [1906]: Wer sind die Sozialdemokraten und was wollen sie? veröffentlicht im Anhang diesen Buches, übersetzt nach: Коллонтай, Александра, 1972 [1906]: Кто такие социал-демократы и чего они хотят? In: Коллонтай, Александра, 1972: Избранные статьи и речи, Москва

Kollontai, Alexandra, 2019b [1918]: Die Familie im Kommunismus, veröffentlicht im Anhang diesen Buches, übersetzt nach: Holt, Alix, 1977 (Hg.): Alexandra Kollontai – Selected Writings, London und New York

Krupskaia, Nadeshda, 1942 [1933]: Memories of Lenin, London, (auf deutsch: Erinnerungen an Lenin, Berlin, 1959)

Lauritsen, John / David Thorstad, 1995, Early Homosexual Rights Movement, Times change Press

Lenin, W. I., 1958 [1905], Sozialdemokratie und provisorische revolutionäre Regierung, in: Lenin Werke, Bd. 8, Berlin

Lenin, W. I., 1962 [1915]: An Inès Armand, in: Lenin Werke, Bd. 35, Berlin

Lenin, W. I., 1962 [1919]: Die große Initiative, in: Lenin Werke, Bd. 24, Berlin

Lenin, W. I., 1962 [1922]: Politischer Bericht des Zentralkomitees der KPR (B), in: Lenin Werke, Bd. 33, Berlin

Lenin, W. I., 1976 [1902]: Was tun? Brennende Fragen unserer Bewegung, in: Lenin Werke, Bd. 5, Berlin

Lenin, W. I., 1979 [1915]: Brief an Alexandra Kollontai, in: Lenin Werke, Bd. 35, Berlin, S. 169.

Lenin, W.I., 1960 [1918]: Siebenter Parteitag der KPR(B). 6.-8. März 1918, in: Lenin Werke, Bd. 27, Berlin

Luxemburg, Rosa, 1970 [1899]: Sozialreform oder Revolution?, in: Radczun, Günter (Hg.), Rosa Luxemburg. Politische Schriften, Verlag Philipp Reclam jun. Leipzig, S. 5-99.

Maas, Jan, 2017, Aufstieg und Sieg des Stalinismus, In: 100 Jahre Oktoberrevolution, Theorie21, Nr. 7

Mänicke-Gyöngyösi, Krizstina, 1979: Menschliche Emanzipation und neue Gesellschaft, in: Kollontai, Alexandra, 1979: Der weite Weg. Erzählungen, Aufsätze, Kommentare, Frankfurt am Main

Mänicke-Gyöngyösie, Krisztina, 1989: Geschlechterverhältnis, Modernisierung und neue Öffentlichkeit in der Sowjetunion, in: Feministische Studien, Weinheim, Heft 1

Marx, Karl und Friedrich Engels, 1848, Das Kommunistische Manifest, MEW, Band 4

McDermid, Jane / Anna Hillyar, 1998, Women and Work in Russia 1880-1930: A study in continuity through change, London

McDermid, Jane / Anna Hilyar, 1999: Midwives of the Revolution. Female Bolsheviks and women workers in 1917, London

Notz, Gisela, 2008: Clara Zetkin und die internationale sozialistische Frauenbewegung, in: Ulla Plener (Hg.), 2008: Clara Zetkin in ihrer Zeit, Berlin

Notz, Gisela, 2017: Die vielen Leben der Alexandra Kollontai, in: Bernd Hüttner u.a. (Hg.): Roter Oktober 1917. Beiträge zur Geschichte der Russischen Revolution, RLS-Materialien 22, Berlin, S. 30-38.

Omar, Naima, 2018: The Bolsheviks, Islam and the Women of the East, Socialist Review, London, März 2018

Pipes, Richard, 1992: Die Russische Revolution, Band 2: Die Macht der Bolschewiki, Rowohlt, Berlin

Plener, Ulla (Hg.), 2008: Clara Zetkin in ihrer Zeit, Berlin, https://www.rosalux.de/publikation/id/1197/

Porter, Cathy, 1980, Alexandra Kollontai: A Biography, London

Rabinowitsch, Alexander, 2010: Die Sowjetmacht. Das erste Jahr, Essen

Rabinowitsch, Alexander, 2012: Die Revolution der Bolschewiki 1917, Essen,

Raether, Gabriele, 1986: Alexandra Kollontai : zur Einführung, Hamburg.

Ransome, Arthur, 2013 [1919]: Six weeks in Russia 1919, London

Reed, John, 1988 [1919]: Zehn Tage, die die Welt erschütterten, Berlin

Richebächer, Sabine, 1982: Uns fehlte nur eine Kleinigkeit. Deutsche proletarische Frauenbewegung 1890-1914, Frankfurt am Main

Rogger, Franziska und Monika Bankowski: 2010. Ganz Europa blickt auf uns! Das schweizerische Frauenstudium und seine russischen Pionierinnen, Baden.

Rose, John, 2006: Mythen des Zionismus, London

Rosenberg, Chanie, 1989: Women and Perestroika, London

Rosenberg, Chanie, 1998: Vorwort, in: Bookmarks (Hg.) 1998: Alexandra Kollontai: Alexandra Kollontai on Women´s Liberation, London

Rosmer, Alfred, 1989: Moskau zu Lenins Zeiten, Frankfurt am Main

Schejnis, Sinowi, 1984: Alexandra Kollontai: Das Leben einer ungewöhnlichen Frau, Frankfurt am Main

Schierbach, Katrin, Irmgard Wurdack und Simone Käfer, 2015: Die proletarische Frauenbewegung 1860-1933, in: Geschlecht Klasse Sozialismus, theorie 21, Frankfurt am Main

Schierbach, Katrin, 2017, Befreiung und Selbstbefreiung in der Russischen Revolution, in: 100 Jahre Russische Revolution, theorie 21, Frankfurt am Main, S. 91-112

Serge, Victor, 2015 [1930]: Year One of the Russian Revolution, Chicago

Stalin, J.W. 1976 [1931]: Über die Aufgaben der Wirtschaftler. Rede auf der ersten Unionskonferenz der Funktionäre der sozialistischen Industrie, 04.02.1931, in: Ders.: Werke, Bd. 13, Dortmund

Steiner, Helmut, 2004: Alexandra M. Kollontai (1872-1952) über Theorie und Praxis des Sozialismus, Überarbeitete und erweiterte Fassung eines Vortrags vor der Klasse für Sozial- und Geisteswissenschaften der Leibnitz-Sozietät am 21. Dezember 2000, in: Leibnitz-Sozietät/Sitzungsberichte 63(2004), 83-122.

Stites, Richard, 1991 [1978] The Women's Liberation Movement in Russia. Feminism, Nihilism and Bolshewism, 1860-1930, Princeton, New Jersey

Taut, Jakob, 1986: Judenfrage und Zionismus, Frankfurt am Main

Trotzki, Leo, 1967 [1938]: Ihre Moral und unsere, in: Voltaire Flugschrift 8, Berlin

Trotzki, Leo, 1973a [1923]: Von der alten zur neuen Familie, in: Trotzki, Leo, 1973: Frau, Familie und Revolution, Berlin

Trotzki, Leo, 1973b [1930]: Geschichte der Russischen Revolution, Band 1-3, Fischer (online unter: http://www.marxistsfr.org/deutsch/archiv/trotzki/1930/grr/index.htm)

Trotzki, Leo, 1981 [1929]: Mein Leben. Versuch einer Autobiographie, Frankfurt am Main.

Trotzki, Leo, 1988 [1937]: Thermidor und Antisemitismus, in: Leo Trotzki. Schriften, Band 1.2, Hamburg (online unter: https://www.marxists.org/deutsch/archiv/trotzki/1937/02/antisemit.htm)

Trotzki, Leo, 1990 / 2009 / 2016 [1936]: Verratene Revolution: Was ist die Sowjetunion und wohin treibt sie? Essen

Trotzki, Leo, 2001 [1923]: Von der alten Familie zur neuen, in: Trotzki, Leo, 2001: Fragen des Alltagslebens, Essen (online unter: https://www.marxists.org/deutsch/archiv/trotzki/1923/07/familie.html

Weber, Max, 1906: Rußlands Übergang zum Scheinkonstitutionalismus, in: Archiv für Sozialwissenschaft und Sozialpolitik, Bd. 23, Tübingen.

Wolf, Sherry, 2009: Sexuality and Socialism, Chicago

Zetkin, Clara, 1957 [1896]: Nur mit der proletarischen Frau wird der Sozialismus siegen. Rede auf dem Parteitag der Sozialdemokratischen Partei Deutschlands zu Gotha, 16. Oktober 1896, in: Clara Zetkin, Ausgewählte Reden und Schriften, Band 1, Berlin

Zetkin, Clara, 1960: Erinnerungen an Lenin, in: Zetkin, Clara, 1960: Ausgewählte Reden und Schriften Band III; 2., Berlin

Anhang 1: Wer sind die Sozialdemokraten und was wollen sie? (1906/1917)

Ungerechte Ordnung

Russland ist jetzt in viele Parteien gespalten. Jede hat ihr eigenes Programm und jede verspricht den Arbeitern und Bauern etwas. Es ist schwierig, all das zu verstehen; es ist schwierig für einen Menschen, der noch nicht an der Politik teilgenommen hat, zu verstehen, wer ein Freund ist, wer der Feind ist und wer nur ein Wolf im Schafspelz ist. Für den Arbeiter ist es wichtiger zu verstehen: Was wollen die Sozialdemokraten und wer sind sie?

Jedes Jahr wird das Leben für diejenigen schwieriger, die ihr Leben aus eigener Arbeit bestreiten. Auf der einen Seite wächst die Armut der gesamten Nation, aber auf der anderen Seite nimmt der Luxus und der Reichtum der Wenigen zu, die Eigentum - Kapital, Fabriken, Länder und Häuser - besitzen. Die Geschäfte sind voller Waren, doch der Großteil der Bevölkerung lauft ohne Stiefel und warme Kleidung im Winter. In den Lagern verschimmelt das Brot, doch die Menschen verhungern. Die Waldhöfe sind voller Holz, doch die Arbeiter haben keine Holzspäne, um ihre Öfen zu heizen und die Bauernfamilien haben nichts zum Brotbacken. Und es wird immer schlimmer. Tausende und Zehntausende von Arbeitern sterben an unerträglicher, schädlicher Arbeit und schlechten Lebensbedingungen, doch diejenigen, für die sie arbeiten, füllen sich nur ihre Taschen noch mehr. Egal wie viel Arbeit ein Arbeiter leistet, egal wie viel Reichtum mit Hilfe seiner Hände produziert wird, alle Einnahmen werden nicht ihm zugutekommen, nicht der Gesellschaft, sondern der privaten Tasche des Kapitalisten. Und dann gibt es die Stagnation und Krisen in der Wirtschaft: Der Handel bricht zusammen, Fabriken und Werke werden geschlossen, Banken gehen bankrott. Eine große Anzahl arbeitender Menschen wird auf die Straße geworfen und kleine Fabriken und Händler werden ruiniert. Die großen Kapitalisten haben keine Angst vor Krisen: Sie haben überschüssiges Kapital; diese Stürme sind nichts für sie; sie sind wie alte Eichen im Wald, wenn ein Sturm einbricht. Er zerstört die jungen Bäume, doch die großen werden nur größer.

Am schlimmsten trifft es natürlich die Arbeiter, Bauern und kleinen Handwerker während der Krisen; sie verlieren auch das Wenige, was sie haben. Und Krisen sind unvermeidlich in der heutigen so genannten handelskapitalistischen Ordnung. Heutzutage entscheidet niemand darüber, wie viel und welche Waren produziert werden sollen, so dass es für alle reicht und niemand eine Not hat. Jeder Unternehmer produziert auf eigene Gefahr und achtet nur auf eines: mehr Gewinn zu erzielen als andere. Wenn der Preis einer bestimmten Ware steigt, dann haben es alle Unternehmer sehr eilig, mehr davon zu produzieren; es ist schwierig für sie zu berechnen, ob es Käufer für alle Waren geben wird. Und wenn es zu viele Waren gibt, wenn es niemanden gibt, der sie kauft, fallen die Preise, die Nachfrage bricht zusammen, es kommt zu einer »Krise« oder »Stagnation«. Und egal wie sehr man es versucht, man kann den Krisen nicht entkommen. Egal wie sehr man es versucht, man kann den Überfluss eines Produktes auf dem Markt auf der einen und seinen Mangel oder die zu hohen Preise für die Mehrheit auf der anderen Seite nicht vermeiden, solange die Produktion zu privaten Zwecken betrieben wird, solange sie nicht von der Gesellschaft selbst verwaltet wird, solange der Zweck der Produktion der Handel und nicht die Befriedigung der menschlichen Bedürfnisse ist.

Was wird vorgeschlagen?

Die Defizite aller aktuellen Lebensbedingungen sind unverkennbar. Seit langem wird nach Möglichkeiten gesucht, die bestehende Ordnung zu verändern, das Leben besser und gerechter zu machen. Jeder bot seine eigenen Vorschläge an. Einer von ihnen sagte: „Wir sollten den Besitzern alle Reichtümer wegnehmen und sie unter den Armen aufteilen. Aber es stellte sich heraus, dass diese Lösung nicht geeignet ist: Abgesehen davon, dass bei einer derartigen Verteilung, wo die Zahl der Armen hundertmal höher ist als die

Zahl der Reichen, eine Person nur einen winzigen Teil des gesamten Reichtums abbekommen würde, ist es auch nicht möglich, eine Aufteilung vorzunehmen. Wenn wir durch eine faire Schätzung den Reichtum teilen, dann bekommt der eine ein Segeltuch, der andere ein Fabrikrohr, einen Pflug, oder ein Stück Land. Die Leute würden jetzt einen Tausch beginnen, d.h. Handel; jeder würde teurer verkaufen wollen, mit Gewinn. Die Ungleichheit würde wieder wachsen: Wieder einmal hätte derjenige Eigentum und Kapital, der mehr kalkuliert, und der andere hätte nichts als seine Hände.

Andere setzten alle Hoffnungen auf die Regierung des Landes, auf Gesetze. Aber egal, wie gut die Gesetze an sich auch sein mögen, sie können Reichtum und Armut nicht beseitigen. Das demokratische Staatssystem macht das Leben viel einfacher, ist ein Mittel zur Erreichung einer besseren Zukunft, aber solange die gesamte Gesellschaft in zwei Klassen - die Besitzenden (oder Bourgeoisie) und die Habenichtse (oder Proletarier) - geteilt ist, kann man mit einzelnen Gesetzen nicht all das Übel, das heute herrscht, beseitigen.

Schließlich gab es noch Dritte, die die Wurzel des Bösen richtig verstanden haben, die, wie die Sozialdemokraten jetzt, sagten, dass wir, damit Reichtum und Armut verschwinden, damit Klassenungleichheit zwischen den Menschen ein Ende hat, damit sich niemand auf fremde Kosten bereichern kann und die Menschheit als Ganzes von Hunger, Krisen, Arbeitslosigkeit, Ruin verschont bleibt, das Privateigentum abschaffen und das gesamte Land und den gesamten angesammelten Reichtum - Fabriken, Geschäfte, Minen usw. – in öffentliches Eigentum verwandeln müssen. Wenn jeder die für seine Arbeit notwendigen Werkzeuge und Maschinen benutzen könnte, wenn ein Bauer das Land haben könnte, das er braucht, würde niemand von der Arbeit eines anderen profitieren, dann gäbe es keine Armut, Ausbeutung und Ungerechtigkeit in der Welt.

In der heutigen Welt haben einige Menschen Kapital, Fabriken, Betriebe, Land, d.h. die Produktionsmittel; die große Mehrheit hat nur die eigene Arbeitskraft. Um irgendwie überleben zu können, muss man arbeiten. Aber davon hat man sonst nichts. Man muss zum Kapitalisten gehen und um einen Job bitten. Und was bedeutet es, eingestellt zu werden? Es bedeutet, seine Arbeitskraft zu verkaufen, seine arbeitenden Hände gegen einen solchen Preis an den Kapitalisten zu verkaufen, dass man nicht verhungert. Der Chef, der die Arbeitskraft für einen Groschen gekauft hat, zwingt den Arbeiter, seinen Lebensunterhalt für ihn zu verdienen; und je weniger der Boss den Arbeiter bezahlt, desto mehr Stunden ist der Arbeiter gezwungen zu arbeiten, desto höher ist der Gewinn des Chefs, desto schneller wächst sein Kapital. Der Arbeiter wehrt sich. Aber der Kapitalist ist mit den „Unbändigen" nicht sehr förmlich, er wird sie durch Proletarier, die auf der Suche nach Arbeit sind, ersetzen.

Da Ungleichheit und Ausbeutung durch die Existenz von Privateigentum ermöglicht werden, müssen wir, um das Leben der Menschen zum Besseren zu verändern, zunächst alle Grundstücke, Fabriken, Werkstätten, Kapitalien aus den Händen der Privateigentümer, Vermieter, Fabrikanten usw. in die Hände der gesamten Gesellschaft, d.h. der Arbeiter, legen. In einer solchen neuen Gesellschaft wird es sowieso keinen Platz für andere als Arbeiter geben. Aber gleichzeitig werden diese Arbeiter nicht die gegenwärtigen angestellten Arbeiter sein, die ihre Arbeitskraft verkaufen, sich dem Kapitalisten unterwerfen. Sie werden freie Arbeiter sein, Bürger, die durch ihre eigene Arbeit in der Lage sein werden, über den gesamten erzielten Reichtum zu verfügen und das ganze Leben ihres Heimatlandes zu verwalten. Private Betriebe sollten durch eine große gemeinsame Wirtschaft ersetzt werden, die auf gemeinsamer, öffentlicher Arbeit basiert. Nur dann, in einer solchen neuen kommunistischen oder sozialistischen Welt, können Armut und Hunger überwunden werden. Hunger gibt es nicht, weil das Brot oder andere Dinge nicht reichen, damit alle Menschen etwas zu essen haben, sondern weil es heute eine Klasse von Menschen gibt - Vermieter, Unternehmer, Kaufleute -, die das Elend des Volkes ausnutzen, den Preis erhöhen, wenn das Brot nicht gebacken wird, bewusst nur eine kleine Menge davon in Hungerregionen schicken, um es dort zu einem teuren Preis zu verkaufen.

Die schrecklichen Krisen und die Arbeitslosigkeit, sowohl für die Arbeiter als auch für alle kleinen Leute, werden ebenfalls verschwinden. Wem dient die moderne Produktion? Dem Handel. Jeder Vermieter, jeder Handwerker, jeder Produzent produziert ein Produkt nicht zum Verbrauch, sondern zum Verkauf. Sie interessieren sich nicht für den gesellschaftlichen Nutzen, sondern für den Nutzen der eigenen Tasche; daher diese Konkurrenz und die Feindschaft zwischen den Menschen. In einer kommunistischen Gesellschaft wird es keinen Platz für Konkurrenz oder Feilschen geben, denn die Menschen werden nicht zum Verkauf, sondern für ihren eigenen Verbrauch produzieren. Alles, was produziert wird, wird als öffentliches Eigentum betrachtet. Ein Teil des durch die gemeinsame Arbeit gewonnenen Reichtums wird zur Deckung des öffentlichen Bedarfs verwendet, und der andere Teil wird unter den Arbeitern und Bürgern brüderlich und nach vorheriger Absprache geteilt. Je reicher die gesamte Gesellschaft sein wird, desto besser wird das Leben für jedes einzelne Mitglied der Gesellschaft sein. Da es genug Arbeit für alle geben wird, wird es nicht nötig sein, sich um ein Stück Brot zu streiten. Jeder, der arbeiten wird, wird nicht nur einen vollen Bauch haben, sondern auch alle Annehmlichkeiten und Freuden des Lebens nutzen können, die heute nur den Reichen zur Verfügung stehen. Es versteht sich von selbst, dass jeder versuchen wird, die ganze Arbeit so gut und effizient wie möglich zu machen, und da jeder arbeiten wird, wird jeder Einzelne weniger Arbeit leisten müssen. Dabei werden Maschinen, die sehr verbreitet sein werden, und die Wissenschaft helfen, die Macht des Menschen über die Natur zu stärken. Mit dem Verschwinden des Privateigentums wird die Aufteilung der Menschen in Klassen verschwinden: Es wird keine Reichen, keine Armen, keine Adligen, keine Bettler, keine Ungleichheiten mehr geben. Nur die Ungleichheit von Geist und Talent wird bestehen bleiben. Und wenn jemand von der Gesellschaft respektiert und anerkannt wird, dann nicht, weil sein Vater reich oder sein Großvater adelig war, sondern weil seine Leistungen für die Gesellschaft und seine Mitmenschen großartig sind.

Um also alle modernen Ungerechtigkeiten und Übel zu beenden, wurde folgendes vorgeschlagen: 1) Privateigentum durch öffentliches (oder „kommunistisches") Eigentum zu ersetzen, 2) gemeinsame, gemeinschaftliche Arbeit einzuführen und 3) anstelle von Produktion zum Verkauf Produkte für den öffentlichen und privaten Konsum herzustellen.

Kann man die Welt verändern?

Egal wie richtig die Überlegungen der Leute waren, die diese Art von Umgestaltung vorschlugen, egal wie verlockend das Leben in der kommunistischen Gesellschaft von ihnen gemalt wurde, ihre Vorschläge schienen ein leerer Traum zu sein. Ist es möglich, die Welt zu verändern? Alle Ordnungen und alle menschlichen Beziehungen? Mit welchen Mitteln soll dieses Ziel erreicht werden? Die Frage nach der genauen Antwort wurde lange Zeit nicht beantwortet. Es wurde versucht, an die „Menschenliebe" der Herrschenden zu appellieren. Es wurde versucht, die Kapitalisten und Eigentümer zu informieren, um ihre harten Herzen mit Geschichten über das Leiden des Volkes zu erweichen. Die weicheren reagierten und gaben einen Teil ihres Reichtums den Armen, aber der Gewinn und der Handel hörten nicht auf, und das Leben ging weiter. Einige waren arm, leidgeprüft, arbeiteten, andere machten Profit, waren reich und genossen es. Die neue kommunistische Gesellschaft aber, die die ersten Sozialisten heftig preisten, erschienen für die einen ein leerer Zeitvertreib zu sein, für die anderen ein begehrenswerter, aber unerreichbarer Traum.

Dann kam die kraftvolle Stimme von Karl Marx, der einen Weg zeigte, der die Arbeiter unweigerlich in das Reich der Gemeinschaft, Einheit und

Gleichheit führen würde; der Sozialismus ist keine Fiktion, kein Traum, wie viele denken, sondern eine lebendige Notwendigkeit. So wie in der Natur alles bestimmten Gesetzen unterliegt, so wird das Leben der Gesellschaft durch eigene Gesetze bestimmt. Es reicht nicht genug guter Wille der Menschen, um die ganze bestehende Ordnung und alle Beziehungen zu ändern; nein - zu diesem Zweck ist es notwendig, bestimmte Bedingungen zu haben, so dass das Dasein selbst in seinen Eingeweiden die Grundzüge eines neuen Systems hervorbrachte. So sehr die Menschen den Nutzen, die Annehmlichkeiten und die Vorteile der sozialistischen Ordnung predigen, es wäre undenkbar, sie in der Praxis zu verwirklichen, wenn es keine Voraussetzungen gäbe, die den Übergang zum sozialistischen System nicht nur wünschenswert, sondern unvermeidlich machten. Und diese Bedingungen sind, wie Marx gezeigt hat, nicht nur da, sondern wachsen und verfestigen sich ständig.

Ignorante Menschen bilden sich ein, dass alle Wirtschaftsordnungen, alle menschlichen Beziehungen, Gesetze, Rechte, Bräuche und Traditionen von Gott ein für alle Mal festgelegt wurden. Im Gegenteil, sie sind sehr veränderlich, und vor allem die Formen der Wirtschaftsbeziehungen ändern sich. Es sind vor allem diese Wirtschaftsbeziehungen und die Produktionsweisen, die die größten Auswirkungen auf das menschliche Leben, auf die menschliche Ordnung haben; sie unterliegen Gesetzen, von denen sowohl Moral als auch Bräuche abhängen, und sogar die Art der Regierung im Land. Kein Gesetz wird vorschreiben, dass ein Mensch nicht von der Arbeit anderer profitieren sollte, dass die Reichen die Armen nicht unterdrücken sollten. Aber wenn ein sozialistisches System etabliert wäre, wenn jeder das bekommen würde, was er selbst erarbeitet, wäre die Unterdrückung verschwunden und die Ausbeutung wäre gestoppt. Wenn es Veränderungen in der Art und Weise gibt, wie Menschen alles bekommen, was sie für ihr Leben brauchen (Produktionsbedingungen), ändern sich mit ihnen auch die Gesetze, die Moral und sogar die Vorstellungen der Menschen.[1]

Deshalb ist es nicht so wichtig, die Vorteile der sozialistischen Ordnung zu predigen, sondern es ist notwendig zu wissen, ob die Grundzüge des sozialistischen Systems bereits im Wirtschaftsleben um uns herum hervorgebracht werden. Und wenn ja, dann ist es notwendig, auf jede erdenkliche Weise zu unterstützen, dass sich diese Embryonen des Sozialismus entwickeln und stärken. Die wirtschaftlichen Bedingungen werden sich ändern - auch der

[1] Die ökonomischen Grundlagen des Lebens spiegeln sich sogar in dem wieder, was ein Mensch denkt und fühlt, seine Ansichten, seine Persönlichkeit: reiche Menschen, aus der sogenannten bürgerlichen Klasse, haben sehr andere Vorstellungen, Geschmäcker und Neigungen als Menschen aus der Klasse der Proletarier.

Rest des Lebens der Menschen wird sich ändern. So war es - so wird es sein. Einige Leute denken vergeblich, dass, wenn es „vorher so war", es auch in Zukunft so sein wird. In der Urzeit wussten die Menschen nicht, was Ungleichheit ist, was Armut und Reichtum sind. Eigentum, Land - alles war gemeinsam, alles gehörte nicht dem Einzelnen, sondern der ganzen Familie. Und noch heute gibt es Eingeborene, bei denen sich Überreste solcher Beziehungen erhalten haben! Erst viel später begannen die Stärkeren, die Schwächeren zu unterdrücken, ihnen Land und Besitz zu ihren Gunsten wegzunehmen. Ungleichheit entstand und die Menschheit erfuhr die Trennung in Besitzende und Besitzlose.

Die Menschheit hat viele Schritte durchlaufen, sie hat alle möglichen Ordnungen erlebt, sie kannte die Sklaverei, die freie Arbeit, die Leibeigenschaft, bevor die gegenwärtigen kapitalistischen Beziehungen etabliert wurden. Die arbeitende Bevölkerung hatte noch nie gut gelebt, aber sie kannte nie das Leid, die Erniedrigung, die Armut und die Ungerechtigkeit, die mit der Entstehung von Fabriken, Betrieben, d.h. des so genannten großkapitalistischen Produktionssystems, einhergingen. Jeden Tag werden mehr Menschen ruiniert, werden mehr Menschen zu Bettlern und zu Proletariern, die vom Verkauf ihrer Arbeitskraft leben müssen. Ein unabhängiger Handwerker, Buchbinder, Schlosser, Schuhmacher, kann der Konkurrenz mit der großen Fabrikproduktion nicht standhalten; er gibt sein Handwerk auf, das ihn nicht mehr ernährt, und eilt in die Fabrik. Der kleine Ladenbesitzer kämpft in der Nähe eines riesigen Ladens mit verspiegelten Fenstern und Tausenden von Waren um sein Überleben, aber am Ende geht auch er bankrott und mit Wut in der Seele geht er auf die Suche nach einem Leben im gleichen, von ihm gehassten großen Laden. Der Bauer spürt schließlich die Unterdrückung des Kapitalismus an sich selbst, er hat wenig Land, aber er war in der Heimindustrie tätig, bis die Fabrik seine Waren mit billigen Produkten verdrängte. Und der Bauer ist gezwungen, sein Stück Land zu veräußern und schweren Herzens entweder vom Großgrundbesitzer angeheuert zu werden, oder in die Stadt zu eilen, um Geld zu verdienen. Das Dorf ist leer, die Menschen sind Bettler, und ein Hungerstreik nach dem anderen beginnt. Tausende von Arbeitslosen, die sich gegenseitig die Einkünfte rauben, die sich gegenseitig den Preis ihrer Arbeitskraft senken, sind vergeblich auf der Suche nach Arbeit. Die Kapitalisten haben in dieser Situation nur eine Handhabe: Je niedriger die Löhne der Arbeiter, desto höher ihr Gewinn; je früher ihr Kapital wächst, desto stärker und mächtiger werden sie.

Die Welt wird zunehmend in zwei feindliche Lager gespalten - Kapitalisten und Proletarier - und immer mehr Wut und Hass sammeln sich in den Herzen der Menschen an.

Wo ist der Ausweg?

Die Ordnung, die jetzt in allen kapitalistischen Ländern etabliert ist, ist schrecklich und ungerecht, darin besteht kein Zweifel. Aber es gibt mehr als eine dunkle Seite an ihr. Es gibt auch etwas Helles an ihr.

Was ist die wesentlichste, wichtigste Voraussetzung für den Übergang zu einer neuen Gesellschaftsordnung? Organisation einer gemeinsamen, planmäßigen Arbeit in großen Werkstätten mit großen, perfektionierten Geräten, die die Arbeit schneller und produktiver machen. Aber dieses Phänomen gibt es schon jetzt: Egal in welchem Produktionsbereich wir tätig sind, wir arbeiten überall gemeinsam, mit Hilfe von Maschinen in einer Fabrik. Das, was ein Weber, Mechaniker, Spinner früher durch seine individuelle Arbeit zu Hause produzierte, wird heute in der Fabrik durch die Arbeit vieler Arbeiter produziert. Und je stärker die maschinelle Produktion verbreitet ist, desto mehr verdrängt sie die persönliche, individuelle Arbeit einer Person, je breiter die Verbreitung der gemeinsamen, öffentlichen Arbeit, desto konzentrierter und zentralisierter ist die Produktion.

Und Zentralisierung, Konzentration der Produktion in einer Hand, ist eine notwendige Voraussetzung für die Einführung der sozialistischen Wirtschaft. Damit die Gesellschaft ihre Produktion planen kann, ist es notwendig, dass sie nicht verstreut und voneinander getrennt ist. Die große kapitalistische Produktion unserer Tage erfüllt diese Aufgabe bestmöglich. Sie vereinigt immer mehr Fabriken, Betriebe und Werkstätten in einer Hand, sie vereinigt die Arbeit eines Bauern und eines Fabrikarbeiters, sie verbindet die Stadt mit dem Land. Solange sich der Reichtum des Volkes in den Händen von räuberischen Kapitalisten befindet, ist diese Konzentration nur zum Wohle der Eigentümer, und das ist natürlich das ganze Übel. Aber gleichzeitig ist es die Konzentration von Reichtum und Werkzeugen, die die Grundzüge der neuen sozialistischen Ordnung in sich bergen.

Darin liegt die Kraft der neuen Ordnung. Wir haben sie nicht in unserem Kopf erdacht, sie ist nicht plötzlich aus heiterem Himmel über uns gekommen. Nein, sie wird seit Jahrzehnten vom Lauf des Lebens selbst vorbereitet und ergibt sich natürlich aus den gegenwärtigen sozialen Bedingungen. Marx' Verdienst liegt darin, dass er in unseren gegenwärtigen Missständen den Samen für eine bessere Zukunft eingefangen hat und dass er gezeigt hat, wie das Leben selbst, wie die ökonomischen Notwendigkeiten, die Menschheit zwangsläufig in das sozialistische System führen.

Schon jetzt ist es möglich, einige Keimzellen der sozialistischen Ordnungen zu bestimmen, z.B. die Übertragung wichtiger Bereiche des sozialen und wirtschaftlichen Lebens wie Post, Eisenbahnen, Schulen, Krankenhäuser usw. in die Hände des Staates. Früher, vor einigen hundert Jahren, betrachtete der Staat es nicht als seine Aufgabe, Schulen zu bauen, Verkehrswege zu pflegen usw., es war alles eine Privatangelegenheit, heute ist es zur Pflicht des Staates geworden. Aber jetzt sind die Vertreter der Bourgeoisie überall an der Spitze des Staates, und natürlich leidet die Sache darunter. Gleichzeitig, wenn die Staatsmacht in die Hände der Menschen selbst gelegt wird, dann wird es für sie genauso einfach sein, über alle Aspekte des Lebens zu bestimmen, wie es für die Regierung heute selbstverständlich ist, Schulen zu bauen und die Post zu betreiben.

Der Kapitalismus gräbt sich sein eigenes Grab

Welche Bedingung ist für die Errichtung des Sozialismus notwendig? Abschaffung des Privateigentums an Kapital, Land und anderen Produktionsmitteln. Aber gräbt die kapitalistische Welt sich nicht heimtückisch selbst das Grab des Privateigentums? Schaut, was die kapitalistische Produktion selbst tut: Einerseits schafft sie eine gemeinsame vergesellschaftete Arbeit, hebt den Handel auf die Ebene der Gesellschaft und sogar der Welt[2] , andererseits verbleiben alle Gewinne, alle Produktionsmittel noch in den Händen privater Kapitalisten. Mit anderen Worten, die Produktion ist bereits vergesellschaftet, während der Konsum nicht von der Gesellschaft reguliert oder geregelt wird; die Eigentümer sind immer noch einzelne räuberische Kapitalisten, nicht die Öffentlichkeit, nicht die Menschen selbst. Hier liegen all das Übel und die Notwendigkeit des Sterbens des Kapitalismus. Die maschinelle Produktion ermöglicht es, eine enorme Menge an Gütern aller Art zu produzieren, aber die privaten Eigentümer dieses Reichtums sind nicht in der Lage, die wirklichen Bedürfnisse der Gesellschaft zu bestimmen. Auf der Jagd nach Profit überschwemmen sie den Markt mit Gütern, die die verarmten

2 Früher war der Handel so einfach wie heute in den Dörfern: Jeder produzierte das, was er auf den Markt brachte, und die Nachbarn kauften untereinander, tauschten ihre Waren aus. Heute ist bekannt, dass nicht die Produzenten selbst im Handel tätig sind, d.h. nicht diejenigen, die die Waren vom Boden bezogen oder bearbeitet haben (Brot, Leinwand, Leder usw.), sondern besondere Menschen - Kaufleute oder Händler. Sie bewegen Waren von einem Ort zum anderen. Was in Russland produziert wird, wird nach Amerika transportiert, was in England produziert wird, wird nach China verkauft, etc. Die Handelsbeziehungen verflechten sich, verbinden die Stadt mit dem Dorf, das eine Land mit dem anderen, der eine Kontinent mit dem anderen. Heute kann kein Land mehr ohne die Produkte anderer Länder leben. Wegen der so hohen Kosten während des Krieges, dass die Länder voneinander abgeschnitten sind, gibt es keine billigere Lieferung von Waren aus anderen Ländern, es gibt keinen Austausch.

Menschen, die von den gleichen Kapitalisten ausgeraubt wurden, nicht kaufen konnten, auch wenn sie diese Güter bräuchten.

Das Streben der Kapitalisten nach Profit zwingt auch die kapitalistischen Länder dazu, untereinander Kriege zu führen. Jede große kapitalistische Macht will das Monopol auf dem Weltmarkt ausnutzen, will mehr Kolonien erobern, um dort Extraprofite aus ihrem Kapital zu machen. Ein Krieg um Märkte, um Kolonien, d.h. ein imperialistischer Krieg[3] [3], ist unvermeidlich, solange der Kapitalismus existiert. Aber je akuter, je schwerer der Krieg und die Krisen, desto mehr werden die Arbeiter davon überzeugt, dass die Gesellschaft selbst die Kontrolle über die Produktion übernehmen und sich um ihr ordnungsgemäßes Funktionieren kümmern muss. Der Tag rückt näher, an dem die Menschheit nach schweren und unerträglichen Erschütterungen, wirtschaftlichen Verwerfungen und vor allem imperialistischen Kriegen vor der Frage steht: Entweder zu sterben oder einen neuen Weg zu gehen, die wirtschaftlichen Beziehungen auf eine neue Weise zu gestalten. Und dann werden die Arbeiter endlich die Schwelle zum Sozialismus überschreiten.

Es gibt noch einen weiteren Umstand, der diesen Übergang beschleunigt und erleichtert: die Reduzierung der Zahl der Produktionsmittelbesitzer und die Erhöhung der Zahl der Proletarier. Die Gesellschaft wird zunehmend in zwei gegensätzliche Lager gespalten: reiche Eigentümer und arme Proletarier. Früher befand sich zwischen ihnen eine Zwischenschicht aus verschiedenen kleinen Kaufleuten, Meistern, Handwerkern, Laden- und Hausbesitzern. Die großkapitalistische Produktion, die auf Wettbewerb aufbaut und großen Kapitaleinsatz und hohen Umsatz erfordert, ruiniert ständig die Mittelschicht und wirft sie in die Reihen der Proletarier. So schwierig dieser Zustand auch sein mag, er erleichtert den Übergang zum Sozialismus: Je weniger Spinnen es gibt, desto einfacher wird es sein, ihr Spinnennetz zu zerbrechen, desto einfacher wird es sein, die in ihren Händen akkumulierten und konzentrierten Reichtümer des Volkes zu übernehmen. Die großkapitalistische Produktion macht schließlich den aristokratischen Stand der Großproduzenten, Hersteller und anderen Unternehmer immer weniger notwendig. Früher, als die Produktion in Handarbeit durchgeführt wurde, wurde der Meister in der Werkstatt gebraucht, ohne ihn ging es nicht. Und heute verwalten die Fabrikbesitzer die Produktion? Das Management liegt in den Händen bezahlter Manager - Direktoren, Ingenieure, Aufseher, Vorgesetzte etc. Würden eines schönen Tages alle Kapitalbesitzer auf einmal erstarren, würde die Produktion nicht eine Minute lang stillstehen. Würden die Arbei-

[3] Die Neuauflage von 1917 fügt hinzu: „zwischen Russland, Frankreich, England auf der einen Seite und Deutschland und Österreich auf der anderen Seite."

ter der ganzen Welt dagegen ihre Arbeit einstimmig nur für einen halben Tag unterbrechen, hätten sie nicht nur die Produktion gestoppt, das ganze Leben würde erstarren. Man muss nicht weit gehen, um ein Beispiel zu nennen: Es lohnt sich nur, an den Generalstreik von 1905 zu erinnern.

Der Kapitalismus führt die Menschheit also gegen ihren Willen zum Sozialismus und erleichtert diesen Übergang selbst...

Die Zukunft liegt in den Händen der Arbeiter.

Es ist alles wahr, was du sagst, aber der Übergang wird sich doch nicht von allein machen? Wird sich nicht jemand mit dem Umbau der Gesellschaft befassen müssen? Wer genau wird das sein? Die kapitalistischen Herren und Eigentümer jeglicher Art werden es nicht sein, es ist schlecht auf sie die Hoffnung zu setzen. Die heutige Ordnung ist in ihren Herzen, sie halten an ihr hartnäckig fest. Die Arbeiterklasse? Sie ist doch überlastet, unterdrückt, erschöpft!

Das ist wahr, aber nur teilweise. Wachsen mit der Unterdrückung, Versklavung und Ausbeutung nicht auch die Empörung, der Hass und Protest in den Herzen der Arbeiter gegen ihre Unterdrücker? Wenn Kapitalisten immer noch mit Spinnen vergleichbar sind, die das Blut anderer Menschen saugen, dann können die Proletarier nicht als machtlose und unterwürfige Fliegen bezeichnet werden. Das Proletariat ist bereits stark, weil es sich immer mehr organisiert, weil das Leben selbst in ihm ein Gefühl der Kameradschaft, Solidarität und die Bereitschaft, immer und überall „alle für einen" beizustehen, hervorruft.

Wir haben oben gesagt, dass wirtschaftliche Bedingungen die Persönlichkeit der Menschen beeinflussen, ihre Ideen und Überzeugungen hervorbringen. Unermüdlich arbeitend, alle Reichtümer und alle Vorteile erschaffend, die das Leben schmücken, lebt der Proletarier selbst im Hunger, muss sich alles verwehren, was er braucht; er schöpft seine Kraft aus, er ruiniert seine Jugend und alles zum Wohle des Kapitalisten. Auf der einen Seite steht eine rücksichtslose Armut, auf der anderen Seite ein exorbitanter Luxus. Da ist es nur natürlich, dass sich in den Herzen der Arbeiter mit dem Hass auf ihre Unterdrücker sich auch gewisser Wunsch einschleicht, die Ketten des Kapitalismus zu durchbrechen, um nicht nur selbst zu arbeiten, sondern auch die Früchte der eigenen Arbeit zu bekommen.

Das Leitbild des Sozialismus entsteht und reift in den Herzen der Arbeiter, treibt sie zu einem gnadenlosen revolutionären Kampf gegen den Kapitalismus. Und dann ist da noch die gemeinsame Arbeit, die Gewohnheit der Zusammenarbeit, die Gewohnheit der Verteidigung gemeinsamer Interessen - all dies bringt bei den Arbeitern neue Menschen hervor, die an die sozialistische Gesellschaft gewöhnt sind, wo nicht der Wettbewerb, sondern die Solidarität, die Einheit der Arbeiter, den ersten Platz einnimmt, wo das Gemeinwohl gegenüber dem persönlichen, privaten Nutzen steht. Ein Beispiel dafür ist der Streik der Arbeiter, wo sich Menschen im Namen einer gemeinsamen Sache freiwillig sich selbst und ihre Familien benachteiligen und Entbehrung, Hunger, Armut in Kauf nehmen...

Aber wie kann das Proletariat die sozialistische Ordnung erreichen? Wie kann das Proletariat sein Ziel erreichen? Zu diesem Zweck muss es zunächst die gemeinsamen Interessen der ganzen Arbeiterklasse erkennen, sich organisieren und in einen kollektiven Kampf mit der alten Welt treten.

Man sollte sich nicht der Hoffnung hingeben, dass das Ziel des Proletariats, so klar es auch erscheinen mag, für die anderen Klassen verständlich und wünschenswert ist. Das Proletariat ist die einzige Klasse ohne Eigentum; es ist die einzige, die beim Übergang zum Sozialismus „außer seinen Ketten" nichts verliert, sondern (nach Marx' Worten) „die ganze Welt" gewinnt. Alle anderen Klassen werden die Tätigkeit der Arbeiter auf jede erdenkliche Weise verhindern: manchmal mit Gewalt und Drohungen oder mit „süßen Worten". Nicht nur einmal wird die Bourgeoisie den Arbeitern Almosen geben, um sie zu beruhigen und sie ihr eigentliches Ziel vergessen zu lassen. Sehen wir hier nicht schon, wie großzügig unsere Bourgeoisie Versprechungen abgibt, wenn das Proletariat kraftvoll seine Forderungen zur Sprache bringt?? Lasst die Arbeiter aber nicht auf diese Angelschnur reinfallen!

Wer sind die Sozialisten?

Nun können wir die am Anfang gestellte Frage beantworten: Wer sind die Sozialdemokraten? Sozialdemokraten seid Ihr selbst, Arbeiter und Genossen! Es sind die Arbeiter, die sich, nachdem sie über Marx' Lehren nachdachten, bewusst der proletarischen Befreiungsbewegung angeschlossen haben, einer Bewegung, die die ganze Welt umfasst und Proletarier aller Länder vereint hat. Sozialdemokraten sind diejenigen Arbeiter, die, ihre Reihen fest geschlossen, mutig in den Kampf gegen den Kapitalismus eingetreten sind, die Schritt für Schritt mehr Rechte für die Arbeiterklasse, bessere Lebensbedingungen und für die Menschheit insgesamt eine neue und gerechtere Ordnung erkämpfen.

Der harte Kreuzweg besteht darin, dass die Arbeiterklasse ihr geschätztes Ziel erreicht, und nicht an der Sturheit der Bourgeoisie zerbricht. Ihr Trost ist das Wissen, dass sie nicht nur für ihre eigene Befreiung kämpft, sondern auch für das Glück und für ein besseres Leben für alle zukünftigen Generationen...

Was fordern die Sozialdemokraten?

Mit Hilfe der Vereinigung alle Arbeiter, all jener, die vom Kapital ausgebeutet werden, in einer starken, revolutionären Arbeiterpartei, werden die Proletarier den Kapitalismus stürzen und eine strahlende Zukunft, eine sozialistische Gesellschaft erringen.

Aber auf dem Weg zu diesem großen und hellen Ziel vergessen die Sozialdemokraten nicht die unmittelbaren Wünsche und Bedürfnisse der Arbeiter. Damit die Arbeiter mehr Kraft und Energie für den Kampf für den Sozialismus aufwenden können, ist es in erster Linie notwendig, ihre Arbeit zu erleichtern und Bedingungen zu schaffen, unter denen der Kampf für eine neue, bessere Welt möglich ist.

Deshalb fordern die Sozialdemokraten vor allem anderen: eine demokratische Republik, in der alle Bürger und Bürgerinnen gleich sind und in der die Staatsmacht vollständig in den Händen des Volkes liegt. Die Verwaltung der Städte und der Gemeinden sollte auch in den Händen der Werktätigen und der Kleinbauern liegen. Sozialdemokraten fordern das Recht auf Selbstbestimmung aller Völker, volle Presse-, Rede-, Versammlungs-, Gewerkschafts-, Streik- und Religionsfreiheit...

Da Sozialdemokraten eine Partei der Arbeiterklasse sind, ist es nur natürlich, dass es ihnen vor allem darum geht, die Arbeits- und Lebensbedingungen in Fabriken, Betrieben, Werkstätten für alle Arbeiter, Bediensteten, Beschäftigten zu erleichtern. Die Sozialdemokraten fordern den 8-Stundentag, ein vollständiges Verbot von Überstunden, ein Verbot von Nachtarbeit und der Arbeit von Kindern unter 16 Jahren, eine Beschrankung der Arbeit von Jungarbeitern, Arbeitsschutz für Frauen, die Einrichtung von Kindertagesstätten in Fabriken, eine umfassende Versicherung für alle Arbeiter und Arbeiterinnen, eine Unfall-, Renten- und Mutterschaftsversicherung.

Der, der die Forderungen der Russischen Sozialdemokratischen Arbeiterpartei kennenlernen will, sollte das Programm und die Satzung der Partei kennenlernen und sollte die Arbeiter-Presse lesen.

Von der Stärke und der Organisation der Arbeiter und Arbeiterinnen hängt es ab, diese unmittelbaren Forderungen der Partei zu vertreten und den Sozialismus zu erringen. Deshalb sollte der Schlachtruf der klassenbewussten Arbeiter und Arbeiterinnen ein Aufruf unter dem Banner der revolutionären Sozialdemokratie sein, ein Aufruf zur Organisation aller Arbeiter und proletarischen Kräfte.

Nieder mit der kapitalistischen Gesellschaft!

Es lebe der Kampf für den Sozialismus!

Konfisziertes Manuskript von 1906, nachgedruckt als Buch unter dem Titel: »A. Kollontai. Wer sind die Sozialdemokraten und was wollen sie?« 1917 vom Militärkomitee der RSDAP, Übersetzung beruhend auf Nachdruck von 1972: Kollontai, Alexandra, 1972: Ausgewählte Artikel und Reden, Moskau (Коллонтай, Александра, 1972: Избранные статьи и речи, Москва). Übersetzung aus dem Russischen von Klaus Henning

Anhang 2: Die Familie im Kommunismus (1920)

Die Aufgabe der Frau in der Produktion: die Auswirkungen auf die Familie

Wird es die Familie im Kommunismus noch geben? Wird die Familie so bleiben, wie sie heute ist? Diese Fragen beunruhigen viele Frauen der Arbeiterklasse, und auch ihre Ehemänner machen sich sorgenvoll Gedanken. Das Leben ändert sich vor unseren Augen; alte Gewohnheiten und Sitten sterben aus, und das gesamte Leben der proletarischen Familie entwickelt sich auf eine neue, ungewohnte und in manchen Augen sehr „bizarre" Weise. Kein Wunder, dass Arbeiterinnen über diese Fragen nachzudenken beginnen. Eine weitere Sache weckt unsere Aufmerksamkeit: die Erleichterung der Scheidung in Sowjetrussland. Der Erlass des Rats der Volkskommissare vom 18. Dezember 1917 beinhaltet, dass Scheidung kein Luxus mehr nur für die Reichen ist; von nun an muss eine werktätige Frau nicht mehr monate oder gar jahrelang Eingaben machen, um das Recht zu erhalten, getrennt von ihrem Ehemann zu leben, der sie schlägt und ihr das Leben mit seiner Trunksucht und seinem ungehobelten Benehmen zur Hölle macht. Eine einvernehmliche Scheidung dauert nur noch ein bis zwei Wochen. Unglücklich verheiratete Frauen begrüßen dieses vereinfachte Scheidungsverfahren. Andere jedoch, insbesondere jene, die gewohnt sind, auf ihre Ehemänner als

„Ernährer" zu blicken, haben Angst. Sie haben noch nicht begriffen, dass eine Frau lernen muss, sich Hilfe im Kollektiv und in der Gesellschaft zu suchen – und diese dort auch zu finden – und nicht bei einem einzelnen Mann.

Wir müssen uns der Wahrheit stellen: Die alte Familie, in der der Mann alles war und die Frau nichts, die typische Familie, in der die Frau keinen eigenen Willen hatte, keine Zeit für sich selbst, kein Geld für sich selbst, verändert sich vor unseren Augen. Aber es gibt keinen Grund zur Sorge. Nur unsere Unwissenheit lässt uns glauben, dass die Dinge, wie wir sie kennen, sich nie verändern werden. Nichts könnte weniger wahr sein als der Spruch: „Wie es war, so soll es sein." Wir müssen uns nur ansehen, wie Menschen in der Vergangenheit gelebt haben, um zu erkennen, dass alles dem Wandel unterliegt und dass keine Sitten, politischen Organisationen oder moralischen Grundsätze auf immer und ewig bestehen. Im Verlauf der Geschichte hat sich die Familienstruktur vielfach verändert; sie sah einst ganz anders aus als die Familie von heute. Es gab eine Zeit, als die Verwandtschaftsfamilie als Regel galt: die Mutter war Oberhaupt einer Familie, die aus ihren Kindern, Enkeln und Großenkeln bestand und die zusammenlebten und zusammen arbeiteten. Zu einer anderen Zeit war die Regel die patriarchale Familie. In diesem Fall war es der Vater, dessen Wille als Gesetz für die anderen Mitglieder der Familie galt: Selbst heute noch lassen sich solche Familien unter den Bauern in den russischen Dörfern finden. Hier sind die Moral und die Sitten des Familienlebens nicht die des städtischen Proletariats. Auf dem Land werden Regeln befolgt, die der Arbeiter schon seit Langem vergessen hat. Die Familienstruktur und die Sitten des Familienlebens unterscheiden sich auch von Nation zu Nation. Unter Völkern wie den Türken, Arabern und Persern darf ein Mann mehrere Frauen haben. Es gab und es gibt immer noch Stämme, in denen die Frau mehrere Ehemänner hat. Wir sind gewohnt, dass von einem jungen Mädchen erwartet wird, bis zu ihrer Heirat Jungfrau zu bleiben; dagegen gibt es Stämme, bei denen es eine Sache des Stolzes ist, viele Liebhaber gehabt zu haben und in denen die Frauen ihre Arme und Beine mit der entsprechenden Zahl Armbänder schmücken. Viele Gebräuche, über die wir uns wundern und die uns gar unmoralisch erscheinen, gelten bei anderen Völkern als recht normal und sie empfinden ihrerseits unsere Gesetze und Gebräuche als „sündhaft". Es gibt jedoch keinen Grund zur Angst vor der Tatsache, dass die Familie sich im Wandel befindet, dass nicht mehr zeitgemäße und unnötige Dinge verworfen werden und sich neue Beziehungen zwischen Männern und Frauen entwickeln. Unsere Aufgabe besteht darin zu entscheiden, welche Facetten unseres Familiensystems überholt sind, und wir müssen bestimmen, welche Beziehungen zwischen den

Männern und Frauen der Arbeiter- und Bauernklassen und welche Rechte und Pflichten am besten mit den Lebensbedingungen des neuen Russlands der Arbeiter zu vereinbaren sind. Jene Facetten, die sich in das neue Leben einfügen, sollten beibehalten werden, während alles Alte und Überholte, das aus der verfluchten Zeit der Knechtschaft und Herrschaft herrührt, aus der Zeit der Grundbesitzer und Kapitalisten, hinweggefegt werden muss – ebenso wie die ausbeutenden Klassen selbst und die anderen Feinde des Proletariats und der Armen.

Der Typus Familie, an den sich das städtische und ländliche Proletariat gewöhnt hat, ist ein Erbe der Vergangenheit. Es gab eine Zeit, als die isolierte, eng durch die kirchliche Trauung miteinander verbundene Familie für ihre Mitglieder notwendig war. Hätte es keine Familie gegeben, wer hätte dann die Kinder ernährt, gekleidet und großgezogen? Wer hätte ihnen Rat gegeben? Waise zu sein, war in früheren Zeiten eins der schlimmsten Schicksale. In der alten Familie ist der Ehemann der Verdiener und er ernährt seine Frau und die Kinder. Die Frau ihrerseits ist nach ihren Möglichkeiten mit dem Haushalt und mit der Erziehung der Kinder beschäftigt. In den vergangenen hundert Jahren ist diese traditionelle Familienstruktur jedoch in allen Ländern zusammengebrochen, in denen der Kapitalismus vorherrscht und wo die Zahl der Fabriken und anderer Unternehmen, die auf Lohnarbeit beruhen, zugenommen hat. Die Sitten und moralischen Grundsätze des Familienlebens wandeln sich mit der Veränderung der allgemeinen Lebensbedingungen. Die allgemeine Ausweitung der Frauenarbeit hat am meisten zu dem radikalen Wandel des Familienlebens beigetragen. Einst galt nur der Mann als Ernährer. Aber die russischen Frauen sind seit den vergangenen 50 oder 60 Jahren (und in anderen kapitalistischen Ländern schon eine Weile länger) gezwungen gewesen, außerhalb der Familie und außerhalb des Heims bezahlte Arbeit zu suchen. Da der Lohn des „Ernährers" für die Bedürfnisse der Familie nicht reichte, sah sich die Frau gezwungen, nach Lohnarbeit zu suchen und an die Fabriktüren zu klopfen. Mit jedem Jahr stieg die Zahl der Frauen der Arbeiterklasse, die sich außerhalb des Heims als Tagelöhnerin, Verkäuferin, Angestellte, Wäscherin oder Dienstbotin verdingten. Statistiken zeigen, dass im Jahr 1914, vor dem Ausbruch des Ersten Weltkriegs, rund sechzig Millionen Frauen in den europäischen Ländern und in Amerika ihren eigenen Lebensunterhalt verdienten, und während des Kriegs stieg diese Zahl noch deutlich an. Fast die Hälfte dieser Frauen sind verheiratet. Was für eine Art „Familienleben" sie haben, lässt sich leicht vorstellen. Was für eine Art von „Familienleben" kann es geben, wenn die Ehefrau und Mutter mindestens acht Stunden lang auf der Arbeit ist beziehungsweise sie täglich zehn Stunden lang außer Haus ist, wenn der Arbeitsweg mitgerechnet wird? Ihr

Heim ist vernachlässigt, die Kinder wachsen ohne mütterliche Fürsorge auf, sie verbringen die meiste Zeit auf der Straße, wo sie all den Gefahren dieser Umgebung ausgesetzt sind. Jene Frau, die Ehefrau, Mutter und Arbeiterin ist, muss all ihre Energie auf die Erfüllung dieser Aufgaben richten. Sie muss genauso lange wie ihr Ehemann in einer Fabrik, einer Druckerei oder einem Handelshaus arbeiten und dann noch die Zeit finden, sich um ihren Haushalt und ihre Kinder zu kümmern. Der Kapitalismus hat den Frauen eine erdrückende Last auferlegt: Er hat sie zur Lohnarbeiterin gemacht, ohne ihre Pflichten als Hausfrau oder Mutter verringert zu haben. Die Frau wankt unter dem Gewicht dieser dreifachen Last. Sie leidet, ihr Gesicht ist ständig von Tränen benetzt. Das Leben war nie einfach für die Frau, aber niemals war ihr Los härter und verzweifelter als das der Millionen Arbeiterinnen unter dem kapitalistischen Joch in dieser Hochblüte der Fabrikproduktion.

Die Familie bricht in dem Maße zusammen, wie immer mehr Frauen zur Arbeit gehen. Wie kann von Familienleben gesprochen werden, wenn Mann und Frau unterschiedlichen Schichtdienst haben und wenn die Ehefrau nicht einmal die Zeit hat, ein anständiges Mahl für ihren Nachwuchs zuzubereiten? Wie können wir von Eltern sprechen, wenn Mutter und Vater den ganzen Tag auf der Arbeit sind und keine Minute Zeit mit ihren Kindern verbringen können? Das war in den alten Zeiten ganz anders. Die Mutter blieb zu Hause und erfüllte ihre Haushaltspflichten, die Kinder waren an ihrer Seite unter ihrem wachsamem Blick. Heute hastet die Arbeiterin früh am Morgen aus dem Haus, wenn die Fabrikpfeife ruft. Wenn der Abend kommt und die Pfeife wieder ertönt, eilt sie nach Hause, um sich mit den dringlichsten Hausarbeiten abzumühen. Am nächsten Morgen muss sie wieder zur Arbeit und sie ist müde von mangelndem Schlaf. Für die verheiratete Frau ist das Leben ganz so, als lebte sie im Arbeitshaus. Deshalb überrascht es nicht, dass die Familienbindungen sich lösen und die Familie zu zerfallen beginnt. Was die Familie zusammenhielt, existiert nicht mehr. Die Familie verliert ihre Funktion für ihre Mitglieder wie für die Nation als Ganze. Die alte Familienstruktur ist jetzt nur noch ein Hemmschuh. Was machte die alte Familie einst so stark? Erstens die Tatsache, dass der Ehemann und Vater der Ernährer der Familie war; zweitens, weil die Familienwirtschaft für all ihre Mitglieder notwendig war; und drittens weil Kinder von ihren Eltern aufgezogen wurden. Was ist von diesem früheren Familientypus geblieben? Der Ehemann ist nicht mehr – wie wir schon gesehen haben – der einzige Ernährer. Die Ehefrau, die zur Arbeit geht, erhält einen Lohn. Sie hat gelernt, für ihren Lebensunterhalt selbst aufzukommen, ihre Kinder zu ernähren und oft auch ihren Ehemann zu unterstützen. Die Familie dient jetzt nur als primäre Wirtschaftseinheit der Gesellschaft und um Kinder zu versorgen und zu erziehen.

Lasst uns das genauer untersuchen, um zu sehen, ob die Familie auch von diesen Aufgaben befreit werden kann oder nicht.

Die Hausarbeit wird überflüssig

Es gab eine Zeit, als Frauen der ärmeren Klassen in der Stadt und auf dem Land ihr gesamtes Leben in den vier Wänden ihres Heims verbrachten. Eine Frau wusste nichts von der Welt außerhalb ihres Heims und meist verspürte sich auch nicht den Wunsch danach. Schließlich war in ihrem Haus so viel zu tun und diese Arbeit war meist notwendig und nützlich nicht nur für die Familie selbst, sondern auch für den Staat insgesamt. Die Frau tat alles, was die moderne Arbeiterin und Bäuerin zu tun hat; aber neben all dem Kochen, Waschen, Putzen und Flicken spann sie Wolle und Leinen, webte Tuch und Kleidungsstücke, strickte Strümpfe, klöppelte Spitzen, legte – soweit es die vorhanden Mittel erlaubten – Gemüse ein, kochte Marmelade, konservierte andere Lebensmittel für den Winter und zog ihre eigenen Kerzen. Eine vollständige Liste all ihrer Aufgaben ist kaum aufzustellen. Auf diese Weise lebten unsere Mütter und Großmütter. Selbst heute können wir noch abgelegene Dörfer tief im Land finden, weit entfernt von den Eisenbahnstrecken und den großen Flüssen, wo diese Lebensweise sich erhalten hat und wo die Hausherrin mit einer Vielzahl Aufgaben überlastet ist, über die sich die Arbeiterin in der Großstadt und den bevölkerten Industrieregionen schon lange keine Gedanken mehr macht.

Zu Großmutters Zeiten war all diese Hausarbeit notwendig und nützlich; sie sicherte das Wohlergehen der Familie. Je mehr sich die Hausherrin einbrachte, desto besser gestaltete sich das Leben der Bauern- oder Handwerkerfamilie. Selbst die Volkswirtschaft zog Nutzen aus der Hausfrauentätigkeit, denn die Frau beschränkte sich nicht darauf, Suppe und Kartoffeln zu kochen (also die unmittelbaren Bedürfnisse der Familie zu befriedigen), sie stellte auch Kleidung, Garn, Butter und so weiter her, was einen Wert als Ware hatte, die auf dem Markt verkauft werden konnte. Und jeder Mann, ob Bauer oder Arbeiter, versuchte eine Ehefrau zu finden, die „Goldhände" hatte, denn er wusste, dass eine Familie nicht ohne diese „Hausarbeit" bestehen konnte. Das lag im Interesse der ganzen Nation, denn je mehr Arbeit die Frauen und die anderen Familienmitglieder in die Herstellung von Tuch, Leder und Wolle steckten (wobei der Überschuss auf benachbarten Märkten verkauft wurde), desto größer der wirtschaftliche Wohlstand des ganzen Lands.

Der Kapitalismus hat all das verändert. All das, was früher im Herzen der Familie produziert wurde, wird nun massenhaft in Werkstätten und Fabriken hergestellt. Die Maschine hat die Ehefrau abgelöst. Welche Haushälterin würde sich noch damit abgeben, Kerzen zu ziehen, Wolle zu spinnen oder Tuch zu weben? All diese Produkte können jetzt im Laden nebenan gekauft werden. Früher lernte jedes Mädchen, Strümpfe zu stricken. Welche Frau würde heute noch daran denken, das für sich zu tun? Zunächst hat sie nicht die Zeit dafür. Zeit ist Geld, und niemand möchte Zeit auf unproduktive und nutzlose Weise vergeuden. Kaum eine Arbeiterin würden damit beginnen, Gurken einzulegen oder anderes zu konservieren, wenn all diese Dinge im Laden erhältlich sind. Selbst wenn die im Laden verkauften Produkte minderer Qualität sind und nicht mit der Sorgfalt hergestellt werden, wie das hausgemachte Gegenstück, hat die Arbeiterin weder die erforderliche Zeit noch die Energie, um diese häusliche Tätigkeit zu verrichten. An erster Stelle ist sie eine Lohnarbeiterin. Auf diese Weise wird der Familienwirtschaft allmählich die gesamte Hausarbeit entzogen, ohne die sich unsere Großmütter eine Familie kaum vorstellen konnten. Was jene einst in der Familie produzierten, wird jetzt durch die kollektive Arbeit von Männern und Frauen in den Fabriken hergestellt.

Die Familie produziert nicht mehr, sie konsumiert nur noch. Die noch zu erledigende Hausarbeit besteht aus Putzen (Fußboden reinigen, Staub wischen, Wasser kochen, sich um die Lampen kümmern und so weiter), Kochen (Zubereitung von Mittag- und Abendessen), Waschen und sich um Wäsche und Kleidung kümmern (Stopfen und Flicken). Das sind schwierige und anstrengende Tätigkeiten und sie verbrauchen all die freie Zeit und Energie der Arbeiterin, die zudem ihre Stunden in der Fabrik ableisten muss. Aber diese Arbeit unterscheidet sich in einer wesentlichen Hinsicht von der Arbeit, die die Großmutter verrichtete: Die vier oben genannten Aufgaben, die nach wie vor dem Zusammenhalt der Familie dienen, sind für den Staat oder die Volkswirtschaft wertlos, denn sie schaffen keine neuen Werte und tragen nichts zum Wohle des Landes bei. Die Hausfrau mag den ganzen Tag, von morgens bis abends, damit verbringen, ihr Heim zu putzen, sie mag täglich die Wäsche waschen und bügeln, mag sich mühen, die Kleidung in gutem Zustand zu halten und Mahlzeiten nach ihren Vorstellungen und ihren bescheidenen Mitteln entsprechend zuzubereiten, und sie wird am Ende des Tages dennoch keinerlei Werte geschaffen haben. Trotz ihrer Arbeit hätte sie nichts hergestellt, was als Ware angesehen werden könnte. Selbst wenn eine Arbeiterin tausend Jahre lebte, sie müsste jeden Tag von

Neuem beginnen. Es gäbe immer eine neue Staubschicht, die vom Kaminsims gewischt werden müsste, ihr Ehemann käme immer hungrig nach Hause und ihre Kinder trügen mit ihren Schuhen Schlamm ins Heim.

Frauenarbeit verliert für die Gemeinschaft insgesamt zunehmend ihren Nutzen. Sie wird unproduktiv. Der Einzelhaushalt stirbt ab. Er weicht in unserer Gesellschaft der kollektiven Haushaltsführung. Statt dass die Arbeiterin ihre Wohnung säubert, kann die kommunistische Gesellschaft dafür sorgen, dass es Männer und Frauen gibt, die dafür zuständig sind, morgens durch das Viertel zu gehen und Wohnungen zu putzen. Die Ehefrauen der Reichen sind schon seit Langem von diesen störenden und ermüdenden häuslichen Pflichten befreit. Warum sollten Arbeiterinnen weiterhin mit ihnen belastet sein? In Sowjetrussland sollte die Arbeiterin von der gleichen Leichtigkeit und dem gleichen Wohlbefinden, der gleichen Hygiene und Schönheit umgeben sein, die sich bisher nur die Reichen leisten konnten. Anstatt dass die arbeitende Frau mit dem Kochen kämpfen und ihre letzten freien Stunden in der Küche mit der Zubereitung von Mittag- und Abendessen verbringen muss, wird die kommunistische Gesellschaft öffentliche Restaurants und Gemeinschaftsküchen schaffen.

Selbst im Kapitalismus sind solche Einrichtungen bereits entstanden. Tatsächlich hat sich im vergangenen halben Jahrhundert die Zahl der Restaurants und Cafés in allen großen Städten Europas täglich vermehrt; sie wachsen wie Pilze nach dem Herbstregen aus dem Boden. Aber im Kapitalismus können es sich nur Leute mit gut gefüllten Geldbörsen leisten, ihre Mahlzeiten in Restaurants einzunehmen, während im Kommunismus jede und jeder in den kommunalen Küchen und Kantinen essen gehen kann. Die Arbeiterin wird nicht mehr über dem Waschbottich schwitzen müssen oder sich ihre Augen beim Stopfen der Strümpfe und beim Flicken der Wäsche verderben; sie wird diese einfach jede Woche in die zentrale Wäscherei bringen und ihre gewaschenen und gebügelten Kleidungstücke später abholen. Auch diese Tätigkeit wird also entfallen. Spezielle Wäschepflegestellen werden die Arbeiterin von all den Stunden des Flickens befreien und sie wird ihre Abende mit Lesen verbringen, mit dem Besuch von Versammlungen und Konzerten. Die vier Kategorien der Hausarbeit sind deshalb mit dem Sieg des Kommunismus zum Aussterben verurteilt. Und die Arbeiterin wird keinen Anlass haben, das zu bedauern. Der Kommunismus befreit die Frau von ihrer häuslichen Sklaverei und macht ihr Leben reicher und glücklicher.

Der Staat ist verantwortlich für die Erziehung der Kinder

Doch selbst wenn die Hausarbeit verschwindet, müssen immer noch Kinder betreut werden, mögt ihr jetzt sagen. Aber auch hier wird der Arbeiterstaat die Familie ersetzen; die Gesellschaft wird Schritt für Schritt all die Aufgaben übernehmen, die vor der Revolution den einzelnen Eltern überlassen waren. Selbst vor der Revolution hatte die Erziehung des Kindes aufgehört, die Aufgabe der Eltern zu sein. Wenn ein Kind das Schulalter erreicht hatte, konnten die Eltern aufatmen, denn sie waren nicht mehr verantwortlich für die intellektuelle Entwicklung ihrer Nachkommen. Und doch gab es noch viele Pflichten zu erfüllen. Nach wie vor mussten die Kinder ernährt werden, ihnen mussten Schuhe und Kleidung gekauft werden und es musste dafür gesorgt werden, dass sie sich zu beruflich ausgebildeten und ehrlichen Arbeitern entwickeln, die – wenn die Zeit gekommen war – ihren eigenen Lebensunterhalt verdienen und ihre alten Eltern ernähren und versorgen konnten. Nur wenige Arbeiterfamilien waren jedoch in der Lage, diesen Pflichten nachzukommen. Ihr niedriger Lohn erlaubte es ihnen nicht, den Kindern genug zu essen zu geben, während Mangel an Freizeit sie daran hinderte, der nachwachsenden Generation die notwendige Aufmerksamkeit zu schenken und ihnen Bildung zukommen zu lassen. Von der Familie wird erwartet, dass sie die Kinder großzieht, tatsächlich jedoch wachsen die proletarischen Kinder auf der Straße auf. Unsere Vorväter kannten ein gewisses Familienleben, aber die Kinder des Proletariats kennen es nicht mehr. Außerdem zwingt das magere Einkommen der Eltern und die heikle finanzielle Lage der Familie oft dazu, schon mit zehn Jahren selbst unabhängiger Arbeiter zu werden. Und wenn Kinder ihr eigenes Geld zu verdienen beginnen, glauben sie, sie seien ihr eigener Herr und die Worte und Ratschläge der Eltern sind für sich nicht mehr Gesetz; die Autorität der Eltern ist geschwächt und mit dem Gehorsam ist es vorbei.

So wie die Hausarbeit abstirbt, so verschwinden Schritt für Schritt auch die Pflichten der Eltern gegenüber ihren Kindern, bis die Gesellschaft schließlich die volle Verantwortung für sie übernimmt. Im Kapitalismus waren Kinder allzu oft eine schwere und untragbare Last für die proletarische Familie. Die kommunistische Gesellschaft wird den Eltern zur Seite stehen. In Sowjetrussland tut das Kommissariat für Bildung und Wohlfahrt schon heute sehr viel, um den Familien zu helfen. Wir haben bereits Säuglingshäuser, Kinderkrippen, Kindergärten, Kinderkolonien und Kinderheime, Krankenhäuser und Kurorte für kranke Kinder, Restaurants, freies Schulessen und freie Schulbücher, warme Kleidung und Schuhe für Schulkinder. All das zeigt, dass die Verantwortung für das Kind von der Familie auf das Kollektiv übergeht.

Die elterliche Fürsorge in der Familie könnte in drei Aufgaben geteilt werden: a) Sorge für den Säugling, b) Aufziehen des Kindes und c) Erziehung des Kindes. Selbst in der kapitalistischen Gesellschaft wurde die Bildung des Kindes in Grundschulen und später in weiterbildenden Einrichtungen Aufgabe des Staats. Selbst in der kapitalistischen Gesellschaft wurden die Bedürfnisse der Arbeiter bis zu einem gewissen Grad erfüllt durch Einrichtung von Spielplätzen, Kindergärten, Spielgruppen und so weiter. Je mehr die Arbeiter sich ihrer Rechte bewusst wurden und je besser sie organisiert waren, desto mehr musste die Gesellschaft die Familie von der Betreuung der Kinder befreien.

Die bürgerliche Gesellschaft fürchtete sich jedoch, den Interessen der Arbeiterklasse zu umfassend entgegenzukommen, da dies zum Zerfall der Familie beitragen konnte. Die Kapitalisten sind sich dessen sehr bewusst, dass der alte Typus Familie, in der die Frau ein Sklave und wo der Ehemann für das Wohlergehen seiner Ehefrau und der Kinder zuständig ist, die beste Waffe in dem Kampf ist, das Streben der Arbeiterklasse nach Freiheit zu ersticken und den revolutionären Geist der Arbeiter und Arbeiterinnen zu schwächen. Der Arbeiter wird durch seine Familienverantwortlichkeiten niedergedrückt und ist gezwungen, mit dem Kapital einen Kompromiss einzugehen. Vater und Mutter nehmen jede Bedingungen an, wenn ihre Kinder hungern. Die kapitalistische Gesellschaft war nicht in der Lage, Bildung in eine wahrhaft gesellschaftliche und staatliche Angelegenheit zu verwandeln, weil die Besitzenden, die Bourgeoisie, sich dagegenstemmten.

Für die kommunistische Gesellschaft ist die gesellschaftliche Bildung der jungen Generation ein Grundpfeiler des neuen Lebens. Die alte engstirnige Familie, in der sich die Eltern streiten und sich nur für ihren eigenen Nachwuchs interessieren, kann den „neuen Menschen" nicht erziehen. Die Spielplätze, Gärten, Heime und anderen Einrichtungen, in denen das Kind den meisten Teil des Tages unter Aufsicht ausgebildeter Erzieher verbringt, bieten dagegen eine Umgebung, in der das Kind zu einem bewussten Kommunisten aufwachsen kann, der die Notwendigkeit für Solidarität, Kameradschaft, gegenseitige Hilfe und Loyalität zum Kollektiv anerkennt.

Welche Verantwortlichkeiten bleiben den Eltern, wenn sie nicht mehr zuständig sind für Aufzucht und Erziehung des Kindes? Das Kleinkind, sagst ihr vielleicht, braucht immer noch die Aufmerksamkeit der Mutter, wenn es Laufen lernt und sich an ihrer Schürze festhält. Auch hier eilt der kommunistische Staat der arbeitenden Mutter zu Hilfe. Keine Frau wird mehr allein sein. Der Arbeiterstaat ist bestrebt, jede Mutter, sei sie verheiratet oder unverheiratet, zu unterstützten, wenn sie ihr Kind stillt, und wird in jeder Stadt und in jedem Dorf Geburtshäuser, Kindertagesstätten und ähnliche Einrichtungen schaffen, damit die Frau Arbeit in der Gesellschaft mit Mutterschaft vereinbaren kann.

Arbeitende Mütter müssen nicht besorgt sein, die kommunistische Gesellschaft will den Eltern ihre Kinder nicht wegnehmen oder den Säugling von der Brust der Mutter reißen, auch beabsichtigt er nicht, gewaltsam die Familie zu zerstören. Nichts dergleichen! Die Ziele der kommunistischen Gesellschaft sind ganz andere. Die kommunistische Gesellschaft erkennt, dass sich der alte Familientypus auflöst und dass all die alten Säulen, die die Familie als gesellschaftliche Einheit stützten, beseitigt werden: die Hauswirtschaft stirbt aus und Eltern der Arbeiterklasse sind nicht in der Lage, für ihre Kinder zu sorgen oder sie ausreichend zu ernähren und zu erziehen. Eltern und Kinder leiden gleichermaßen unter dieser Lage. Die kommunistische Gesellschaft erklärt der Arbeiterin und dem Arbeiter: „Ihr seid jung, ihr liebt euch. Jeder hat das Recht auf Glück. Deshalb lebt euer Leben. Flieht nicht das Glück. Fürchtet die Ehe nicht, auch wenn Ehe im Kapitalismus nur Kummer mit sich brachte. Habt keine Angst, Kinder zu bekommen. Die Gesellschaft braucht mehr Arbeiter und freut sich über die Geburt jedes Kindes. Ihr müsst euch keine Sorge machen über die Zukunft eures Kindes; euer Kind wird weder Hunger noch Kälte kennen.“ Die kommunistische Gesellschaft kümmert sich um jedes Kind und garantiert ihm und seiner Mutter materielle und moralische Unterstützung. Die Gesellschaft wird das Kind ernähren, großziehen und bilden. Jene Eltern jedoch, die sich an der Erziehung ihrer Kinder beteiligen wollen, werden keinesfalls daran gehindert. Die kommunistische Gesellschaft wird all die Aufgaben der Kindererziehung auf sich nehmen, aber die Freude der Elternschaft wird denen, die sie genießen können, nicht genommen werden. Das also sind die Pläne der kommunistischen Gesellschaft und sie können wohl kaum als gewaltsame Zerstörung der Familie und zwangsweise Trennung des Kinds von der Mutter verstanden werden.

Wir können der Tatsache nicht entrinnen: der alte Familientypus hat seine Zeit hinter sich. Die Familie stirb ab, nicht weil sie mit Gewalt vom Staat zerstört würde, sondern weil die Familie aufgehört hat, eine Notwendigkeit zu sein. Der Staat braucht die Familie nicht, weil die häusliche Wirtschaft nicht mehr profitabel ist: die Familie lenkt die Arbeiter von nützlicherer und produktiverer Arbeit ab. Auch die Familienmitglieder brauchen die Familie nicht, weil ihre bisherige Aufgabe des Großziehens der Kinder zunehmend in die Hände des Kollektivs übergeht. An die Stelle der alten Beziehung zwischen Männern und Frauen tritt eine andere: eine Vereinigung der Zuneigung und

Kameradschaft, eine Vereinigung von zwei gleichen Mitgliedern der kommunistischen Gesellschaft, beide sind frei, beide sind unabhängig und beide sind Arbeiter. Es gibt keine häuslichen Fesseln für die Frauen. Keine Ungleichheit mehr in der Familie. Keine Frau muss mehr fürchten, ohne Unterstützung und mit Kindern alleingelassen zu werden. Die Frau in der kommunistischen Gesellschaft ist nicht mehr von ihrem Ehemann abhängig, sondern von ihrer Arbeit. Sie wird sich selbst durch ihre Arbeit ernähren können und nicht mehr auf Unterstützung ihres Ehemanns angewiesen sein. Sie muss sich wegen ihrer Kinder keine Sorgen mehr machen. Der Arbeiterstaat wird die Verantwortung für sie übernehmen. Die Ehe wird alle Elemente der materiellen Berechnung verlieren, die das Familienleben verkrüppeln. Die Ehe wird eine Vereinigung von zwei Personen sein, die sich lieben und vertrauen. Solch eine Vereinigung verspricht den arbeitenden Männern und Frauen, die sich selbst und die Welt um sich verstehen, vollkommenes Glück und höchste Befriedigung. Anstelle der ehelichen Sklaverei der Vergangenheit bietet die kommunistische Gesellschaft Frauen und Männern eine freie Vereinigung, stark in der Kameradschaft, von der sie inspiriert ist. Sind die Arbeitsbedingungen erst einmal transformiert und ist die arbeitende Frauen materiell besser abgesichert, und ist der Ehebund, so wie die Kirche ihn geschlossen hat – diese sogenannte unauflösliche Ehe, die im Grunde nur ein Betrug war – der freien und ehrlichen Vereinigung von Mann und Frau als Liebhaber und Kameraden gewichen, wird auch die Prostitution verschwinden. Dieses Übel, dieser Schandfleck der Menschheit und Geißel der hungrigen Arbeiterinnen gründet in der Warenproduktion und der Einrichtung des Privateigentums. Wenn diese ökonomischen Formen aufgelöst sind, wird der Frauenhandel automatisch verschwinden. Die Frauen der Arbeiterklasse müssen sich deshalb keine Sorgen darüber machen, dass die Familie dem Untergang geweiht ist. Im Gegenteil sollten sie den Anbruch der neuen Gesellschaft begrüßen, die die Frauen aus der häuslichen Knechtschaft befreit, die Last der Mutterschaft mindert und schließlich dem schrecklichen Fluch der Prostitution ein Ende setzen wird.

Die Frau, die den Kampf für die Befreiung der Arbeiterklasse aufnimmt, muss begreifen, dass es keinen Raum mehr für das alte Besitzdenken gibt, das besagt: „Das sind meine Kinder, ich schulde ihnen allen meine mütterliche Fürsorge und Zuneigung; das sind deine Kinder, sie sind nicht meine Kinder, und es ist mir gleichgültig, ob sie hungrig sind oder frieren – ich habe keine Zeit für andere Kinder." Die arbeitende Mutter muss lernen, keinen Unterschied zwischen Mein und Dein zu machen, sie muss sich daran erinnern, dass es nur unsere Kinder gibt, die Kinder der russischen kommunistischen Arbeiter.

Der Arbeiterstaat braucht neue Beziehungen zwischen den Geschlechtern. So wie sich die enge und ausschließliche Zuneigung der Mutter für ihre eigenen Kinder übertragen muss auf all die Kinder der großen proletarischen Familie, so wird auch die unauflösliche Ehe, die auf der Knechtschaft der Frau beruht, durch eine freie Vereinigung von zwei gleichen Mitgliedern des Arbeiterstaats ersetzt, die vereint sind in Liebe und gegenseitigem Respekt. Anstelle der individuellen und egoistischen Familie wird eine große universelle Familie der Arbeiter treten, in der alle Arbeiter, Männer wie Frauen, vor allem Kameraden sein werden. Entsprechend werden sich auch die Beziehungen zwischen Männern und Frauen in der kommunistischen Gesellschaft gestalten. Diese neuen Beziehungen werden der Menschheit all die Freuden einer in der Warengesellschaft unbekannten Liebe bringen, einer freien Liebe, die auf der wahren gesellschaftlichen Gleichheit glücklicher junger Menschen beruht. Die kommunistische Gesellschaft will wache und gesunde Kinder, die frei in ihren Gefühlen und in ihrer Zuneigung sind. Im Namen der Gleichheit, Freiheit und kameradschaftlichen Liebe in der neuen Ehe rufen wir die Arbeiter und Arbeiterinnen, Bauern und Bäuerinnen dazu auf, sich mutig und voller Vertrauen der Arbeit des Aufbaus einer menschlichen Gesellschaft zu widmen, um sie perfekter zu gestalten, gerechter und fähiger, dem Individuum das Glück zu geben, das er oder sie verdient. Die rote Fahne der gesellschaftlichen Revolution, die über Russland weht und jetzt in anderen Ländern der Welt gehisst wird, verkündet das Herannahen dessen, wonach die Menschheit seit Jahrhunderten strebt: des Himmels auf Erden.

Zuerst veröffentlicht in Kumunistka Nr. 2, 1920 und auf Englisch in The Worker, 1920, aus: Selected Writings of Alexandra Kollontai, Allison & Busby, 1977, S. 250–260, Aus dem Englischen von Rosemarie Nünning